Management von Tourismusunternehmen

Organisation, Personal- und Finanzwesen

Von
Professor
Dr. Torsten Kirstges

R. Oldenbourg Verlag München Wien

Die Deutsche Bibliothek — CIP-Einheitsaufnahme

Kirstges, Torsten:
Management von Tourismusunternehmen : Organisation,
Personal- und Finanzwesen / von Torsten Kirstges. — München ;
Wien : Oldenbourg, 1994
　ISBN 3-486-22906-0

© 1994 R. Oldenbourg Verlag GmbH, München

Das Werk einschließlich aller Abbildungen ist urheberrechtlich geschützt. Jede Verwertung außerhalb der Grenzen des Urheberrechtsgesetzes ist ohne Zustimmung des Verlages unzulässig und strafbar. Das gilt insbesondere für Vervielfältigungen, Übersetzungen, Mikroverfilmungen und die Einspeicherung und Bearbeitung in elektronischen Systemen.

Druck: Grafik + Druck, München
Bindung: R. Oldenbourg Graphische Betriebe GmbH, München

ISBN 3-486-22906-0

Vorwort

Konnte ich noch vor wenigen Jahren eine große Lücke im Bereich der tourismuswirtschaftlichen Literatur feststellen,[1] so wurde diese durch eine Reihe interessanter Buchpublikationen namhafter Autoren verringert. Bücher über "Marketing im Tourismus" oder in Form einer allgemeinen "Einführung in die Tourismuswirtschaft" gibt es mittlerweile reichlich.[2] Was jedoch nach wie vor fehlt - und dies bestätigen mir nicht nur Kollegen und Studierende, sondern gerade auch nach Problemlösungshilfen suchende Praktiker - sind konkrete Hinweise zum Management von Tourismusunternehmen.

Dieser Mangel war für mich der Anlaß, ein **Lehr- und Arbeitsbuch zu ausgewählten Managementproblemen von Tourismusunternehmen** zu verfassen. Ich hoffe also, mit meinen Ausführungen zu **Organisation, Personalwesen und Finanzwirtschaft von Reiseveranstaltern** die Wissenslücke ein Stück mehr schließen zu können. Den gesamten Bereich "Tourismusmarketing" habe ich aus o.g. Gründen bewußt ausgeklammert, wenngleich sich aus der Managementthematik automatisch Schnittstellen zum Marketing ergeben (z.B. im Rahmen der Preiskalkulation).

Mein Anliegen war es, ein "handliches" Buch, kompakt und preiswert, einer breiten Interessentenschaft zugänglich zu machen. Bewußt wird keine breite, allgemeine Einführung gegeben; die Ausführungen greifen vielmehr **einzelne**, m.E. besonders interessante und **spezifische Problembereiche** des Tourismusmanagements heraus und versuchen diese einer Lösung näher zu bringen. Das vorliegende Werk richtet sich nicht nur an (Hochschul-)Lehrer und deren Schüler, die die tourismusspezifischen Managementaspekte systematisch erarbeiten wollen, sondern insbesondere auch an Tourismuspraktiker, die konkrete Anregungen zur (Besser-)Gestaltung ihrer Unternehmenssysteme suchen; Anregungen, die zum einen - dank der Praxisbeispiele im vorliegenden Buch - von anderen Unternehmungen kommen, zum anderen die Früchte grundsätzlich-wissenschaftlicher Überlegungen sein können.

Torsten Kirstges

---

1 Vgl. Kirstges, Expansionsstrategien, S. 3.
2 Meines Erachtens besonders lesenswerte Neuerscheinungen sind die Werke von Mundt, Reiseveranstaltung, Pompl, Touristikmanagement, sowie Roht/Schrand, Touristik-Marketing.

Inhaltsübersicht:

| | Seite: |

Themenabgrenzung, begriffliche Grundlagen und vorausgesetzter Kenntnisstand — 1

1. Abgrenzung und Voraussetzungen zum Verständnis der folgenden Ausführungen — 1
2. Begriffliche Grundlagen — 3

Kapitel I:
Ausgewählte Probleme der Organisation von Veranstalterunternehmen — 5

1. Einleitung: Fallbeispiele zur Organisation im Tourismus — 5
   1.1. Organisation der TUI — 5
   1.2. Organisation von ITS und DER — 15
   1.3. Organisation des mittelständischen Tourismusunternehmens K&S-REISEN — 19

2. Von der Strategie über die Ablauforganisation zur Aufbauorganisation — 21

   2.1. Structure follows strategie und situativer Ansatz der Organisationsforschung — 21

   2.2. Die Wertschöpfungskette der Reiseveranstalter als Ausgangspunkt organisationaler Gestaltung — 22
      2.2.1. Paxzahl, Umsatz und Wertschöpfung als Indikatoren der organisationalen Gesamtleistung eines Reiseveranstalters — 22
      2.2.2. Der Prozeß der Wertschöpfung bei Reiseveranstaltern als strategischer Rahmen der Ablauf- und Aufbauorganisation — 26
      2.2.3. Veränderung von Wertschöpfung und Organisation gemäß dem Grad der vertikalen Intergration — 29

   2.3. Aufgabenanalyse und Festlegung der Ablauforganisation — 34
      2.3.1. Schritte der organisationalen Gestaltung von Reiseveranstaltern — 34
      2.3.2. Definition von Tätigkeitsfeldern der Unternehmung sowie Einzeltätigkeiten — 36
      2.3.3. Ermittlung des Tätigkeitsumfangs — 41

2.3.4. Koordination der einzelnen Tätigkeiten und Stellenbildung ... 43

    2.3.4.1. Logisch-zeitliche Anordnung der Einzelaufgaben ... 43

    2.3.4.2. Zusammenfassung der Einzeltätigkeiten zu Stellen unter Berücksichtigung des Zentralisationsgrades ... 47

    2.3.4.3. Hierarchische Anordnung der Stellen und Verteilung der Weisungsbefugnis ... 52

2.3.5. Dokumentation und Kontrolle ... 57

2.4. Organisationale Grundformen der Aufgabenverteilung ... 62

    2.4.1. Funktionale Organisationsstruktur ... 63

    2.4.2. Divisionale Organisationsstruktur ... 64

    2.4.3. Mischformen ... 65

2.5. Alternative organisationale Gestaltung am praktischen Fallbeispiel ... 67

Kapitel II:
Ausgewählte Probleme des Personalmanagements bei Reiseveranstaltern ... 71

1. Die Teilbereiche des Personalmanagements ... 71

2. Kriterien der Personalauswahl: Anforderungen von Tourismusunternehmen an potentielle Mitarbeiter ... 73

3. Ausgewählte Aspekte des Personaleinsatzes: Möglichkeiten und Probleme der Arbeitszeitflexibilisierung ... 77
    3.1. Zur Problematik der Arbeitszeitflexibilisierung ... 77
    3.2. Arbeitszeitmodelle: Grundzüge und Beispiele aus anderen Branchen ... 79
    3.3. Fallbeispiel zur Gestaltung von Arbeits- und Urlaubsplänen in Tourismusunternehmen ... 83

4. Finale Entlohnung: Gestaltung von Mitarbeitererfolgsbeteiligungssystemen bei Reiseveranstaltern - Grundlagen und Fallbeispiel ... 88

    4.1. Mitarbeitererfolgsbeteiligung - oder: Wie motiviere ich meine Mitarbeiter zu Höchstleistungen? ... 88

    4.2. Ziele eines Mitarbeitererfolgsbeteiligungssystems ... 88

    4.3. Konzeptionelle Ansatzpunkte eines Mitarbeitererfolgsbeteiligungssystems ... 90

        4.3.1. Grundsätzliches zur Gestaltung eines Mitarbeitererfolgsbeteiligungssystems ... 90

        4.3.2. Zentrale Entscheidungsfelder im Rahmen der Systemgestaltung ... 91

            4.3.2.1. Wahl der Basisgröße und Festlegung des Ermittlungszeitraums ... 91

            4.3.2.2. Festlegung der Faktoranteile ... 94

            4.3.2.3. Festlegung der Individualquote ... 95

            4.3.2.4. Verwendungsalternativen ... 96

        4.3.3. Zur Problematik der Verlustbeteiligung ... 96

4.4. Fallbeispiel: Erfahrungen mit einem Mitarbeitererfolgsbeteiligungssystem in einem mittelständischen Unternehmen ... 97

5. Personalfreistellung: Zeugnisformulierung ... 105

5.1. Globale Leistungsbeurteilung ... 106
5.2. Angabe des Ausscheidungsgrunds ... 107
5.3. Beurteilungsdimensionen eines qualifizierten Arbeitszeugnisses ... 108
5.4. Zeugnisaufbau und Formulierungsbeispiele ... 110

Kapitel III:
Ausgewählte Probleme des Finanzmanagements von Veranstalterunternehmen ... 113

1. Strukturelle Rahmenbedingungen des Finanzmanagements bei Reiseveranstaltern ... 113
 1.1. Einzelne Leistungsebenen im arbeitsteiligen Tourismussystem ... 113
 1.2. Finanzielle Rahmenbedingungen des Veranstaltergeschäfts ... 117
 1.3. Zusammenfassung und Praxisbeispiele ... 118

2. Preiskalkulation und Preisgestaltung bei Reiseveranstaltern ... 119
 2.1. Preistheoretische Modelle und ihre Relevanz für den Reiseveranstaltermarkt ... 119
 2.2. Kalkulationsstrategien - ein Überblick ... 122
  2.2.1. Kostenorientierte Preisfindung ... 122
  2.2.2. Nachfrageorientierte Preispolitik ... 125
   2.2.2.1. Die Rolle des Preises im Rahmen der Reiseentscheidung ... 125
   2.2.2.2. Ziele der nachfrageorientierten Preisbildung ... 127
   2.2.2.3. Preisdifferenzierung im Rahmen der Strategie der Marktsegmentierung ... 129
   2.2.2.4. Preislogik ... 132
  2.2.3. Konkurrenzorientierte Preisstellung ... 135
   2.2.3.1. Ausgewählte Aspekte der strategischen Preisfestsetzung ... 135
   2.2.3.2. Grundzüge einer informatorischen Basis ... 137
  2.2.4. Das Zusammenspiel von kosten-, konkurrenz- und nachfrageorientierter Preiskalkulation ... 138
 2.3. Vertiefung ausgewählter Aspekte der kostenorientierten Preisfindung ... 140
  2.3.1. Fixe versus variable Leistungskosten und Währungsrisiken ... 140
  2.3.2. Bedeutung der Auslastung bei der Verteilung fixer Leistungskosten und deren Auswirkung auf das Preisniveau ... 141
  2.3.3. Varianten des Kalkulationsaufschlags und deren Auswirkung auf das Preisniveau ... 149
 2.4. Zusammenfassung ... 150

3. Cash-Management 152
3.1. Zahlenspielereien: Die Cash-Illusion 152
3.2. Der kurzfristige Liquiditätsplan als Ausgangspunkt eines effizienten Cash-Managements 156
3.3. Anlagealternativen für kurzfristige Finanzüberschüsse 159
3.4. Absicherung des Devisenbedarfs 165
3.5. Weitere Aufgaben des Cash-Managements 168

Kapitel IV:
Übertragung neuerer Managementansätze auf Tourismusunternehmen 169

1. Leistungspolitische Strategieansätze sowie deren preis- und distributionspolitische Konsequenzen - ein Überblick 169
1.1. Qualitätsstrategie versus Standardangebot-Strategie als alternative strategische Stoßrichtungen 169
1.2. Anforderungen hinsichtlich der Leistungsgestaltung 170
1.3. Implikationen für die Entgeltpolitik 171
1.4. Anforderungen an die Distributionspolitik 172
1.5. Fazit: Eignung der jeweiligen strategischen Positionierung für mittelständische Reiseveranstalter 173

2. Yield Management im Veranstaltergeschäft 174
2.1. Der Grundgedanke des Yield Management 174
2.2. Ansatzpunkte eines Yield Managements für Reiseveranstalter 178
    2.2.1. Das Yield Management als Strategie der kurzfristigen Wachstumssicherung 178
        2.2.1.1. Der Buchungsverlauf als Planungsansatz 179
        2.2.1.2. Zielgruppenorientierte Kapazitätsstückelung 181
        2.2.1.3. Überbuchungsstrategien zur Auslastungsoptimierung 183
        2.2.1.4. Die Steuerung kombinierter Reisebaustein-Kapazitäten 184
    2.2.2. Langfristige Strategieimplikationen des Yield Management 185

3. Lean Management 188

Literaturverzeichnis

Stichwortverzeichnis

Themenabgrenzung, begriffliche Grundlagen und vorausgesetzter Kenntnisstand

1. Abgrenzung und Voraussetzungen zum Verständnis der folgenden Ausführungen

Das vorliegende Buch kann unmöglich alle interessanten und grundsätzlich auch wichtigen Aspekte aus den Bereichen Organisation, Personalwesen und Finanzwirtschaft behandeln. Es beschränkt sich daher auf eine konkrete, **praxisorientierte Anleitung** zur **Gestaltung der betrieblichen Organisations-, Personal- und Finanzprozesse** bei Reiseveranstaltern.

Nicht bzw. nicht ausführlich behandelt werden u.a folgende Bereiche:

- Die **Geschichte der Organisationsforschung**, so z.B. die Grundüberlegungen von Taylor (1903, 1911; Stichworte: "scientific-Management", "Funktionsmeisterprinzip"), von Fayol (1916; Stichwort: "Administrationsprinzipien"), der Vertreter der anglo-amerikanischen Administrations- und Managementlehre (Gulick 1937, Urwick 1943, Koontz/Donnel 1955, etc) oder der traditionellen deutschen betriebswirtschaftlichen Organisationslehre (Nordsieck 1934; Kosiol 1962) sowie die Beiträge zum strukturbezogenen Verhalten i.S. des Bürokratiemodells von Max Weber (1921). Wenngleich die Beiträge dieser Autoren historisch äußerst interessant sind und in speziellen Aspekten auch unmittelbare Relevanz für die heutigen Probleme der organisationalen Gestaltung von Unternehmen besitzen, erscheint ihre Darlegung an dieser Stelle im Hinblick auf eine schnelle, praxisorientierte Einführung in die Organisationslehre wenig sinnvoll. Der interessierte Leser sei daher auf die entsprechende Fachliteratur verwiesen.

- Die **soziologischen und psychologischen Rahmenbedingungen** der Organisations- und Personalforschung. Zu erwähnen wären hier beispielsweise die Arbeiten von Mayo/Roethlisberger (1927/1932, Stichwort: "Hawthorne-Experimente"), Maslow (1954, Stichwort: "Bedürfnispyramide"), Herzberg (1966), Bales (1951), Simon, March, Cyert (Ende 40er- bis Anfang 60er-Jahre, Stichworte: "Theorie der kognitiven Prozesse", "Anreiz-Beitrags-Theorie", "Koalitionstheorie") oder Witte (1973, Stichwort: "Promotorenmodell").

- Die Gestaltung der **Informationsprozesse** und des Informationsflusses in der Unternehmung.

- Einzelne **Organisationstheorien** und wissenschaftstheoretische Ansätze der Organisationsforschung. Lediglich auf den sog. situativen Ansatz wird im Abschnitt 2.1. des ersten Kapitels kurz eingegangen, da seine Kernaussagen m.E. von unmittelbarer Relevanz für die praktische Organisationsgestaltung sind.

- Ziele und **Zielsysteme** als Voraussetzungen und Rahmenbedingungen für Organisation und Personalwesen.

- Spezielle **Koordinationsmechanismen** innerhalb einer Organisation (Kompetenzverteilung etc.).

- **Personalführung** (Führungstheorien, Führungstechniken, etc.).[3]

- Die **Arbeitswissenschaft** (als Fortführung des scientific-Management).

- **Finanzbuchhaltung** und Kosten-Leistungs-Rechnung/**Controlling** bei Tourismusunternehmen.[4]

Die Ausführungen beschränken sich auf die **Perspektive deutscher Reiseveranstalter**. Andere Unternehmen der Tourismusbranche bleiben somit, ebenso wie jede sonstige Art von sozio-technischen Systemen, unberücksichtigt. Die **gliederung**stechnisch vorgenommene Splittung des Gesamtthemas "Tourismusmanagement" in **einzelne Bereiche** führt teilweise zu inhaltlichen Abgrenzungsproblemen. Gerade die Kapitel I und II weisen eine starke Interdependenz auf. So sind die Überlegungen zur Wertschöpfungskette, die in Kapitel I angestellt werden, auch von unmittelbarer Relevanz für das Personalmanagement (Kapitel II); die Ausführungen zur (wertschöpfungsorientierten) Gewinn- und Verlust-Rechnung von Tourismusunternehmen (Kapitel I) könnten ebensogut ihren Platz in Kapitel III einnehmen. Das letzte Kapitel IV weist schließlich Ansätze auf, die Elemente aus allen drei vorab ausgeführten Problembereichen zum Inhalt haben. Trotz dieser Schnittstellenprobleme erscheint die hier gewählte Gliederungsstruktur themenadäquat; eine allzu isolierte Betrachtung einzelner Kapitel sollte jedoch vermieden werden.

Zum Verständnis der folgenden Ausführungen ist ein gewisser **Kenntnisstand** hinsichtlich allgemeinbetriebswirtschaftlicher, insbesondere organisatorischer und personalwirtschaftlicher Grundlagen sowie tourismusspezifischer Rahmenbedingungen **Voraussetzung**. Hinsichtlich der touristischen Spezifika werden insbesondere Kenntnisse in folgenden Bereichen vorausgesetzt:[5]

- Besonderheiten und konstitutive Merkmale der touristischen Dienstleistung (partielle Simultaneität von Produktion und Konsum; Uno-actu-Prinzip; Immaterialität; etc.).
- Arbeitsteiliges Gesamtsystem des Tourismus (Wertschöpfungskette der Branche).
- Leistungen der einzelnen touristischen Marktpartner (Leistungsträger, Reiseveranstalter, Reisemittler, etc.).
- Komponenten und Varianten der Pauschalreise.
- Struktur des deutschen Veranstaltermarktes.
- Leistungsprogramm der namhaften deutschen Reiseveranstalter.

---

3 **Organisation** und **Führung** verfolgen grundsätzlich das gleiche Ziel, nämlich die Anleitung der Unternehmensmitglieder zu bestimmten Handlungen. "Organisation" nutzt hierzu strukturelle Maßnahmen, "Führung" basiert auf interpersonellen, direkt-persönlichen Handlungsanweisungen.
4 Zu den Besonderheiten der Rechnungslegung von Tourismusunternehmen siehe beispielsweise Hässel, Besteuerung.
5 Vgl. zu diesen Grundlagen ausführlich: Kirstges, Expansionsstrategien.

2. Begriffliche Grundlagen

Definitionen sind Zweckgebilde. Sie gehören demnach zu den nicht-wahrheitsfähigen Aussagenkategorien, können also weder falsch noch richtig, sondern nur zweckmäßig oder unzweckmäßig sein. Je nach Literaturstelle kann man daher andere Begriffsabgrenzungen finden. Es macht somit wenig Sinn, an dieser Stelle die Managementlehre als Begriffswissenschaft - dies würde der **niedrigsten Stufe einer Theorienentwicklung (begriffliche Aussagen)** entsprechen - anzugehen. Um jedoch für die folgenden Ausführungen eine gemeinsame sprachliche Basis zu schaffen, werden in diesem Abschnitt zentrale Begriffe erläutert. Auch die nächsten beiden Stufen der Theorienentwicklung, die Erarbeitung von **deskriptiven** sowie **explanatorischen** Aussagen, sind allenfalls mittelbar von Interesse für eine *praktische* Betriebswirtschaftslehre der Reiseveranstalter. Daher liegt der Schwerpunkt dieses Buches auf der vierten Stufe der Entwicklung von Theorien, der Erarbeitung von **entscheidungsorientierten, praxeologischen Aussagen**, die dem in einem Veranstalterunternehmen handelnden Entscheidungsträger Hilfestellungen für eine spezifische Problemlösung geben.

Begriffliche Grundlagen dieses Buches (zentrale Begriffe in alphabetischer Reihenfolge):

Ablauforganisation
Räumliche und zeitliche Strukturierung der Arbeitsvorgänge in einem (Tourismus-)Unternehmen.

Aufbauorganisation
Formale Gliederung der Unternehmung unter Aspekten der Aufgaben-/Arbeitsteilung in organisatorische Untereinheiten, die untereinander in Beziehung stehen.

Arbeitsteilung
Zerlegung größerer Aufgabenkomplexe in Teilaufgaben, die dann auf bestimmte Teileinheiten (Stellen) übertragen werden. Je stärker die Arbeitsteilung, desto mehr ist "Organisation" erforderlich.

Divisionale Organisation
Synonym: objektorientierte Organisation, Spartenorganisation. Neben der funktionalen Organisation eine der beiden Grundformen der organisationalen Gestaltung. Aufgabenteilung nach anderen als funktionenorientierten Kriterien, so z.B. nach Produktgruppen, Kundengruppen, Regionen oder sonstigen sachlogischen Kriterien. Jede Sparte erfüllt somit sämtliche betrieblichen Funktionen.

Funktionale Organisation
Synonym: verrichtungsorientierte Organisation. Neben der divisionalen Organisation eine der beiden Grundformen der organisationalen Gestaltung. Aufgabenteilung nach dem Verrichtungsprinzip, d.h. den

einzelnen betrieblichen Funktionsbereichen (Beschaffung, Produktion, Absatz, etc.). Jeder Funktionsbereich ist somit für sämtliche Sparten der Unternehmung (Produkte, Regionen, Kundengruppen etc.) zuständig.

Leitungsspanne
Zahl der einer Leitungsstelle (Instanz) unterstellten Stellen (Mitarbeiter).

Organigramm
Graphische Darstellung der Aufbauorganisation einer Unternehmung, aus der die einzelnen Stellen sowie deren Beziehung zueinander (hierarchische Anordnung) erkennbar sind.

Organisation
Institutionaler Begriff: Sozio-technische Perspektive einer Unternehmung. Die Unternehmung *ist* eine Organisation.
Funktionaler Begriff: System an organisatorischen Regeln zur Gewährleistung der Aufgabenerfüllung einer Unternehmung. Die Unternehmung *hat* eine Organisation.

Stelle
Kleinste handelnde Aktionseinheit einer Organisation. Sie entsteht durch die Zusammenfassung der aus einer Aufgaben-/Tätigkeitsanalyse gewonnenen Teilaufgaben gemäß sachlogischen Kriterien. Eine Stelle besteht i.d.R. aus einem, ggf. auch aus mehreren Menschen, aus einer oder mehreren Maschinen oder auch aus einer Kombination von Personal- und Sachmitteln. In einem Organigramm wird jede Stelle i.d.R. durch ein Kästchen dargestellt.

Kapitel I:
Ausgewählte Probleme der Organisation von Veranstalterunternehmen

1. Einleitung: Fallbeispiele zur Organisation im Tourismus[6]
1.1. Organisation der TUI

Springen wir zum Beginn dieses Buches gleich ins "kalte Wasser" der Organisations- und Personalwirtschaftslehre und betrachten beispielhaft den Aufbau der TUI. Die **Touristik Union International GmbH & Co KG**, Hannover, ist Europas größter Reiseveranstalter. Über 1.500 Mitarbeiter erwirtschafteten 1992 mehr als vier Mrd. DM Umsatz, indem sie knapp 3,5 Mio. Gäste auf die Reise schickten.[7] Welch' gewaltiger organisatorischer Aufwand muß hinter solchen Zahlen stecken?!

Die nächsten Seiten zeigen einen Ausschnitt (!) des organisatorischen Aufbaus der TUI in Form eines Organigramms (Stand Juli 1993; die Namen wurden z.T. unkenntlich gemacht).[8] Auf den ersten Blick "erschlägt" die Vielzahl der Kästchen, Linien und die kleine Schrift. Spätestens nach der Lektüre des vorliegenden Buches sollten Sie jedoch in der Lage sein, souverän und gelassen an derartige Übersichten heranzugehen und diese genauer zu analysieren. Vielleicht studieren Sie daher nochmals ausführlich diese ersten Ausführungen und Fallbeispiele des Einleitungsteils, nachdem Sie das gesamte Kapitel I durchgearbeitet haben.

Betrachten wir nun das **TUI-Organigramm** näher. Jede Stelle wird grafisch durch einen Kasten dargestellt. Jedes einzelne **"Kästchen"** weist denselben Aufbau auf: die **Stellenbezeichnung** (z.B. "Vorstandssprecher") sowie die derzeitige **Besetzung** (z.B. "Herr Dr. Corsten"). Aus den detaillierteren Übersichten sind darüber hinaus die **Stellennummer** (z.B. "8000" für die (Kosten-)Stelle des Vorstandssprechers, der jeweilige **Rang** (z.B. "VS" für "Vorstand", "BL" für "Bereichsleiter" oder "HAL" für Hauptabteilungsleiter) sowie der zugehörige **Planstellenumfang**, gemessen in Mannjahren (MJ) in Soll und Ist (z.B. 3 Planstellen für Herrn Born = er selbst, ein Assistent und eine Sekretärin) erkennbar. Die einzelnen Kästchen sind über waagerechte und senkrechte **Linien** verbunden, so daß man schnell die Unter- bzw. Überordnung der einzelnen Stellen erkennen kann. Die Stelle "BL Presse und PR", zur Zeit der Organigrammerstellung durch Herrn Ortlepp besetzt, ist z.B. der Stelle "Vorstandssprecher", zur Zeit durch Herrn Dr. Corsten besetzt, untergeordnet.

---

6 Wie bei anderen Unternehmungen auch unterliegt die Organisation von Reiseveranstaltern einem ständigen Wandel. Daher entsprechen nachfolgende Beispiele bereits beim Erscheinen dieses Buches nicht mehr den realen Gegebenheiten. Dies schränkt jedoch deren Nutzen im Rahmes der vorliegenden Arbeit in keinster Weise ein, geht es doch vor allem darum, die grundsätzlichen Probleme und Lösungsmöglichkeiten zu erkennen und nicht, einen Status quo festschreiben zu wollen oder als "Patentlösung" darzustellen.
7 Diese Daten beziehen sich nur auf die TUI GmbH & Co KG. Der gesamte TUI-Konzern erwirtschaftete knapp 6,2 Mrd. DM (4,5 Mio. Gäste).
8 Der Verfasser dankt an dieser Stelle den Ansprechpartnern von TUI, ITS und DER, die durch die Zurverfügungstellung der Organigramme ihrer Unternehmen zur Praxisorientierung dieses Buches wesentlich beigetragen haben.

Kap. I: Organisation von Veranstalterunternehmen

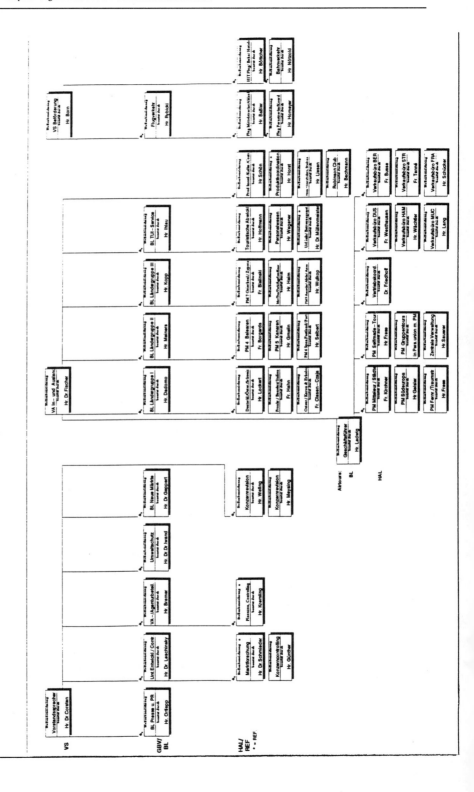

Kap. I: Organisation von Veranstalterunternehmen

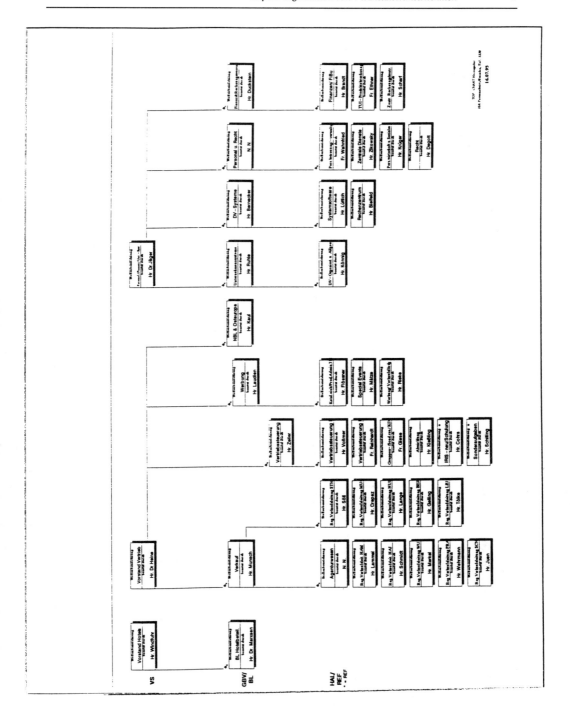

Kap. I: Organisation von Veranstalterunternehmen

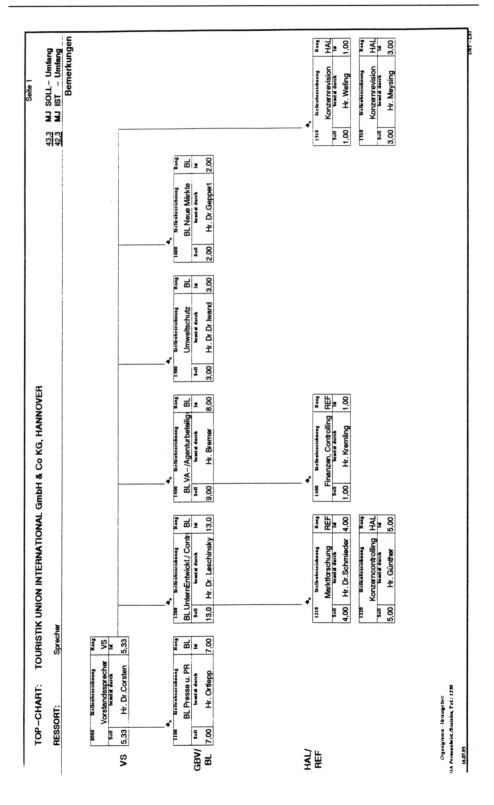

Kap. I: Organisation von Veranstalterunternehmen

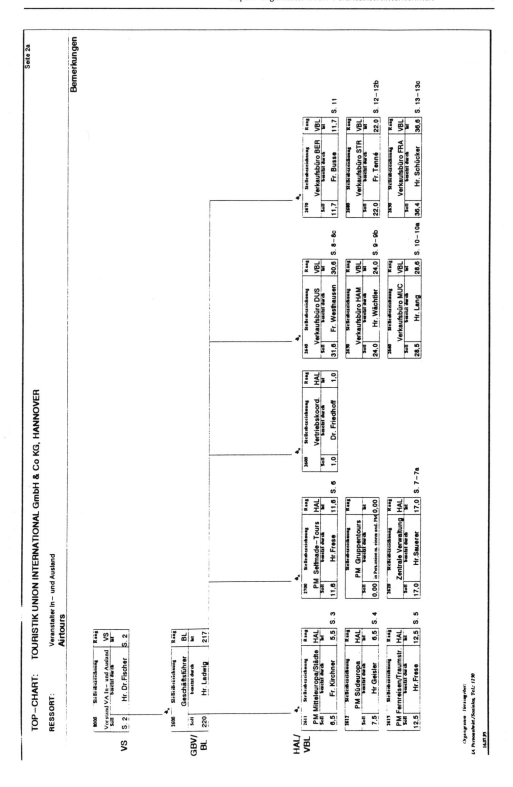

Kap. I: Organisation von Veranstalterunternehmen

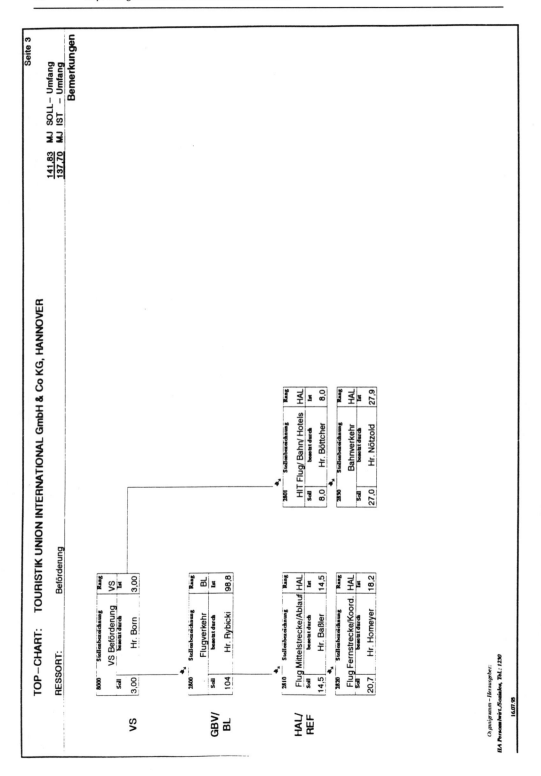

Kap. I: Organisation von Veranstalterunternehmen

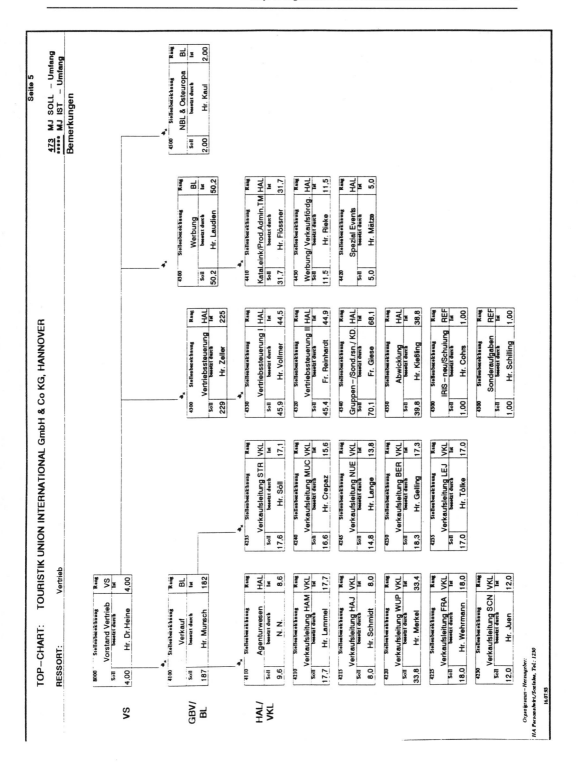

12 Kap. I: Organisation von Veranstalterunternehmen

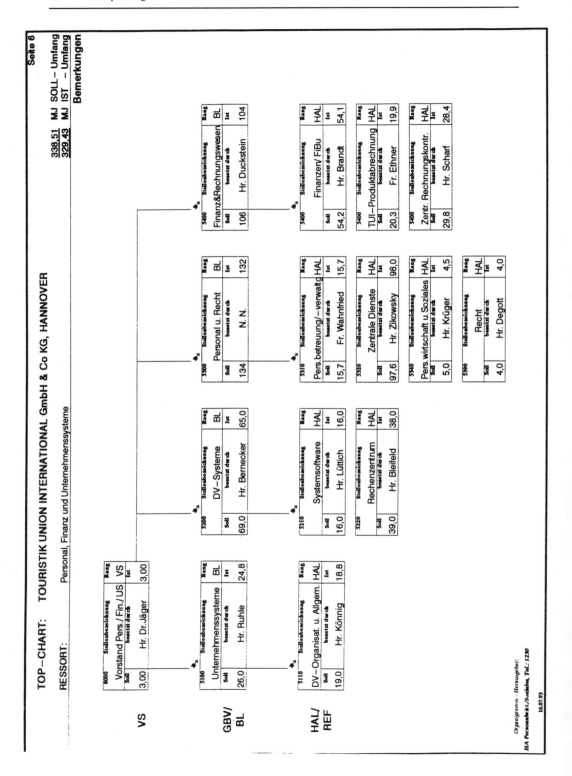

Aus dem Organigramm erkennt man, daß sich auf der **obersten Ebene** (VS = Vorstand) der TUI die Unternehmensleitung auf sechs Stellen aufteilt:
- Vorstandssprecher (Herr Dr. Corsten),
- Veranstalter In- und Ausland (Herr Dr. Fischer),
- Beförderung (Herr Born),
- Hotels (Herr Windfuhr),
- Vertrieb (Herr Dr. Heine),
- Personal/Finanzen/Unternehmenssysteme (Herr Dr. Jäger).

Wie sieht die organisatorische Gliederung auf der nächsten Unternehmensebene aus? Beispielsweise hat Herr Dr. Fischer, Vorstand für der Bereich "Veranstalter In- und Ausland", neben seinen zwei Stabsmitarbeitern (Assistent, Sekretärin) unmittelbar vier Bereichsleiter (BL) sowie einen Hauptabteilungsleiter (HAL) unter sich:
- einen Bereichsleiter, der Geschäftsführer des TUI-Tochterunternehmens Airtours ist,
- je einen Bereichsleiter für die Ländergruppen I, II und III,
- einen Bereichsleiter für den TUI-Service,[9]
- einen Hauptabteilungsleiter für Produktkoordination, Kalkulation und Controlling.

Jede Ländergruppe setzt sich wiederum aus verschiedenen Ländern oder Regionen zusammen. So hat der Bereichsleiter der **Ländergruppe I** z.B. je einen Hauptabteilungsleiter für die Regionen:
- Deutschland, Österreich, Schweiz,
- Frankreich, Benelux, Italien,
- Osteuropa, Kuren & Erholung.

Gerade dieses Beispiel zeigt, daß das ansonsten stringente länderorientierte Gliederungssystem durch das TUI-Spezialprogramm "Kuren & Erholung" durchbrochen wird. Jedem dieser drei Hauptabteilungsleiter stehen zwischen 8 und 13 "Mannjahren" an Mitarbeitern zur Verfügung. Das Organigramm könnte also um diese Stellen erweitert werden.

Die **Ländergruppe II** setzt sich - mit Ausnahme von Portugal - ausschließlich aus spanischen Regionen zusammen; in **Ländergruppe III** finden sich hingegen ganze Kontinente auf einem Hauptabteilungsleiter vereint.

Betrachten wir den Unternehmensbereich des **Vertriebsvorstands** Dr. Heine. Ihm unterstehen direkt:
- ein Bereichsleiter "Verkauf"; dieser leitet wiederum regional aufgesplittete Verkaufsleiter sowie das Agenturwesen.
- ein Hauptabteilungsleiter "Vertriebssteuerung".
- ein Bereichsleiter "Werbung".
- ein Bereichsleiter "Neue Bundesländer & Osteuropa".

---

9 Mit **"TUI-Service"** bezeichnet die TUI ihre Mitarbeiter in den Zielgebieten, die für die Gästebetreuung vor Ort zuständig sind.

Die betriebliche Funktion "Verkauf" wird hier also nach geographischen Kriterien weiter aufgesplittet.

Abschließend werfen wir noch einen Blick auf das insgesamt 338 Mannjahre starke Ressort des Vorstands **"Personal/Finanzen/Unternehmenssysteme"**: Ihm unterstehen direkt je ein Bereichsleiter

- Unternehmenssysteme,
- DV-Systeme,
- Personal und Recht,
- Finanz- & Rechnungswesen.

Die TUI ist ein hervorragendes Beispiel dafür, daß es nie eine endgültige Organisationsstruktur gibt: Ständig werden Zuständigkeiten und Bereiche umgeordnet und neugegliedert. So wurde mit Beginn des Jahres 1994, nach dem Ausscheiden des Hotelvorstands und der Beteiligung an der Quelle-Reise GmbH, eine Neuordnung der Verantwortungsbereiche in der Unternehmensspitze vorgenommen. Daraus ergibt sich folgende Organisationsstruktur des TUI-Vorstandsressorts:

Abbildung I.1.b.: Die Organisationsstruktur des TUI-Vorstandsressorts (im Jahre 1994)

Vorstands-sprecher	Touristik	Touristik-Service und Spezial-veranstalter	Vertrieb	Personal/Finanzen
Dr. R. Corsten	Dr. J. Fischer	K. Born	Dr. G. Heine	Dr. Th. Jäger
Strat. Unternehmens-Plan/Pers. Leitende	Länderprogramme I	Beförderung	Verkauf	Personal
Presse/PR	Länderprogramme II	TUI-Service	Vertriebsadministration u. Steuerung	Controlling
Hotelbeteiligungen	Länderprogramme III	Umwelt	Werbung	Finanzen Rechnungswesen
Agenturbeteiligungen[1]	Veranstalter-Generalisten[2]	Veranstalter-Spezialisten[3]	TUI UrlaubCenter	Informations-systeme

[1] Airtour Greece, Dr. Degener, Holidays Services, Milhours, Pollmann's, Ranger Safaris, Tantur und Ultramar, [2] Airconti, Arke, Jet Tours, Quelle, Robinson, Take Off, Touropa Austria und Wolters, [3] Airtours, HT, Kuren + Erholen, Seetours, Studienreisen, Twen Tickets und Twen Tours

Quelle: FVW Nr. 27/93 vom 14.12.93, S. 21

Warum, so könnte man angesichts oben ausgeführten Beispiels fragen, gibt es neben diesem Personalwesen noch einen zweiten HAL für diesen Aufgabenbereich unter dem BL "TUI-Service"? Warum, so die grundsätzlich Überlegung, ist die TUI überhaupt so und nicht anders organisiert? Gibt es nur diese eine Möglichkeit? Wissen wir nicht aus der Fachpresse, daß die TUI vor gar nicht allzu langer Zeit ihre Marken und damit auch ihre Organisation umstrukturiert hat?! Ist dies nun also die bestmögliche aller Organisationsformen? Wo liegen die Vor- und Nachteile dieser Struktur?

Fragen, auf die uns dieses Buch in grundsätzlicher Weise eine Antwort geben will!

1.2. Organisation von ITS und DER

Kontrastieren wir den organisatorischen Aufbau der TUI mit dem zweier TUI-Konkurrenten, nämlich ITS und DER.[10] Die **International Tourist Service Länderreisedienste GmbH (ITS)** ist, je nach Markt- und Unternehmensabgrenzung, nach TUI, NUR und LTT Deutschlands viertgrößter Reiseveranstalter.[11] Die Unternehmensleitung gliedert sich in vier Geschäftsführer:

- Vorsitzender,
- Zentrale Dienste,
- Produkte,
- Vertrieb.

---

10 Im unteren Teil der Stellen-Kästchen stehen auch hier jeweils die Namen der Stelleninhaber, die jedoch für die Publikation im vorliegenden Buch entfernt wurden.
11 Vgl. Kirstges, Expansionsstrategien, S. 70 - 73.

Abbildung I.1.c.: Organigramm ITS (Stand: Dezember 1992)

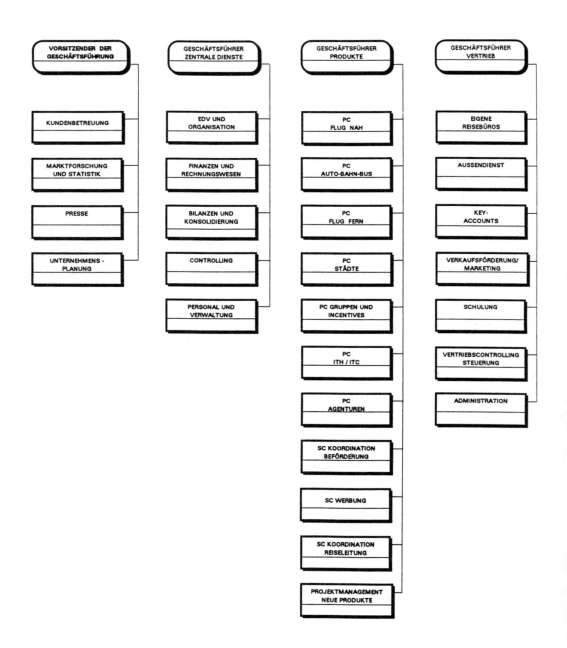

Dem **Geschäftsführer "Produkte"** unterstehen sieben **Profit-Center** (PC), drei Service-Center (SC) sowie ein Projektmanagement für neue Produkte. "Auto-Bahn-Bus" bildet ein PC, Flugreisen sind in zwei Profit-Center aufgeteilt: "Flug Nah" und "Flug Fern". Die organisatorische Gliederung erfolgt also - zumindest auf dieser Hierachieebene - nicht wie bei der TUI nach Ländern/Reisezielen, sondern gemäß dem Verkehrsmittel. Daneben bilden zwei spezielle Reisearten (Städte- sowie Gruppen-/Incentive-Reisen) je ein PC. Auch die ITS-eigenen Hotels (ITH) und Clubs (ITC) werden als Profit-Center geführt. "Werbung" wird bei ITS als **Service-Center** gesehen, ebenso wie die Koordination der Beförderung, die somit nicht den einzelnen verkehrsträgerorientierten Profit-Centern zugeordnet ist.

Dem **Geschäftsführer "Vertrieb"** unterstehen u.a. zwei Abteilungen, die man bei TUI vergebens suchen wird: "Eigene Reisebüros" und "Key Accounts" (Schlüsselkunden-Management).

Als letztes Beispiel für die Organisation eines Großveranstalters betrachten wir das **Deutsche Reisebüro (DER)** mit seinem Eigenveranstaltungsbereich **DERTOUR** (siehe Abbildung 1.3.). Als vertikal integriertes Unternehmen vereinigt das DER die Tätigkeiten eines Reisemittlers (DER-Reisebüros) mit denen eines Reiseveranstalters (DERTOUR). Dementsprechend bildet der Veranstalterbereich nur einen Teil der gesamten Organisation. Dem zuständigen Geschäftsführer sind vier Bereichsleiter unmittelbar unterstellt:

- Marketing und Absatz,
- Fernreisen,
- Europareisen,
- Spezialreisen.

"Osteuropa" beispielsweise zählt zu den "Spezialreisen" und ist dem Hauptabteilungsleiter unterstellt, der auch für Gruppen- und Leserreisen verantwortlich zeichnet. Vertrieb und Werbung liegen - anders als beispielsweise bei ITS - in der Hand desselben Bereichsleiters. Bestimmte Aufgaben, die sowohl den (DERTOUR-)Veranstalterbereich als auch die übrigen DER-Geschäftsbereiche betreffen, werden zentral erledigt (z.B. Personalwirtschaft, -planung, -beschaffung, -entwicklung).

Drei Großveranstalter - drei zum Teil ähnliche, zum Teil sehr unterschiedliche Unternehmensstrukturen! Die folgenden Ausführungen sollen Licht ins Dunkel bringen und den Leser befähigen, vorhandene Unternehmensstrukturen selbständig kritisch zu analysieren sowie eigene Vorschläge für eine effiziente organisatorische Gestaltung zu machen.

18 Kap. I: Organisation von Veranstalterunternehmen

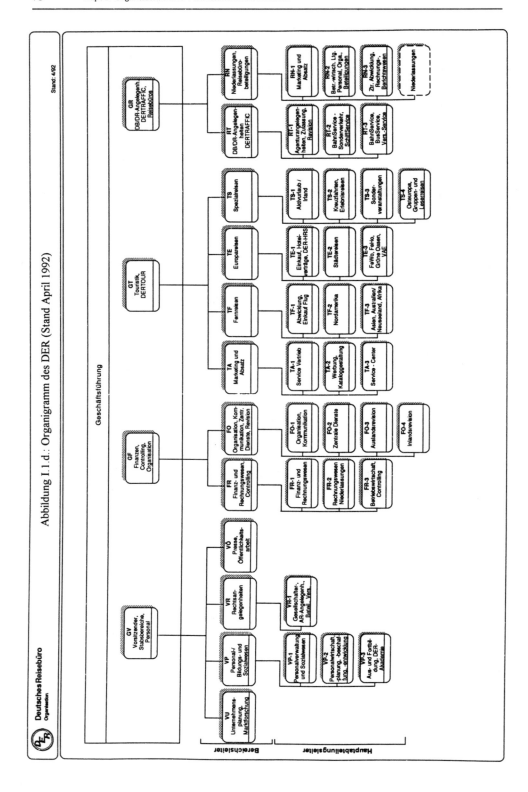

Abbildung I.1.d.: Organigramm des DER (Stand April 1992)

1.3. Organisation des mittelständischen Tourismusunternehmens K&S-REISEN

Nachdem nun die Organisationsstruktur einiger "Branchengrößen" dargelegt wurde, soll als letztes Beispiel der Aufbau eines mittelständischen Tourismusunternehmens veranschaulicht werden. Die K&S-REISEN GmbH mit Sitz in Karlsruhe ist als **Spezialreiseveranstalter** in den Bereichen "Ski- und Sportreisen" sowie "Gruppenunterkünfte" tätig. Die in diesen Geschäftsbereichen tätigen Mitarbeiter haben ihren Arbeitsplatz im "Ladenlokal 1". Daneben verfügt K&S-REISEN über zwei weitere Ladenlokale ("Laden 2" und "Laden 3"), die als **Touristikreisebüros** neben den eigenveranstalteten Reisen auch solche anderer Veranstalter sowie Flüge vermitteln. Die Eigenveranstaltungen werden zu über 80% direkt an die Endkunden vertrieben. K&S-REISEN betreibt - als weiteren Distributionsweg - die Reise- und Restplatzbörse "KostFastNix - KFN". Gegen einen geringen Jahresbeitrag erhalten Interessenten hier zwei Mal monatlich ausgewählte Zielgebietsinformationen und aktuelle Sonderangebote per Post zugesandt. Die Erstellung der Versandunterlagen erfolgt durch einen freien Mitarbeiter. In einem französischen Skigebiet (K&S-Angebotsnummer "F241") betreibt das Unternehmen eine eigene Zielgebietsagentur.

Die Abbildung auf der folgenden Seite zeigt die Struktur von K&S-REISEN auf. Die Informationen bezüglich der Stellenbesetzung (Mitarbeiternamen) wurden aus dem Organigramm entfernt.

K&S-REISEN verfügt somit, neben der Geschäftsführung, über **20 festangestellte Mitarbeiter**:

- vier Bereichsleiter,
- sechs Sachbearbeiter ("Produktmanager"),
- sechs Counter-Kräfte,
- zwei Mitarbeiter für Rechnungswesen/Verwaltung,
- einen Mitarbeiter für Anfragen- und Reisebürobetreuung,
- einen Mitarbeiter in der Zielgebietsagentur in Frankreich.

Freie Mitarbeiter werden - je nach Bedarf - eingesetzt für:

- Reise- und Restplatzbörse KFN,
- technische Erstellung der Reisekataloge,
- Hausmeisterarbeiten und Reinigungsdienste.

Abbildung I.1.e.: Organigramm K&S-REISEN

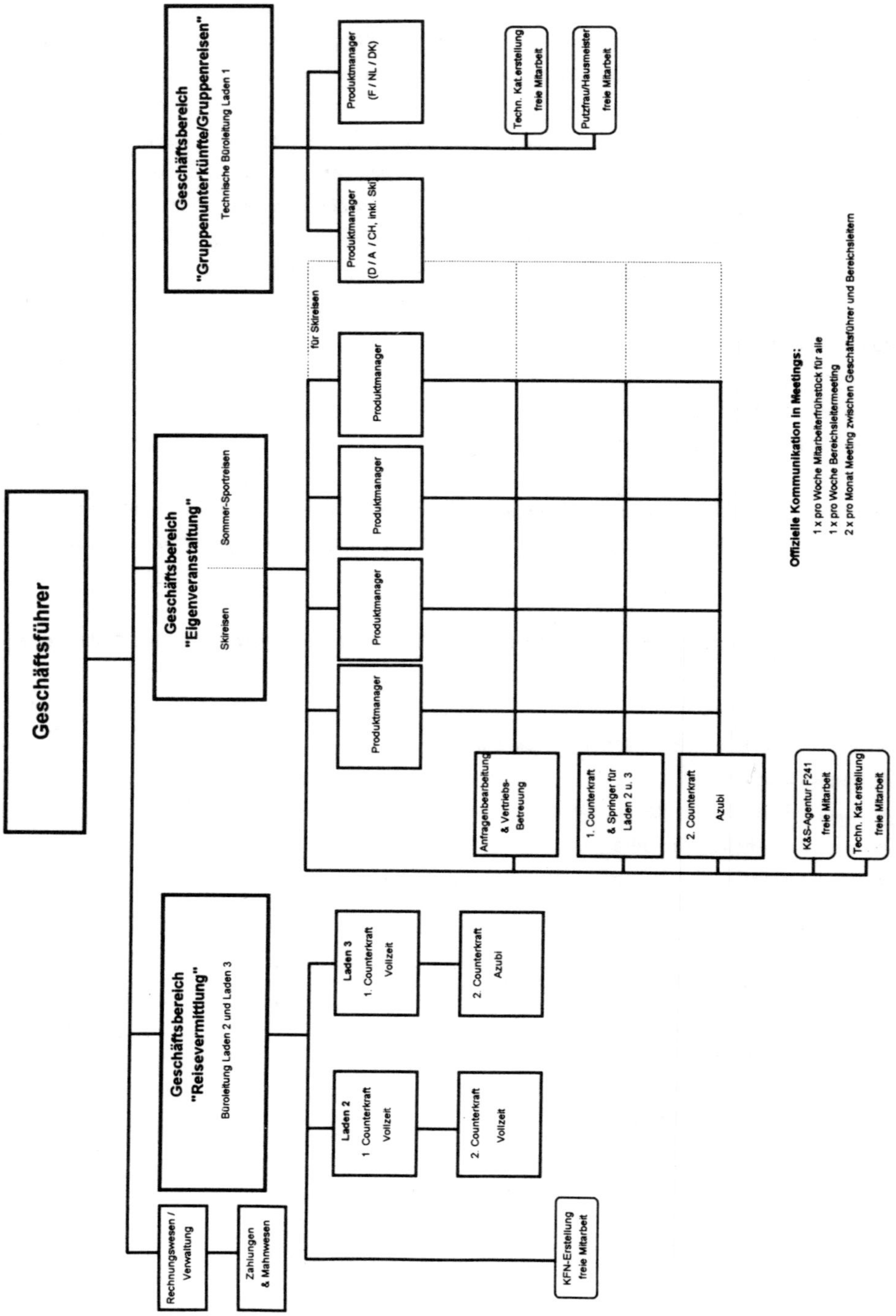

Die Organisationsstruktur von K&S-REISEN zeichnet sich somit u.a. durch folgende **Merkmale** aus:
- divisionale Struktur auf der Bereichsleiterebene,
- organisatorische Trennung von Reisemittler- und Reiseveranstalterfunktionen,
- Verknüpfung von Büroleiterfunktionen mit Bereichsleiteraufgaben,
- Matrixstruktur im Geschäftsbereich "Eigenveranstaltungen", um einen optimalen Informationsfluß zwischen Sparten (Produktmanagern) und Funktionen (Vertrieb, Counter) zu erzielen,
- Produktmanagerstruktur im Geschäftsbereich "Gruppenunterkünfte",
- Zentralisierung der Funktionsbereiche "Rechnungswesen", "Cash-Management", "Verwaltung".

Die folgenden Ausführungen werden diese Merkmale sowie deren spezifische Vor- und Nachteile ausführlich erörtern.

2. Von der Strategie über die Ablauforganisation zur Aufbauorganisation
2.1. Structure follows strategie und situativer Ansatz der Organisationsforschung

Greifen wir die einleitenden Fallbeispiele auf: **Welche ist denn nun die "richtige" Organisationsform für einen Großveranstalter?** Die der TUI, die von ITS oder etwa die von DER? Ist die Struktur von K&S-REISEN in der dargestellten Art "gut"? Die Organisationsforschung hat sich in vielfältiger Weise mit dieser **Frage nach der optimalen Organisationsform** beschäftigt. Wir wollen diese Diskussionen hier nicht wiederholen (siehe die einleitende Themenabgrenzung), sondern nur die Antwort geben, die den heutigen Erkenntnisstand am treffendsten wiedergibt. Sie lautet: Es kommt d´rauf an! Nun hört sich diese Antwort nicht gerade wissenschaftlich an, und deshalb hat man sie zum sogenannten **situativen Ansatz** ausformuliert. Dieser besagt eben, daß richtiges Organisieren, verallgemeinert sogar jedliches **richtiges Handeln nur situativ**, d.h. in Abhängigkeit von der jeweiligen Situation, bestimmt werden kann. Es gibt also nicht die richtige, die optimale Organisationsform, sondern nur eine für eine ganz bestimmte Situation passende. Die "Situation" charakterisiert sich aus dem Status quo und den Zielen der Unternehmung selbst sowie aus den relevanten Unternehmensumfeldern,[12] also z.B. der
- direkten Umwelt:
  - Konkurrenten,
  - Abnehmer,
  - Lieferanten und sonstige Marktpartner.
- weiteren Umwelt:
  - politisch-rechtlich,
  - sozio-kulturell,
  - ökonomisch,
  - ökologisch,
  - technologisch-infrastrukturell.

---

12 Eine ausführliche Analyse einiger dieser Rahmenbedingungen findet sich bei Kirstges, Expansionsstrategien.

Die größte Organisationseffizienz läßt sich also - je nach Unternehmens- und Umweltsituation - durch eine andere Organisationsstruktur erzielen. Da es aber - zumindest theoretisch - unendlich viele situative Konstellationen gibt, die sich zudem noch ständig wandeln können, lassen sich unendliche viele organisationale Konfigurationen vorstellen. An unseren Fallbeispielen verdeutlicht bedeutet dies, daß die von der TUI gewählte Organisationsform eben für dieses Unternehmen zum herausgegriffenen Zeitpunkt optimal, einige Zeit später aber schon wieder suboptimal sein kann, keinesfalls aber auch für ITS oder das DER "passend" sein muß.

Eine wichtige Determinante für die organisationale Gestaltung einer Unternehmung sind deren Ziele und die daraus abgeleiteten Unternehmensstrategien. In diesem Zusammenhang stößt man auf das klassische **Strategie-Struktur-Dilemma**:
- Einerseits sind für die Planung und Initiierung von Strategien bereits bestimmte organisatorische Voraussetzungen erforderlich. Eine Strategie kann demnach nur verfolgt werden, wenn die Organisation dies zuläßt. Insofern "folgt" die Strategie also der Organisationsstruktur ("**strategy follows structure**").
- Andererseits bestimmt eine gewählte Strategie die Organisationsstruktur. Die Unternehmung muß (organisatorisch) so gestaltet werden, wie es die Strategie als Ziel vorgibt. Die Struktur muß also der Strategie folgen ("**structure follows strategy**").

In der Praxis kann man dieses Dilemma nur lösen, in dem man beiden Ansprüchen Rechnung trägt: Die organisationale Gestaltung muß der gewünschten Strategie den Weg ebnen ("structure leads to strategy"). Die organisatorischen und personellen Gegebenheiten führen zu einer bestimmten Strategie, die ihrerseits wieder diese Rahmenbedingungen beeinflußt und (um-)gestaltet.

Der situative Ansatz der Organisationsforschung zeigt einmal mehr, daß es in der Betriebswirtschaftslehre kaum, vielleicht **keine "Wahrheiten"** gibt. Aus dem Blickwinkel dieser Erkenntnis sind die folgenden Ausführungen zu sehen. Kein Leser des vorliegenden Buches sollte also jemals die Frage stellen, was denn nun "richtig" sei - denn es kommt eben d´rauf an ... !

2.2. Die Wertschöpfungskette der Reiseveranstalter als Ausgangspunkt organisationaler Gestaltung

2.2.1. Paxzahl, Umsatz und Wertschöpfung als Indikatoren der organisationalen Gesamtleistung eines Reiseveranstalters

Wie groß muß, **wie groß darf eine Organisation sein?** Wieviele Mitarbeiter können - unter Wahrung der Effizienz - eingesetzt werden? Ein erster Anhaltspunkt zur Bestimmung insbesondere der Größe einer Organisation ist die Zahl der innerhalb eines bestimmten Zeitraums verbuchten **Reiseteilnehmer** bzw. der hierbei realisierte **Umsatz** oder Gewinn. Gerade hinsichtlich der Zahl der "Paxe", wie die

Branche ihre Kunden bezeichnet, herrscht aufgrund einer relativ großen informatorischen Freizügigkeit weitgehend Transparenz.

Beim **Indikator "Zahl der Reiseteilnehmer"** sind u.a. folgende Besonderheiten zu beachten:
- Die Zahl der Reiseteilnehmer stellt eine **Outputgröße** dar, die die Leistungsfähigkeit am Markt widerspiegelt.
- Es handelt sich um eine reine **Mengengröße**; wertorientierte Hinweise, die z.B. für die Beurteilung der Wertschöpfung nötig wären, fehlen. Eine Steigerung der Ausgabensumme pro "Pax", auch inflationsbedingt, wird somit nicht erfaßt. Auch der (durchschnittliche) organisatorische Aufwand zur Erzielung und Bearbeitung *einer* Reisebuchung läßt sich aus der Paxzahl nicht ersehen.
- Die Ermittlung dieser Maßzahl für ein bestimmtes Unternehmen kann aufgrund von Abgrenzungs- und **Definitionsproblemen** trotz der grundsätzlich einfachen Handhabung zu Schwierigkeiten führen.

Unter Berücksichtigung der mit diesem einfachen Indikator verbundenen Probleme scheint er kein brauchbares Maß zur globalen Bestimmung der erforderlichen Stellenzahl einer im deutschen Reiseveranstaltermarkt tätigen Unternehmung zu sein. Aussagekräftiger ist daher der Umsatz, den man in Relation zur Mitarbeiterzahl setzen kann. Allerdings schwankt der **Jahresumsatz pro Mitarbeiter** bei Reiseveranstaltern sehr stark. So erzielte Ameropa beispielsweise ca. 1,7 Mio. DM pro Mitarbeiter, Hetzel 2 Mio., Studiosus 1,4 Mio. oder Gauf-Reisen 0,7 Mio. DM pro Mitarbeiter.[13] Diese Schwankungen hängen in erster Linie zusammen mit dem jeweils unterschiedlichen Charakter der Pauschalreisen. Die im Vergleich zu anderen Branchen sehr hohen Umsätze pro Beschäftigten erklären sich zudem daraus, daß ein Reiseveranstalter im wesentlichen die bei Leistungsträgern eingekauften Dienstleistungen bündelt und vermarktet; der größte Teil des Umsatzes ist also ein **durchlaufender Posten**.[14]

Die Zahl der von einem Veranstalterunternehmen **benötigten Mitarbeiter** kann also **nicht nur von** der verbuchten **Paxzahl oder** dem realisierten **Umsatz abhängen.** Sie hängt vielmehr **auch von Art und Umfang der Unternehmensleistung** ab. Es ist von entscheidender Bedeutung für die Gestaltung der Organisation, ob ein Reiseveranstalter weitgehend nur Leistungen anderer Unternehmungen vermittelt[15] oder in größerem Umfang das Endprodukt Pauschalreise selbst produziert.

Doch wie läßt sich diese unternehmerische Eigenleistung messen? Ein sinnvolles Maß der Eigenleistung eines Unternehmens stellt die **einzelwirtschaftliche Wertschöpfung**[16] dar, die angibt, welcher "Wert"

---

13 Werte bezogen auf 1990; siehe Kirstges, Expansionsstrategien, S. 84.
14 Vgl. Mundt, Rekordland, S. 50 - 51.
15 So hat beispielsweise ADAC-Reisen lange Zeit das Flugprogramm von ITS einfach übernommen und nur mit einem eigenen Umschlag versehen; ebenso griff ITS auf das DERtour-Amerika-Programm zurück.
16 Von der einzelwirtschaftlichen Wertschöpfung läßt sich die gesamtwirtschaftliche Wertschöpfung unterscheiden. Die **gesamtwirtschaftliche Wertschöpfung** entspricht dem Nettoinlandsprodukt zu Faktorkosten, wie es in der volkswirtschaftlichen Gesamtrechnung ermittelt wird. Vgl. beispielsweise Richter/Schlieper/Friedmann, Makroökonomik, S. 71; Brümmerhoff, Rechnungswesen, S.99 - 100. Würde man die (einzelwirtschaftliche) Wertschöpfung aller Unternehmen einer Volkswirtschaft addieren und die entsprechenden Werte der Haushalte und des Staates hinzurechnen, so stellte diese Summe die gesamtwirtschaftliche Wertschöpfung dar. Vgl. auch Woll, Volkswirtschaftslehre, S. 241.

im Rahmen des unternehmerischen Produktionsprozesses "geschöpft", also geschaffen wird. Die Wertschöpfung ist somit "Ausdruck der durch eine Unternehmung geschaffenen Werte"[17]. In der Literatur werden verschiedene Ansätze zur Berechnung der Wertschöpfung diskutiert, auf die im einzelnen nicht näher eingegangen werden soll.[18] In Anlehnung an Küting soll hier der folgende, subtraktiv ermittelte Wertschöpfungsbegriff zugrunde gelegt werden:

Abbildung I.2.a.: Subtraktiv ermittelter Wertschöpfungsbegriff

```
  Umsatzerlöse
- Verminderung des Bestandes an fertigen und unfertigen Erzeugnissen
+ Erhöhung des Bestandes an fertigen und unfertigen Erzeugnissen
+ Andere aktivierte Eigenleistungen

= Bruttoproduktionswert

- Aufwendungen für Roh-, Hilfs- und Betriebsstoffe sowie für bezogene Waren
- Sonstige Aufwendungen

= Nettoproduktionswert

- Abschreibungen und Wertberichtigungen auf Sachanlagen und immaterielle Anlagewerte

= Einzelwirtschaftliche Wertschöpfung
```

Die Wertschöpfung eines Unternehmens ist somit "die in Geldeinheiten ausgedrückte Summe der erstellten Leistungen abzüglich der ebenfalls in Geldeinheiten veranschlagten Summe der Vorleistungen, die das Unternehmen nicht selbst erstellt hat"[19]. Für den Bereich der (touristischen) **Dienstleistungen** ergibt sich aufgrund der Immaterialität und des uno-actu-Prinzips[20] die Besonderheit, daß **Bestandsänderungen** an fertigen und unfertigen Erzeugnissen - diese sind streng von eventuell erforderlichen Trägermedien (Kataloge) zu unterscheiden - **nicht möglich** sind; die Berechnungsformel könnte also für reine Dienstleistungsunternehmen entsprechend gekürzt werden. Unter besonderer Betonung des Personals ergibt sich damit der folgende modifizierte, wertschöpfungsorientierte Aufbau einer Gewinn- und Verlustrechnung für Reiseveranstalter.

---

17 Enderle, Konzentration, S. 176.
18 So unterscheidet man beispielsweise die subtraktive von der additiven Wertschöpfungsermittlung. Vgl. z.B. die Wertschöpfungskonzeptionen bei Lehmann, Wertschöpfung, Sp. 1787 - 1795; Pohmer, Wertschöpfung, S. 148 - 156; Keller, Wertschöpfung, S. 291; Coenenberg, Jahresabschluß, S. 436; Betriebswirtschaftlicher Ausschuß des Verbandes der Chemischen Industrie e.V., Gesellschaft, S. 164.
19 Kürpick, Unternehmenswachstum, S. 45.
20 Vgl. hierzu ausführlich Kirstges, Expansionsstrategien, Abschnitt 4.2.

Abbildung I.2.b.: Grobaufbau einer wertschöpfungsorientierten GuV für Reiseveranstalter

```
    Umsätze aus Reiseleistungen (steuerpflichtig und steuerfrei)
  - MwSt auf die steuerpflichtigen Reiseumsätze[21]

  = Nettoumsatz

  - Aufwendungen für Reisevorleistungen durch Leistungsträger[22]
  - Aufwendungen für Eigenleistungen[23]

  = Deckungsbeitrag aus Touristikgeschäften

  + Zinserträge und sonstige Erträge

  = Bruttoertrag der gesamten Geschäftstätigkeit

  - Diverse betriebliche Sachaufwendungen[24]

  = Erfolg der Geschäftstätigkeit

  - Summe der Personalaufwendungen[25]

  = Periodenergebnis (vor Steuern)
```

Der "Erfolg der Geschäftstätigkeit" läßt sich also auch additiv aus dem Periodenergebnis und dem Lohnaufwand ermitteln. Diese Summe (ergänzt um die hier vernachlässigten Ertragsteuern) wird in der Literatur gelegentlich auch als **Nettowertschöpfung** bezeichnet.[26] Der Erfolg der Geschäftstätigkeit bzw. die so definierte einzelwirtschaftliche Nettowertschöpfung (vgl. die vorhergehende Abbildung 3.2.) kennzeichnet die Wertspanne, die das Unternehmen den eingekauften und eingesetzten sachlichen Produktionsfaktoren (Vorleistungen) hinzugefügt hat. Ceteris paribus kann also davon ausgegangen werden, daß der **organisatorische Aufwand** einer Unternehmung **umso größer** ist, **je höher die Nettowertschöpfung** (hier: Erfolg der Geschäftstätigkeit) ausfällt.

---

21 Die Berechnung der MwSt erfolgt für deutsche Reiseveranstalter nach dem sog. **Margenprinzip**, nach dem sich der MwSt-Satz nur auf eine - auf relativ komplizierte Weise zu ermittelnde - Marge bezieht; steuerpflichtig sind z.B. nur solche Veranstalterumsätze, die auf Reisen in EG-Länder entfallen; vgl. §§ 15 II 1. und 25 des Umsatzsteuergesetzes.
22 **Reisevorleistungen** sind solche Leistungen, die der Reiseveranstalter bei fremden Leistungsträgern bezieht, um sie als Bestandteile in seine Pauschalreise einzuarbeiten, die somit also dem Reisenden unmittelbar zugute kommen, also z.B. Flug- oder Hotelleistungen. Leistungen, die der Reisende nicht unmittelbar erfährt, sind keine Reisevorleistungen (Beispiel: Reparatur des Reisebusses während einer Gruppenreise; solche Fremdleistungen wären als "normaler" betrieblicher Aufwand, in o.g. Schema also unter dem Posten "Diverse Aufwendungen", erfaßt). Vgl. §25 Abs. 1. Satz 1 UStG.
23 **Eigenleistungen** sind solche Leistungen, die dem Reisenden unmittelbar zugute kommen, die jedoch vom Reiseveranstalter selbst erbracht werden. Beispiel: Ein Mitarbeiter des Reiseveranstalters arbeitet als Reiseleiter im Rahmen einer Busreise.
24 Hierunter sind sämtliche beim Betrieb des Unternehmens anfallenden Aufwendungen (inkl. Abschreibungen) mit Ausnahme der Personalkosten zu verstehen. Diese resultieren in aller Regel aus Markttransaktionen mit Lieferanten im weitesten Sinne (inkl. Vermieter von Geschäftsräumen (-> Miete), Banken (-> Kreditzinsen, Bankgebühren) etc.).
25 Nettolöhne, Sozialleistungsaufwand, Vermögenswirksame Leistungen, Lohn-/Kirchensteueraufwand, Fortbildungskosten etc.
26 Vgl. Kürpick, Unternehmenswachstum, S. 45.

Wie kommt es nun in einer Veranstalterunternehmung zu einer solchen Wertschöpfung? Welche sind die **Produktionsstufen**, die das touristische Produkt, also die Pauschalreise, im Unternehmen durchläuft? Da das Verständnis dieser Zusammenhänge für die organisatorische Gestaltung des Leistungserstellungsprozesses bei Reiseveranstaltern eine zentrale Voraussetzung ist, soll hierauf im folgenden kurz eingegangen werden.

2.2.2. Der Prozeß der Wertschöpfung bei Reiseveranstaltern als strategischer Rahmen der Ablauf- und Aufbauorganisation

Eng verbunden mit der Wertschöpfung sind die Begriffe der Wertschöpfungskette und der Wertschöpfungstiefe. Unter **Wertschöpfungstiefe**[27] versteht man den Phasenanteil einer einzelnen Unternehmung am gesamtwirtschaftlichen Leistungsprozeß:[28] Wieviele Stufen des Leistungserstellungsprozesses umfaßt die Unternehmung? Der Begriff der Wertschöpfungstiefe stellt also eine Brücke dar zwischen dem einzelwirtschaftlichen und dem gesamtwirtschaftlichen Wertschöpfungsbegriff.

Für eine beschreibende Darstellung der Wertschöpfungstiefe kann das Konzept der **Wert(schöpfungs)- kette** nach Porter herangezogen werden. Er unterscheidet zwischen Mikro- und Makroebene:[29] Die Makroebene, die Porter auch als Wertsystem bezeichnet, enthält alle Stufen des Transformationsprozesses, die ein Produkt oder eine Leistung innerhalb einer Branche auch über mehrere Unternehmen durchläuft. Auf der Mikroebene werden die Vorgänge innerhalb einer einzelnen Unternehmung als Wertkette abgebildet, die sogenannte primäre und unterstützende Wertaktivitäten sowie die Gewinnspanne erfaßt. Die "Urform" der Wertschöpfungskette nach Porter ist auf die Analyse industrieller Unternehmungen ausgelegt.[30] Für die vorliegende Arbeit wurden daher die primären Aktivitäten dem **Werterstellungsprozeß der Tourismusindustrie** angepaßt und die unterstützenden Aktivitäten um die Bereiche "Entwicklung und Sicherung einer Unternehmensidentität", "Qualitätsmanagement" und "Finanzmanagement" erweitert.

---

27 Synonym "Fertigungstiefe", "Produktionstiefe", "Betriebstiefe".
28 Vgl. z.B. Schäfer, Unternehmung, S. 102.
29 Vgl. Porter, Wettbewerbsstrategie, S. 59 - 62.
30 Vgl. Porter, Wettbewerbsvorteile, S. 62 und S. 432.

Abbildung I.2.c.:
Modell einer für den Reiseveranstaltermarkt modifizierten Wertschöpfungskette nach Porter

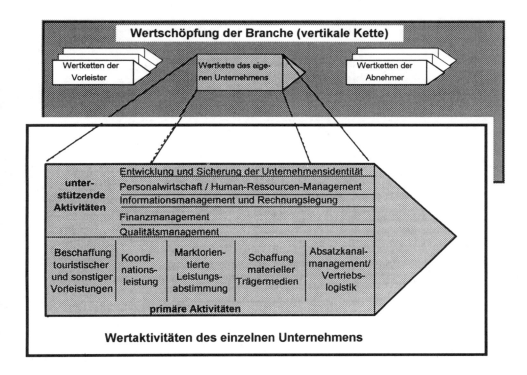

Die folgende Abbildung analysiert genauer, worin die Wertschöpfung auf den einzelnen unternehmensinternen Wertschöpfungsebenen der primären Aktivitäten im Falle eines typischen Reiseveranstalters zu sehen ist.[31] Ein kleines Zahlenbeispiel, das die Wertschöpfung im Zuge der Erstellung einer Skipauschalreise durch einen Reiseveranstalter zum Inhalt hat, soll der Verdeutlichung dienen. Wenngleich die Trennung der einzelnen Stufen teilweise sehr theoretisch anmuten mag, dient diese inhaltliche Strukturierung doch dem besseren Verständnis zum einen der touristischen Veranstalteraktivitäten in der Praxis, zum anderen der folgenden Ausführungen im Rahmen der vorliegenden Arbeit.

---

31 Vgl. in diesem Zusammenhang auch Hölzel, Reiseveranstalter, S. 117 - 122.

Abbildung I.2.d.: Wertschöpfungsstufen eines typischen Reiseveranstalterunternehmens

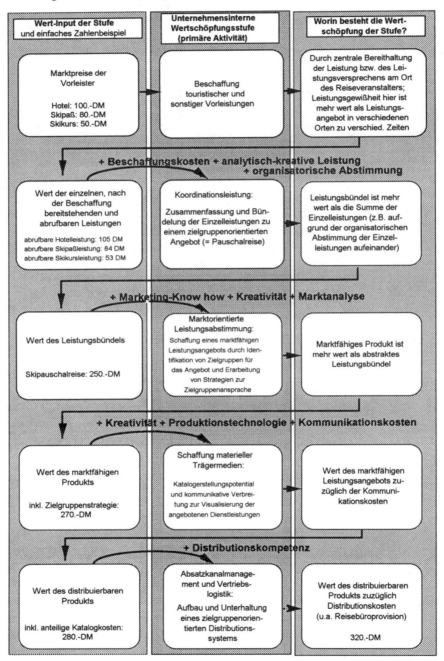

Die Wertschöpfung und die Wertschöpfungsstruktur bilden einen ersten Anhaltspunkt für die organisationale Gestaltung der Unternehmung. **Ausgehend von den unternehmensinternen Wertschöpfungsstufen lassen sich betriebliche Funktionsbereiche unterscheiden**, die - ergänzt um die übergreifenden Funktionen der unterstützenden Wertschöpfungsaktivitäten - die Grundlage für die Bildung von Stellen darstellen.

In dargestellten Beispiel müßte sich beispielsweise eine **organisatorische Einheit** mit der Beschaffung touristischer Vorleistungen (Hotelunterkunft, Flug, etc.) befassen. In Abstimmung mit einer anderen Einheit würde die marktorientierte Leistungsabstimmung erfolgen. Einer weiteren organisatorischen Einheit obläge die Schaffung materieller Trägermedien (Erstellung des Reisekatalogs, von Plakaten etc.). Schließlich befaßt sich ein Teil der Organisation mit dem Vertrieb und dem Absatzkanalmanagement im weiteren Sinne. Erst durch die Summe dieser Aktivitäten wird ein distribuierbares Endprodukt, eben die Pauschalreise, geschaffen, die von einem Kunden zu einem Gesamtpreis erworben werden kann. Der **Umfang dieser organisatorischen Einheiten** ergibt sich aus dem **jeweiligen Anteil an der gesamten unternehmerischen Wertschöpfung**. So kann es z.B. sein, daß das Absatzkanalmanagement bei einem Direktverkäufer (Reiseveranstalter verkauft über Mailings und Telefon direkt an seine Endkunden) kaum von Bedeutung ist. Bei einem anderen Reiseveranstalter, der vornehmlich über selbständige Reisemittler vertreibt, werden hingegen das Vertriebsmanagement und die Agenturbetreuung wesentlich stärker ausgebaut sein. Neben den hier dargelegten primären Aktivitäten werden die sekundären durch weitere organisatorische Einheiten erbracht: So stellen z.B. das Qualitäts-, Finanz- oder Personalmanagement als flankierende Wertschöpfungsbereiche das reibungslose Funktionieren der genannten primären Wertschöpfungsaktiväten sicher.

2.2.3. Veränderung von Wertschöpfung und Organisation gemäß dem Grad der vertikalen Intergration

Eine der für die heutige Tourismusindustrie zentralen Strategien besteht in der **vertikalen Integration**. Diese verfolgt u.a. das Ziel, die Unternehmenssituation durch Investitionen in Bereiche mit höheren Gewinnmargen, als sie im angestammten Reiseveranstaltergeschäft erzielbar sind, zu verbessern. Die vertikale Integration hat als eine spezielle Form der vertikalen Expansion die Ausdehnung der Unternehmensaktivitäten auf vor- oder nachgelagerte Wirtschaftsstufen zum Inhalt. Das **Ausmaß der vertikalen Integration eines Tourismusunternehmens beeinflußt unmittelbar die organisatorische Gestaltung der Unternehmensaktivitäten**. Am Beispiel der Integration einer Zielgebietsagentur durch einen Reiseveranstalter zeigen sich zwei mögliche Konstellationen:

1. Stammgeschäft und zu integrierendes Geschäft ergänzen sich mit Ausnahme der bisherigen Marktschnittstelle **überschneidungsfrei**.

In diesem Fall entspricht die Wertschöpfungskette des gewachsenen, neuen integrierten Unternehmens der Summe der primären Aktivitäten der beiden Einzelwertschöpfungsketten abzüglich des Schnittstellenbereichs, der nun nicht mehr erforderlich ist. Weitere **Synergie** läßt sich in diesem Fall nur hinsichtlich der unterstützenden Wertschöpfungsaktivitäten realisieren.

Ursprünglich bestand zwischen beiden Unternehmen (Reiseveranstalter - Zielgebietsagentur) eine marktbezogene Schnittstelle dergestalt, daß der Reiseveranstalter einen Einkäufer beschäftigte, der mit dem bei der Zielgebietsagentur beschäftigten Verkäufer die Abnahmemodalitäten verhandelte. Diese Schnittstelle - im Beispiel durch zwei Arbeitsplätze realisiert - kann aufgrund der vertikalen Integration wegfallen. Daneben können die unterstützenden Wertschöpfungsaktivitäten, beispielsweise das Finanzmanagement oder die Rechnungslegung, zusammengefaßt werden, so daß hier ein großer Synergieeffekt auftritt.

Abbildung I.2.e.: Zusammenfassung der Wertschöpfungsketten durch vertikale Integration

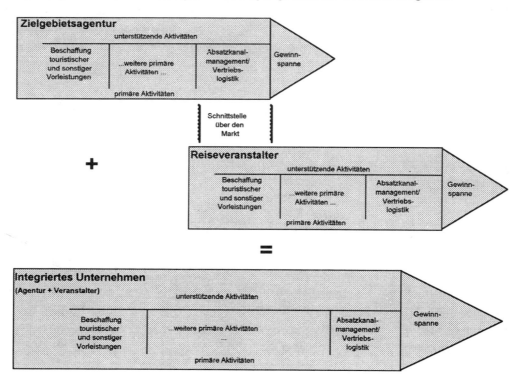

2. Stammgeschäft und zu integrierendes Geschäft **überschneiden sich partiell**.

Eine klare, überschneidungsfreie Trennung zwischen den Funktionen der im Tourismusmarkt tätigen Organisationen ist oftmals nicht gegeben. Die Wertketten der einzelnen Unternehmen sind also nicht in einer vollkommen linearen Anordnung zu sehen, sondern sie überlappen sich partiell. Integriert ein Veranstalter nun ein Unternehmen, das zumindest zum Teil auch veranstalterähnliche Funktionen erfüllt (z.B. Incoming-Agentur, die auch einen eigenen Angebotsprospekt für Direktkunden herausgibt), so reduziert sich die neue Wertschöpfungskette auf wesentlich weniger als die Summe der beiden einzelnen Wertschöpfungsketten. Gleichzeitig ist damit ein vor allem quantitatives Wachstum in der Horizontalen verbunden. Dies bringt durchaus Vorteile für das expandierende Unternehmen mit sich, führt aber zu einem eher geringen Effekt in der vertikalen Richtung - und dieser ist bei einer vertikalen Expansion vorerst einmal angestrebt gewesen.

Ausgehend von den Expansionszielen sollte also geprüft werden, wie die Wertschöpfungsketten des eigenen und des zur Übernahme anstehenden Unternehmens zueinander liegen. Je geringer die Überschneidung zwischen diesen in der Vertikalen ist, desto stärker tritt der "reine" Effekt einer vertikalen Expansion in Erscheinung, desto umfangreicher wird die organisationale Ausdehnung sein.

Gerade für das touristische Geschäft erscheint eine **dynamisierte Betrachtung der Wertschöpfungsaktivitäten** sinnvoll. Wegen der i.d.R. starken Saisonabhängigkeit der Tourismusindustrie führt die Einbeziehung der zeitlichen Komponente in die Betrachtung der Wertschöpfungskette zu weiteren Erkenntnissen. Grundsätzlich besteht bei einer vertikalen Integration eine **erhöhte Anfälligkeit gegenüber Nachfrageschwankungen**. Ein Veranstalter, der eine Zielgebietsagentur angegliedert hat, wäre von Buchungsrückgängen - allgemein oder speziell für dieses Zielgebiet - besonders hart getroffen, da sich diese Einbrüche über die gesamte Wertschöpfungskette fortsetzen würden. Eine ideale Voraussetzung für eine vertikale Integration liegt demnach dann vor, wenn die Saisonabhängigkeiten der beiden Unternehmen, die zusammengehen könnten, gegenläufig sind. Durch die vertikale Integration können dann ein gleichmäßigerer Arbeitsanfall und damit eine konstantere Auslastung erzielt werden.[32]

Das folgende Beispiel soll dies verdeutlichen: Ein Reiseveranstalter, der einen eindeutigen Schwerpunkt auf dem Sommergeschäft hat, integriert eine kleinere Zielgebietsagentur aus einem reinen Wintersportort.[33] Die summierten Aktivitäten sorgen für eine wesentlich gleichmäßigere Auslastung der personellen, organisatorischen und finanziellen Kapazität des integrierten Veranstalters.

---

[32] Auf die im Rahmen des Zeitwettbewerbs bedeutende Chance einer Beschleunigung des Wertschöpfungsprozesses kann hier nur hingewiesen werden. Vgl. dazu z.B. o.V., Zeitstrategien I, o.V., Zeitstrategien II.

[33] Neben dem hier betrachteten vertikalen Effekt liegt in diesem Beispiel gleichzeitig ein horizontaler Effekt vor (Ausweitung von Sommer- auf Wintergeschäft).

Abbildung I.2.f.: Beispiel für eine saisonabhängige Kapazitätsauslastung als Ausgangspunkt einer dynamisierten Wertschöpfungsanalyse

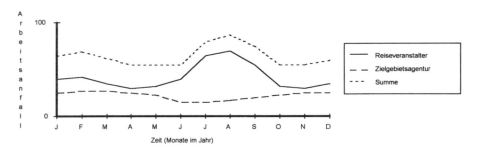

Diese Überlegungen gelten analog auch für die interne Wachstumsvariante der vertikalen Integration. Da hierbei nicht das Problem der Unteilbarkeit von Unternehmen auftritt, können in diesem Fall sogar gezielter die gewünschten vor- oder nachgelagerten Wertschöpfungsstufen aufgebaut werden.

Unabhängig von den allgemeingültigen wertschöpfungsbezogenen Konsequenzen bietet eine vertikale Integration auch für mittelständische Reiseveranstalter eine Reihe von **tourismusspezifischen Chancen**, von denen insbesondere drei wesentliche zu nennen wären:[34]

- Die **Sicherung von touristischer Kapazität** durch vertikale Rückwärtsintegration, z.B. durch den Kauf oder den Aufbau von Zielgebietsagenturen oder durch eine Beteiligung an Hotel- oder Appartementanlagen.

- Die **Absatzsicherung** durch vertikale Vorwärtsintegration, für Großveranstalter insbesondere angesichts der anstehenden Liberalisierung des Reisebürovertriebs relevant. Als Alternative zur "echten" vertikalen Integration wäre auch ein Franchise-System, ähnlich wie es TUI verwirklichen will, überlegenswert.

- Die Bildung von **Imageketten** und **Qualitätsmanagement** durch vertikale Integration.

Aufgrund der arbeitsteiligen Erstellung der touristischen Dienstleistung[35] ist es für Reiseveranstalter äußerst schwierig, dem Kunden konsequent, d.h. zu jeder Zeit und auf allen Beziehungsebenen, ein gewünschtes Unternehmens- und/oder Produktimage zu vermitteln.[36] Der Nachfrager erfährt während des Konsums des Produkts "Urlaubsreise" eine Fülle von touristischen Einzelleistungen, die von verschiedenen Leistungsträgern des Reiseveranstalters erbracht werden. Dies birgt die Gefahr in sich,

---

34 Vgl. ausführlich: Kirstges, Expansionsstrategien, S. 228 - 237. Zu den allgemein möglichen Vorteilen einer vertikalen Integration s. z.B. Demmer/Messinger, Synergien.
35 Die Besonderheiten resultieren also aus der stark arbeitsteiligen Erstellung und aus dem Dienstleistungscharakter des touristischen Produkts. Vgl. Kirstges, Expansionsstrategien, Abschnitte 4.2. und 4.3.1., sowie zum Qualitätsmanagement bei Dienstleistungsunternehmen auch Stauss, Augenblicke, S. 96 - 98; Stauss/Hentschel, Qualitätsmanagement, sowie zum Image als Qualitätsdimension: Garvin, Produktqualität, S. 72 f.
36 Auf den Zusammenhang zwischen Image und Corporate Communications bzw. allgemein auf die Bedeutung einer Corporate Identity kann hier nicht näher eingegangen werden. Vgl. zusammenfassend z.B. Raffée/Wiedmann, Glaubwürdigkeit.

daß der Veranstalter zwar einerseits - und dies vor allem hinsichtlich der juristischen Verantwortlichkeit - der zentrale Dienstleister ist, andererseits jedoch **keinen unmittelbaren Einfluß auf die Qualität** der Leistungen und das - u.a. dadurch - vermittelte Image hat.[37] Nicht zuletzt aus diesem Umstand erklärt sich die geringe Bindung von Urlaubern an Reiseveranstalter, die soweit geht, daß viele Urlauber sich kaum mehr an den Namen der Veranstalter erinnern, mit denen sie verreist sind.

Abbildung I.2.g.: Der Kunde im Spannungsfeld der verschiedenen Unternehmensimages im Rahmen der touristischen Kette

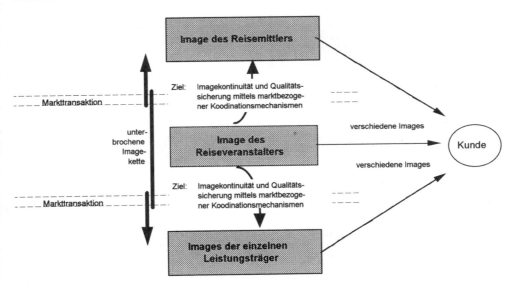

Somit kann der Veranstalter im Rahmen der Kooperation nur versuchen, über bestimmte Marketingmaßnahmen für die **Qualitätssicherung** und die Beibehaltung des Image zu sorgen. Anders als Großveranstalter haben gerade mittelständische Unternehmen i.d.R. nicht die Marktmacht, den Reisemittlern und Leistungsträgern ihre Qualitätsstandards und Imageziele verbindlich aufzuerlegen. Auch eine qualitäts- und imageorientierte Selektion der Marktpartner ist vielfach nicht möglich. Ganz anders sehen die Möglichkeiten hingegen für vertikal integrierte Veranstalterunternehmen aus. Je mehr Teilbereiche der touristischen Leistungserstellung in der Hand *eines* Unternehmens liegen, desto durchgängiger ist die Imagekette, und desto besser kann eine angestrebte und dem Kunden versprochene Qualität gewährleistet werden. Da sich der Kunde immer in der Hand *eines* Unternehmens befindet, treten Zielkonflikte von der Art, wie oben dargelegt wurde, erst gar nicht auf. Da die jeweiligen Kontaktpersonen des Kunden immer Mitglieder desselben Unternehmens sind, können eine gezieltere Imagegestaltung und Qualitätssicherung besser durchgesetzt werden. Die **personalpolitischen Instrumente** (so z.B. Personalauswahl, Personaleinsatzplanung, Motivationsinstrumente)

---

[37] Vgl. in diesem Zusammenhang auch die Problematik der Messung wahrgenommener Dienstleistungsqualität: siehe z.B. Hentschel, SERVQUAL.

werden vom eigenen Unternehmen gehandhabt und steuern somit durchgängig die vom Kunden wahrgenommenen und damit imageprägenden Mitarbeiter. Notfalls sind hier - anders als bei Kooperationen - auch disziplinarische Maßnahmen (z.B. Versetzung, Entlassung) vorstellbar, um Image- und Qualitätssicherung zu gewährleisten.

Abbildung I.2.h.: Imagekette in einem vertikal integrierten Touristikunternehmen

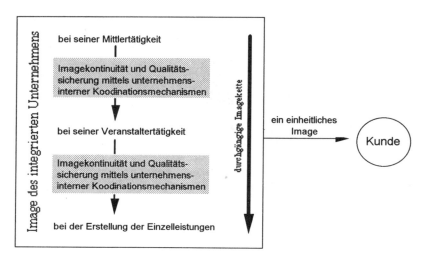

Aufgrund der mit der vertikalen Integration verbundenen Möglichkeiten der Qualitätssicherung ist auch davon auszugehen, daß die **Reklamationsquote** im Zuge einer vertikalen Integration sinken wird.

2.3. Aufgabenanalyse und Festlegung der Ablauforganisation
2.3.1. Schritte der organisationalen Gestaltung von Reiseveranstaltern

Nachdem die grundlegenden Zusammenhänge und Rahmenbedingungen der organisationalen Gestaltung des Reiseveranstaltergeschäfts dargelegt wurden, stellt sich für die Unternehmenspraxis die Frage, wie man einen Veranstalter nun konkret "organisieren" soll. Im unternehmerischen Alltag taucht diese selbst dann auf, wenn alles scheinbar bestens gelöst ist. Gerade in der Organisation der Abläufe gibt es immer etwas zu verbessern. **Indikatoren** eines solchen **Reorganisationsbedarfs** zeigen sich ständig:
- zu lange Durchlaufzeiten von der Buchungsanfrage bis zur Buchung oder von der Buchung bis zur Bestätigung,
- Verärgerung von Kunden durch ungerechtfertige Mahnungen,
- vergessene Zahlungen an Leistungsträger, die zu Problemen bei der Kundenanreise führen,
- Doppelzahlungen an Lieferanten,
- ein "muddling-trough" bei bestimmten Problemen, die immer wieder auftauchen, von denen aber niemand genau weiß, warum sie eigentlich auftreten und wie man sie grundsätzlich lösen könnte,

- stark schwankende Dienstleistungsqualität,
- hohe Reklamationsquoten,
- u.s.w.

Eine systematische Vorgabe der erforderlichen Arbeitsabläufe durch die Unternehmensführung fehlt oftmals oder ist mangels Dokumentation derselben nicht bekannt.

Wie lassen sich solche Mißstände abstellen? Gehen wir zur Lösung dieser Aufgabe von folgendem Fallbeispiel aus: Ein mittelständischer Reiseveranstalter bittet uns in eben dieser Frage um unseren Rat. Wir abstrahieren zur Vereinfachung von der bisher vorhandenen Unternehmensstruktur und gehen im Sinne einer zero-base-Planung sogar soweit, daß wir zunächst annehmen, das Unternehmen würde noch über keinerlei Personal verfügen.

Folgendes **Phasenschema** soll den gedanklichen Rahmen der folgenden Ausführungen bilden:

Abbildung I.2.i.: Phasen der Gestaltung von Ablauf- und Aufbauorganisation bei Reiseveranstaltern

> **1. Zielsetzung**
> ⇩
> **2. Abgrenzung der Tätigkeitsfelder**
> **(Schwerpunktaufgaben)**
> ⇩
> **3. Ermittlung der einzelnen Teilaufgaben**
> ⇩
> **4. Ermittlung des Tätigkeitszeit- und**
> **Mengenbedarfs**
> ⇩
> **5. Koordination der einzelnen Tätigkeiten**
> (logische Aufeinanderfolge der Ablaufschritte)
> ⇩
> **6. Zusammenfassung der Tätigkeiten zu Stellen**
> ⇩
> **7. Gestaltung der Aufbauorganisation**
> **als Stellengefüge**
> ⇩
> **8. Dokumentation**
> in Organigrammen, Ablaufplänen, Arbeitsplänen, etc.
> ⇩
> **9. Kontrolle**
> von Ablauf und Ergebnis

Voraussetzung für die zielorientierte, effiziente organisationale Gestaltung einer Unternehmung ist die Kenntnis der einzelnen Aufgaben, die von den Mitarbeitern des Veranstalters unter Zuhilfenahme spezifischer Produktionstechnologien (z.B. EDV-Systeme / CRS) erledigt werden sollen. Hierfür sind die einzelnen Tätigkeiten, die im Hinblick auf die Realisierung der Unternehmensziele ausgeführt werden sollen, zu erheben und in ihrem zeitlichen Ablauf darzustellen. Wer dies jemals für ein reales Unternehmen versucht hat, weiß, daß es keinesfalls einfach ist, den zeitlichen Ablauf einer Tätigkeit abzubilden.[38] Für beispielsweise eine wirksame Qualitätssicherung bedarf es aber unbedingt des (dokumentierten) Wissens um diese Abläufe, da nur so eventuelle Schwachstellen ausfindig gemacht werden können.

2.3.2. Definition von Tätigkeitsfeldern der Unternehmung sowie Einzeltätigkeiten

Zunächst sollte man mit der **Aufzeichnung der wesentlichen Abläufe** beginnen. Hierzu kann eine Orientierung an o.g. Modellen zur reiseveranstalterspezifischen Wertschöpfung sinnvoll sein. Selbstverständlich bietet es sich an, die bisherige Art der Arbeitsabläufe als Leitfaden zu wählen; allerdings sollte man sich von dem, "was schon immer so gemacht" wurde, emanzipieren, um bei der beabsichtigten (Neu-) Gestaltung der Organisation nicht nur im alten Fahrwasser zu verharren. Unabhängig vom Status quo sollten die Unternehmensziele den Orientierungsmaßstab für die Festlegung von Einzeltätigkeiten und deren Zusammenhänge bilden.

In unserer Beispielunternehmung würden sich vielleicht die folgenden **Schwerpunkttätigkeiten** als erforderlich herauskristallisieren:

- Strategische Unternehmenskonzeption, Entwicklung und Sicherung der Unternehmensidentität
- Human-Ressourcen-Management
- Informationsmanagement und Rechnungslegung
- Finanzmanagement
- Qualitätsmanagement
- Beschaffung touristischer Vorleistungen
- Beschaffung sonstiger Vorleistungen
- Koordination und Abstimmung der Einzelleistungen zu einer zielgruppenorientierten Pauschalreise
- Identifikation von erfolgsversprechenden Zielgruppen, Ableitung von Strategien zur Zielgruppenansprache und marktorientierte Leistungsabstimmung
- Schaffung materieller Trägermedien: Katalogerstellung, Kommunikationspolitik
- Absatzkanalmanagement und Vertriebslogistik: Aufbau und Unterhaltung des Distributionssystems

---

38 Vgl. Nägeli/Lang/de Weck/Zingg, Ablauforganisation, S. 69.

Bereits auf dieser groben Stufe des Organisierens sollte die gedankliche Auseinandersetzung mit den später konkreter werdenden Fragen der **Koordination und Vernetzung** der einzelnen **Tätigkeiten** untereinander **zu Abläufen** erfolgen. So erscheint es keineswegs zwingend, daß die Tätigkeit "Beschaffung touristischer Vorleistungen" der Aufgabe "marktorientierte Leistungsabstimmung" zeitlich vorgeschaltet ist. In der heutigen Situation des Käufermarktes bleibt es auch für Reiseveranstalter unerläßlich, zunächst marktorientierte Leistungsanforderungen aufzustellen, anhand derer dann die touristischen Teilleistungen zu beschaffen sind. Auf dieser ersten Stufe stellt sich auch die Frage, welche Tätigkeiten einem ständigen Wandel unterworfen bleiben dürfen und welche - zumindest auf gewisse Zeit - "eingefroren" werden können (z.B. zur Rationalisierung) oder sollten (z.B. kritische Abläufe in der Qualitätssicherung).[39] Diejenigen Tätigkeiten, die ihre Dynamik beibehalten sollten, stellen später den bewußt geschaffenen **Gestaltungsspielraum für engagierte Mitarbeiter** dar.

Nachdem die einzelnen Tätigkeitsfelder und deren Zusammenhänge im groben analysiert wurden, müssen die erforderlichen **Einzeltätigkeiten festgelegt** werden. Diese müssen dem für die Beschreibung des Ablaufs interessierenden **Detaillierungsniveau** entsprechen. Gegebenenfalls sind Tätigkeiten zusammenzufassen oder weiter aufzugliedern. **Je größer** die Bedeutung eines Tätigkeitsfeldes oder einer Einzeltätigkeit für die unternehmerische **Wertschöpfung, desto detaillierter** müssen diese beschrieben werden.

In unserer Beispielunternehmung ließen sich innerhalb der einzelnen Schwerpunktbereiche z.B. folgende **Einzeltätigkeiten** unterscheiden (siehe Tabelle auf den folgenden Seiten):

---

[39] Vgl. Nägeli/Lang/de Weck/Zingg, Ablauforganisation, S. 70.

Tabelle I.2.A.: Einzeltätigkeiten einer Reiseveranstalterorganisation

Schwerpunktbereich	Einzeltätigkeit
• Strategische Unternehmenskonzeption, Entwicklung und Sicherung der Unternehmensidentität	• Durchführung strategischer Analysen • Planung von Einzelstrategien (z.B. Marktsegmentierung) innerhalb eines abgestimmten Strategien-Profils • Evaluierung der Chancen horizontaler Kooperationen (Strategische Partnerschaften) • Evaluierung alternativer Instrumentalstrategien (z.B. Direktvertrieb versus Vertrieb über Reisemittler; Sponsoringstrategien versus klassisches Marketing) • Strategiencontrolling • Schaffung und Erhaltung einer Corporate Identity • etc.
• Human-Ressourcen-Management	• Personalführung • Organisationale Gestaltung der Arbeitsprozesse • Personalmarktforschung / Personalmarketing • Personalbeschaffung • Personaleinsatzplanung • Personalentwicklung • regelmäßige Durchführung von Mitarbeiterbefragungen • Festlegung von Entlohnungsgrundsätzen, z.B. Erarbeitung eines Mitarbeitererfolgsbeteiligungssystems • monatliche Entgeltabrechnung inkl. Abrechnung mit den Trägern der Sozialversicherungen und dem Finanzamt • etc.
• Informationsmanagement und Rechnungslegung	• Planung und Durchführung von Marktforschung • Durchführung von Soll-Ist-Vergleichen bezüglich der Reisebuchungen, strukturiert nach verschiedenen Gliederungskriterien • regelmäßige Fortschreibung der Unternehmensstatistik • Information der einzelnen Entscheidungsträger • Aufbau eines MIS (Management-Informations-System) • laufende Verbuchung der Geschäftsvorfälle in der Finanz- und Betriebsbuchhaltung • Controlling auf Basis einer Kosten-Leistungs-Rechnung • Abrechnung der Provisionen mit Reisemittlern • Regelmäßige Abgabe von Steuererklärungen • Erstellung von Quartalsübersichten und Jahresabschlüssen • etc.
• Finanzmanagement	• Durchführung von Auszahlungen an Leistungsträger, Lieferanten etc. • Devisenmanagement (z.B. Planung und Durchführung von Devisenoptionsgeschäften) • Überwachung der Einzahlungen inkl. Mahnwesen • regelmäßige Durchführung der erforderlichen Finanzplanungen • Disposition der Finanzkonten zur Sicherung der Liquidität • Anlagestrategien für kurz- und langfristige Cash-Überschüsse • Kapitalbeschaffung / Verhandlungen mit Banken • Investitions- und Finanzierungsrechnungen • etc.

Schwerpunktbereich	Einzeltätigkeit
• Qualitätsmanagement	• Regelmäßige Durchführung von Kundenbefragungen • Imageanalysen • Konkurrenzanalysen • Kontrolle der Dienstleistungsqualität bei Leistungsträgern, Reisemittlern und sonstigen Kooperationspartnern • Testbuchungen • Erarbeitung organisatorischer und personalpolitischer Innovationen zur Qualitätsverbesserung • Initierung von Maßnahmen zur Förderung eines ökologisch- und sozialverträglichen Tourismus • Bearbeitung und systematische Auswertung von Kundenreklamationen • etc.
• Beschaffung touristischer Vorleistungen	• Besichtigung von Hotels und Appartementanlagen in den Zielgebieten • Suche nach neuen Unterkünften / Leistungsträgern • Verhandlungsführung und Vertragsabschluß mit Unterkunftsleistungsträgern • Verhandlungsführung und Vertragsabschluß mit Beförderungsleistungsträgern (Airlines, Busunternehmen, Bahn, etc.) • laufende Überwachung der Kontingente bzw. Buchungen • verbale Beschreibung der Einzelleistungen • Erstellung bzw. Beschaffung von Bildmaterial zur Visualisierung der Leistungen • etc.
• Beschaffung sonstiger Vorleistungen	• Verhandlung und Vertragsabschluß mit Druckereien (Druck von Reisekatalogen und sonstigen Werbeträgern) sowie Überwachung deren Leistungsqualität • Verhandlung und Vertragsabschluß mit Anbietern von CRS (START, SABRE, In-house-CRS, etc.) • Information über neue relevante Entwicklungen in der EDV; Neubeschaffung bzw. Aktualisierung der eingesetzten EDV-Systeme • Verhandlung mit Bundespost und Telekom; Beschaffung von Telefonanlagen • Beschaffung von Büroeinrichtungen, Kopiersystemen, Büromaterialen, Papier, u.v.m. • etc.
• Koordination und Abstimmung der Einzelleistungen zu einer zielgruppenorientierten Pauschalreise	• Zusammenfassung von Einzelleistungen zu Pauschalen • Beschaffung, Ausbildung, Einsatz und Kontrolle von Reiseleitern und Animateuren • Kombination von Zusatzleistungen zur Grundleistung (z.B. Reiseversicherungen, Ausflüge, Grillfeste, etc.) • Festlegung von Abflughäfen bzw. Busabfahrtsorten • Einsatzplanung und Einsatzkontrolle der Verkehrsträger (Flugeinsatzplanung, Buseinsatzplanung, etc.) • etc.
• Identifikation von erfolgsversprechenden Zielgruppen, Ableitung von Strategien zur Zielgruppenansprache und marktorientierte Leistungsabstimmung	• Marktforschung, insbesondere Preis-Leistungs-Vergleiche mit Konkurrenten • Definition der zu bearbeitenden Zielgruppen und Marktsegmente • Initiierung operativer Maßnahmen zur Realisierung der Marktsegmentierung • Festlegung von Preisstrategien für einzelne Segmente • Preiskalkulation und Preisgestaltung • Planung von Vermarktungsstrategien, insbesondere Kommunikationsstrategien • etc.

Schwerpunktbereich	Einzeltätigkeit
• Schaffung materieller Trägermedien: Katalogerstellung, Kommunikationspolitik	• Schaffung und ständige Aktualisierung der erforderlichen Infrastruktur (z.B. PC-Netze mit geeigneter Graphik-/DTP-Software) • Planung des Katalogaufbaus (Seitenspiegel, Layout, etc.) und der Katalogkosten • Erstellung von Katalogtexten • Beschaffung und Auswahl von Bildmaterial • Erstellung der Preistabellen • Abstimmung mit Druckereien • Planung und Durchführung von Werbekampagnen • Gestaltung von Werbeannoncen, Plakaten und Displaymaterial (für Reisemittler) • Planung und Durchführung von PR- und Sales Promotion-Aktionen • Abstimmung mit Zeitungsverlagen und sonstigen Werbeträgern • etc.
• Absatzkanalmanagement und Vertriebslogistik: Aufbau und Unterhaltung des Distributionssystems	• Akquisition und Betreuung von Agenturen • Planung und Durchführung von Schulungsmaßnahmen und Katalogpräsentationsveranstaltungen • Versand von Katalogen und Display-Materialien • Festlegung der Provisionssätze inkl. Staffelprovisionen • Versand von aktuellen Angeboten / Restplätzen (z.B. über INFOX) • Aufbau eines Direktvertriebssystems inkl. Kunden-Database • Bearbeitung von Beschwerden der Reisemittler • Prüfung innovativer Vertriebswege (z.B. Automatenverkauf) • Kontrolle des Erfolgs einzelner Vertriebswege bzw. Vertriebspartner • etc.

Die Liste der Einzeltätigkeiten ließe sich noch problemlos erweitern, und viele der hier genannten Aufgaben bedürfen in der Praxis einer noch feineren Aufsplittung. Dies soll am Beispiel der Beschaffung touristischer Vorleistungen verdeutlicht werden:

Schwerpunktbereich: *Beschaffung touristischer Vorleistungen*
Einzeltätigkeiten:
Besichtigung von Hotels und Appartementanlagen in den Zielgebieten, Verhandlungsführung und Vertragsabschluß mit Unterkunftsleistungsträgern

Detailgliederung dieser Aufgabe:
für Mittelmeerreisen - für Fernreisen - für Städtetouren

bzw. noch detaillierter:
für Spanien, für Frankreich, für Italien, ...
für die USA, Kenia, Kuba, ...
in Paris, London, Rom, Florenz, ...

Die notwendige **Tiefe der Untergliederung** ist nicht allgemeingültig zu bestimmen. Es hängt insbesondere vom Anteil einer einzelnen Aufgabe an der unternehmerischen Wertschöpfung und damit letztlich vom Arbeitsumfang ab, wie detailliert diese gegliedert wird. Ein Reiseveranstalter, der von seinen gesamten 50.000 Paxen jährlich 100 für die Malediven verbucht, wird den touristischen Einkauf für dieses Reiseziel auf einem höheren Aggregationsniveau zusammen mit anderen zu einer Aufgabe zusammenfassen. Derselbe Veranstalter wird hingegen Frankreich, für das er jährlich 20.000 Urlauber verbuchen kann, in kleinere Regionen aufteilen und damit "den" Einkauf als eine aus mehreren Teilaufgaben bestehende Tätigkeit ansehen, sprich: organisieren.

Hier zeigt sich bereits die **Interdependenz** zwischen den in Abbildung 2.9. als die Phasen 3 (Ermittlung der einzelnen **Teilaufgaben**) und 4 (Ermittlung des **Zeit- und Mengenbedarfs**) charakterisierten Schritte des Organisierens.[40] Um den Arbeitszeitbedarf einer Tätigkeit bestimmen zu können, muß diese zunächst definiert werden; um diese - in einem ausreichenden Detaillierungsgrad - jedoch bestimmen zu können, muß der voraussichtliche Umfang dieser Aufgabe (quantitative und qualitative Dimension von einzusetzender Arbeit sowie sonstigen Produktionsfaktoren) abgeschätzt werden.

2.3.3. Ermittlung des Tätigkeitsumfangs

Halten wir jedoch zur besseren Übersicht die in Abbildung 2.9. angegebene Reihenfolge der einzelnen Organisationsschritte ein. Nach der Definition der Tätigkeiten gilt es also nun, deren **Umfang abzuschätzen**. Beschränken wir uns hierbei auf den Mensch als Aufgabenträger, und betrachten hierbei nur den Anfall an Arbeitszeit.[41] Dieser läßt sich durch **drei Dimensionen** charakterisieren:

- **Zeit**: Wann und in welcher Periodizität entsteht eine Aufgabe?
  (z.B. jeden Montag morgen; einmal jährlich; etc.)
- **Menge**: Wie umfangreich ist die Aufgabe? (z.B. 12 Stunden)
  Um diese Dimension näher bestimmen zu können, kann es sich bei vielen Aufgaben anbieten, zwischen der anfallenden Menge in der jeweiligen Leistungseinheit (z.B. zehn Anfragen für Gruppenreisen mit einem schriftlichen Angebot beantworten) und dem pro Leistungseinheit im Durchschnitt erforderlichen Zeitbedarf (ca. 30 Minuten pro Angebot) zu unterscheiden. So läßt sich durch Multiplikation (10 Anfragen x 30 Min.) der gesamte Umfang einer Aufgabe (5 Stunden) abschätzen.
- **Ort**: Wo entsteht eine Aufgabe? (z.B. am Counter; am Schreibtisch; in Palma de Mallorca; etc.)

---

40 Es wäre somit also besser, die Phasen der Abbildung 3.9. als **Kreislaufmodell** darzustellen, um den interdependenten Charakter der einzelnen Schritte und die Feedback-Beziehungen zu betonen.
41 Daneben sind z.B. **Sachmittel** von Nöten, die anhand von Kriterien wie Leistung und Kosten analysiert werden. Ebenso bedarf es **Informationen**, um übertragene Aufgaben erfüllen zu können. Doch auch bezogen auf den Menschen als Aufgabenträger bedarf es - in der Perspektive des Personalmanagements (s. Abschnitt 4.1.) der Ergänzung um eine qualitative Dimension (erforderliches Know-how, Ausbildungsstand, etc.).

So ließe sich beispielsweise die Teilaufgabe "Einkauf von Appartementkapazität für die Wintersaison in französischen Skigebieten" wie folgt in ihrem Umfang präzisieren:
Auf der ITB im März ist mit den dort vertretenen Leistungsträgern die Geschäftsentwicklung des vergangenen Winters zu besprechen. Jeweils in den Monaten Mai und Juni vor der nächsten Wintersaison muß eine zweiwöchige Verhandlungsfahrt nach Frankreich durchgeführt werden. Für die schriftliche Ausarbeitung der neuen Saisonverträge (inkl. Kontingentübersichten und Einkaufspreistabellen) sind pro Leistungsträger pro Skistation durchschnittlich acht Arbeitsstunden (Schreibarbeiten, Telefongespräche, etc.), bei 25 Angeboten also etwa 200 Stunden erforderlich.

Eine Arbeitskraft mit einer Wochenarbeitszeit von 40 Stunden wäre also insgesamt (zu einer bestimmten Periode in jedem Jahr) sieben Wochen (nur) mit dieser Aufgabe beschäftigt; alternativ könnte sie gemäß unserem Rechenbeispiel 14 Wochen mit 20 Wochenstunden daran arbeiten. Auf einen wesentlich größeren Zeitrahmen ließe sich die Arbeit nicht verteilen (z.B. 28 Wochen à 10 Wochenstunden), da ansonsten die für diese Teilaufgabe zu nutzende Periode (hier: Mai bis Juni) überschritten würde. Das dies nicht der Fall sein darf, werden die Ausführungen zum fünften Organisationsschritt gemäß Abbildung 2.9. zeigen.

Problematisch im Hinblick auf die Gestaltung einer (zeit-)stabilen Organisation wirkt sich ein sehr **unregelmäßiger Arbeitsanfall** aus.[42] Dieser kann zum einen aus einem unregelmäßigen Anfall vorgelagerter Initialfaktoren resultieren (z.B. die Zahl der Anfragen nach Gruppenreisearrangements schwankt stark: mal kommen pro Tag 10 Anfragen, mal nur eine), zum anderen im Wesen der Aufgabe selbst liegen (z.B. muß das Layout für den Sommerkatalog punktuell, d.h. zu einem ganz bestimmten Zeitpunkt im Jahr, fertiggestelllt werden; sobald dies geschehen ist, sinkt der Arbeitsanfall für diese Tätigkeit auf Null). Zur Lösung dieses Problems müssen dynamische organisatorische Regelungen getroffen werden, auf die wir weiter unten eingehen wollen.

In der Praxis liegen die Hauptschwierigkeiten dieses organisatorischen Schrittes in der **Berechnung bzw. Abschätzung des zeitlichen Arbeitsanfalls**. Unter Umständen kann auf **Erfahrungswerte** aus der Vergangenheit zurückgegriffen werden. **Zeitmessungen** (über Beobachtung mit der Stop-Uhr in der Hand) stoßen bei neuen Unternehmungen bzw. Geschäftsbereichen schnell auf ihre Grenzen. Tests und Versuche (z.B. Durchführung einer Musterbuchung; exemplarische Erstellung einer Katalogseite) bieten unter Umständen einen Ausweg. Vielfach bleibt jedoch nur der analytische Weg durch **systematische gedankliche Vorwegnahme** der einzelnen Tätigkeiten ("Wie lange benötigt man wohl, um ...?).

---

[42] Hierauf wurde bereits oben im Rahmen der Ausführungen zur vertikalen Integration hingewiesen. Vgl. Abschnitt 3.2.3. sowie insbesondere Abbildung 3.6.

2.3.4. Koordination der einzelnen Tätigkeiten und Stellenbildung
2.3.4.1. Logisch-zeitliche Anordnung der Einzelaufgaben

Nachdem Art und (Arbeits-)Umfang der einzelnen Tätigkeiten festgelegt wurden, müssen diese in eine logisch-zeitliche Reihenfolge gebracht werden. Dies impliziert, daß eine Aufgabe u.U. auf der Erledigung einer vorhergehenden aufbaut. Eine zeitliche Streckung einer Tätigkeit könnte somit zu einer nicht vertretbaren Verzögerung einer nachfolgenden Tätigkeit führen.

Nehmen wir zur Verdeutlichung wieder unser o.g. Beispiel des Einkauf von Appartementkapazität für die Wintersaison. Auf Basis einer zeitlichen Ablaufplanung läßt sich ermitteln, wann diese Tätigkeit abgeschlossen sein muß. Der Winterkatalog soll im August (Kalenderwoche (KW) 32/33) erscheinen. Die Druckerei benötigt zwei Wochen zur Fertigstellung der Prospekte. Die Erstellung des Katologlayouts dauert insgesamt vier Wochen, teilweise vorgelagert muß die Kundenpreiskalkulation erfolgen. Diese ist jedoch (abschließend) erst möglich, wenn die Einkaufsverhandlungen mit den Leistungsträgern vollständig abgeschlossen sind. Bereits aus diesem noch stark vereinfachten Beispiel ergibt sich, daß der touristische Einkauf in Kalenderwoche 23 abgeschlossen sein sollte.

Abbildung I.2.j.: Ablaufgrobplanung vom Einkauf zur Katalogdistribution

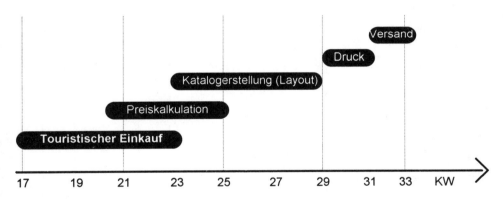

Würde nun der Einkauf zeitlich gestreckt, so wäre der anvisierte Termin für den Katalogversand letztlich nicht mehr einzuhalten. Demnach bestünde also nicht die Möglichkeit, statt sieben Wochen mit 40 Wochenstunden (siehe Rechenbeispiel von oben) 14 Wochen mit 20 Stunden oder gar 28 Wochen mit 10 Stunden dieser Tätigkeit zu widmen.

Was aber, wenn der touristische Einkauf für dieses Zielgebiet so aufwendig und umfangreich ist, daß selbst eine 40-Stunden-Woche über einen Zeitraum von sieben Wochen nicht zur Bewältigung dieser

Aufgabe ausreicht? Für dieses in der Praxis regelmäßig auftretende Problem bieten sich zwei Lösungsansätze:
- Entweder die Tätigkeit wird detaillierter beschrieben, somit weiter aufgesplittet, und jede Teilaufgabe wird von einer anderen Stelle erledigt,
- oder die identische Aufgabe wird im nächsten Organisationsschritt (Phase 6 gemäß Abbildung 2.9.) auf mehrere gleichlautende Stellen verteilt.

Obige Abbildung 2.10. vereinfacht stark den Ablauf. Hofmann, Geschäftsführer der LTT, geht für sein Unternehmen von folgendem Ablaufraster für die Produktion des touristischen Produktes aus:[43]

Abbildung I.2.k.: Ablaufplanung bei der LTT

|=====| = Wintersaison
|:::::::::| = Sommersaison

Tätigkeit	Zeitlicher Arbeitsanfall											
Buchungsfreigabe								x				x
Katalogversand								==				:::	
Test Stammdaten							====				:::::::	
Katalogdruck								==				:::	
Kalkulation							====					:::::::::::	
Aufbau Stammdaten						=======				:::::::::::::		
Katalogproduktion						=======				:::::::::::::::		
Einkauf Hotel				==========		:::::::::::::::::::						
Einkauf Flug				=======		:::::::::::							
Feinplanung			===		:::::::::								
Grobplanung		=======		:::::::::									
Monate:	Jan.	Febr.	März	April	Mai	Juni	Juli	Aug.	Sept.	Okt.	Nov.	Dez.

Um beispielsweise neue Mitarbeiter einzuarbeiten, würde auch dieses Detaillierungsniveau noch nicht genügen. So müßte die Tätigkeit "**Katalogproduktion**" näher beschrieben werden. Hiebei zeigt sich die erforderliche Kombination und Abstimmung von Aufgabenträgern und Sachmitteln. Bei **Jahn-Reisen** (LTT-Gruppe) sieht der Ablauf wie folgt aus:[44]

---

43 Eigene Darstellung in Anlehnung an Hofmann, Wolfgang, Flugpauschalreise, S. 113.
44 Vgl. zu den folgenden Ausführungen: Bülow, Dieter, Reisen im Netzwerk.

*Durch den Einsatz von Frontendgeräten für die **komplette textliche und grafische Seitengestaltung der Reisekataloge** ist eine Kombination von Schnelligkeit und Präzision zu realisieren. Die Übermittlung reiner ASCII-Dateien zwischen den einzelnen Bearbeitungsstellen im Unternehmen bzw. vom Reiseveranstalter zur Druckerei, wie es heute schon weit verbreitet ist, reicht dafür nicht aus, da dies lediglich die Routinearbeit des erneuten Eintippens erspart. Fehler können sich einschleichen, erneute Kontrolle der Texte ist erforderlich.*

*Daher werden im EDV-System von Jahn-Reisen die kompletten Seiten in ihrer endgültigen Form als Dateien zur Verfügung gestellt. Voraussetzung dafür ist allerdings, daß Profis für Typografie und Layout an den Bildschirmen sitzen. Für die Arbeit des **Texters** (bei Jahn-Reisen wird diese Aufgabe direkt von den Hoteleinkäufern erledigt) ist das Schreiben in der endgültigen Schrift in die endgültige typographische Platzvorgabe der entscheidende Vorteil. Die erlaubte Auswahl von Schriftarten und -größen wie auch der zur Verfügung stehende Platz werden von den Bereichen Layout und Typografie vorgegeben. Dann aber ist der Texter frei. Aus satztechnischen Gründen muß sein Text später nicht mehr geändert werden. Ebenso haben die Hoteleinkäufer ein bestimmtes Platzkontingent für Abbildungen (Hotelphotos etc.).*

*Für die **Aufteilung der Seiten** liefert das Atelier einen Vorschlag, der aber gemäß den aktuellen Erfordernissen variiert werden kann. Der Zeitaufwand für derartige Variationen schrumpft dank der EDV-gestützten Publishing-Arbeitsweise erheblich. Die erstellten Texte und Abbildungen werden für spätere Kataloge **archiviert**, können also jederzeit wieder verwendet und aktualisiert werden. Die Verzeichnisstruktur ist dabei so konzipiert, daß bei allen Arbeitsprozessen - von der Erstellung der gültigen Hotelbeschreibung und der grafischen Gestaltung der Katalogseite über den aktuellen Preis im gesonderten Preisteil bis zum EDV-Buchungssystem in der Unternehmenszentrale wie in den Reisebüros - jedes Hotel durch **denselben Code** wiedererkannt wird.*

*Das zugrundeliegende **EDV-System** von Jahn-Reisen umfaßt neben den im Ethernet-Netzwerk verbundenen PCs mit 19-Zoll-Großbildschirmen Scanner, optische Speichermedien, Belichter und (Farb-)Laserdrucker sowie geeignete Software. Dank der Vernetzung können die gleichen Projekte an Arbeitsplätzen in der Zentrale, in der Werbeabteilung und im Hoteleinkauf bearbeitet werden.*

Abbildung I.2.l.: Netzwerkkonfiguration zur Reisekatalogerstellung bei Jahn-Reisen

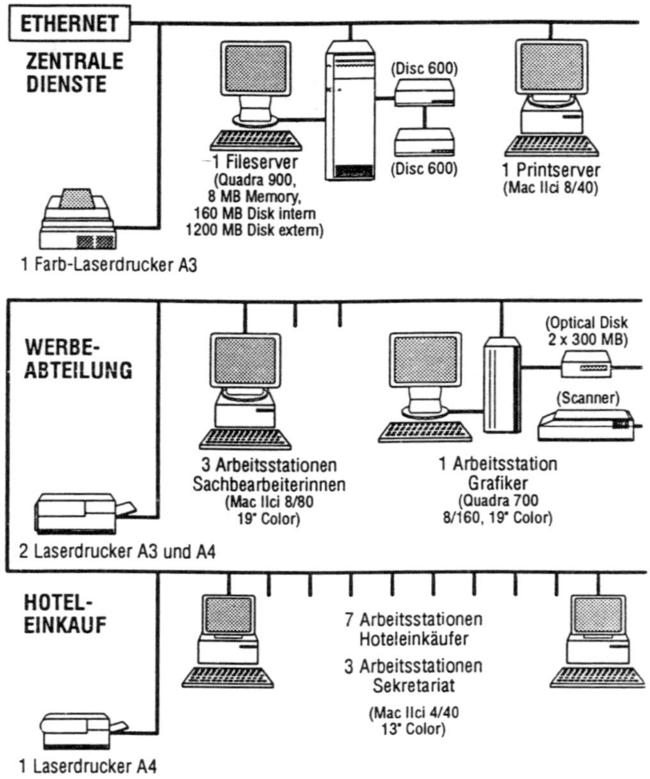

Quelle: Bülow, Dieter, Reisen im Netzwerk, in: w&v, Nr. 11 vom 19.3.93, S. 73.

Hinsichtlich der Gestaltung der Abläufe lassen sich verschiedene Grundprinzipien unterscheiden, die letztlich die Basis der hierarchischen und räumlichen Anordnung von Arbeitsplätzen bilden. Für den Veranstalterbereich sind insbesondere die folgenden **Ablaufprinzipien** relevant:[45]

- **Werkstattfertigung**: Im Sinne des Verrichtungsprinzips sind die Arbeitssysteme des Veranstalters mit gleicher oder ähnlicher Aufgabe räumlich zusammenhängend angeordnet. So entstehen **Arbeitssystemgruppen** ("Werkstätten") mit gleichem Arbeitsziel. Den Vorteilen der besseren Ausnutzung von Betriebsmitteln für eine Vielzahl von Produkten und der besseren Kontrollmöglichkeit steht der Nachteil des längeren und unübersichtlicheren Material- und Informationsflusses gegenüber. Beispiel: Am Counter oder in der Reservierungszentrale werden Reisebuchungen entgegengenommen; von dort "wandern" sie zur Buchungserfassungsstelle, von dort zur Erstellung der Reisebestätigungen, etc.

---

[45] Für den industriellen Bereich lassen sich weitere Ablaufprinzipien unterscheiden, so z.B. die Baustellenfertigung oder die Wanderfertigung.

- **Werkbankfertigung**: Im Sinne des Objektprinzips wird eine Aufgabe zusammenhängend von einer Arbeitskraft erledigt. Dadurch entfällt der beim Verrichtungsprinzip zwangsläufige Übergang von einem Arbeitssystem zu anderen. Voraussetzung sind jedoch **qualifizierte Fachkräfte**. Beispiel: Buchungsannahme, -erfassung und -bearbeitung (hier: "Objekt" = einzelne Reisebuchung eines Kunden) erfolgen durch dieselbe Stelle.

In einer geeigneten Form der **Dokumentation** müssen die logisch-zeitlichen Zusammenhänge einzelner Tätigkeiten für die mit den jeweiligen Problemen konfrontierten Mitarbeiter, insbesondere auch für neue Kräfte, transparent gemacht werden. Hierauf wird in Abschnitt 2.3.5. näher eingegangen.

2.3.4.2. Zusammenfassung der Einzeltätigkeiten zu Stellen unter Berücksichtigung des Zentralisationsgrades

Nachdem nun die einzelnen Tätigkeiten beschrieben, in ihrem Umfang festgelegt und untereinander in eine logisch-zeitliche Reihenfolge gebracht wurden, folgt die Überleitung der ablauforganisatorischen Gestaltung in eine **Aufbauorganisation**. Hierzu werden die einzelnen **Tätigkeiten zu Stellen zusammengefaßt** (bzw. in mehrere Stellen aufgegliedert).

Eine **Stelle** ist die kleinste organisatorische Einheit der Aufbauorganisation. Sie entsteht durch die Zusammenfassung der aus der vorangegangenen Tätigkeitsanalyse gewonnenen Teilaufgaben gemäß sachlogischen Kriterien zu Aufgabenkomplexen. Sie stellt somit die Summe aller Aufgaben dar, die einer Person übertragen werden - unabhängig davon, wer diese Person ist. *Eine Stelle wird also später -* dies ist Aufgabe des Personalmanagements - durch *einen* Mitarbeiter, den **Stelleninhaber**, besetzt. Sie wird jedoch zunächst **abstrakt**, d.h. unabhängig vom Leistungsprofil eines Mitarbeiters, beschrieben. Zur Aufgabenerfüllung werden dem Aufgabenträger Informationen und Sachmittel (z.B. EDV-Systeme) zur Verfügung gestellt. In einem Organigramm, der graphischen Darstellung der Aufbauorganisation einer Unternehmung, wird jede Stelle i.d.R. durch ein Kästchen dargestellt.

Zwischen der **Stellenbildung** und der **Aufbauorganisation** besteht ein unmittelbarer **Zusammenhang**: Die Art der Stellengestaltung bestimmt den gesamten Organisationsaufbau, bzw. die gewünschte Art der Aufbauorganisation (z.B. rein funktional) determiniert die Zusammenfassung der Einzelaufgaben zu Stellen. Wir werden die verschiedenen Grundvarianten der Aufbauorganisation im nächsten Abschnitt 2.4. ausführlich behandeln. Wie auch immer diese aussehen mag, bei der Stellenbildung sind grundsätzlich folgende **Rahmenbedingungen** zu beachten:

- **Sämtliche** im Zuge der Aufgabenanalyse erarbeiteten **Tätigkeiten** müssen sich in der Beschreibung der Stellen **wiederfinden**. Bei Leitungsstellen (Führungskräfte) muß darüber hinaus ein ausreichender **Freiraum für Mitarbeiterführung** vorgesehen werden.

- Der aus den einer Stelle zugeordneten Aufgaben resultierende (Arbeits-)**Zeitbedarf** muß zumindest grob der durchschnittlichen (Wochen-)**Arbeitszeit** eines Mitarbeiters **entsprechen**.

- Der Arbeits-(zeit-)anfall einer Stelle sollte über das gesamte Jahr hinweg möglichst **gleichmäßig verteilt** sein.

- Die **Zusammenfassung** der Tätigkeiten sollte nach **sachlogischen Kriterien** erfolgen. Hierbei bietet sich z.B. eine **Orientierung an Berufsbildern** und Ausbildungsgängen (z.B. Bilanzbuchhalter, Reiseverkehrskauffrau), somit also an den (potentiellen) Aktionsträgern, an. Dies impliziert auch, daß das "**Niveau**" (Anforderungen an Mitarbeiterqualifikationen) der zu einer Stelle aggregierten Tätigkeiten **vergleichbar** sein muß. Aufgabe, Kompetenz und Verantwortung müssen übereinstimmen. Insbesondere ist der gewünschte bzw. erforderliche Grad der **Arbeitsteilung** und der damit verbundene **Zentralisationsgrad** (s.u.) zu beachten.

- Unter bestimmten Bedingungen kommt man nicht umhin, eine **personenorientierte Stellenbildung** vorzunehmen. Dies kann zwar u.U. dem Grundsatz der abstrakten, personenunabhängigen Organisation widersprechen; vielfach bilden jedoch die bereits vorhandenen Mitarbeiter und deren Qualifikation (z.B. hochkarätige, teure Spezialisten) eine zu berücksichtigende Restriktion.

- Eine "falsche", d.h. nicht an sachlogischen oder arbeitsmarktspezifischen Kriterien orientierte Stellenbildung kann dazu führen, daß die Stellen später nicht besetzt werden können, da das erforderliche Personal nicht in der qualitativen und quantitativen gewünschten Weise am **Arbeitsmarkt** vorhanden ist.

Ein Kernproblem im Rahmen der Stellenbildung stellt die Frage der **Aufgabenzentralisation** bzw. -dezentralisation dar. Zentralisation ist die Zusammenfassung von Teilaufgaben aller oder mehrerer (bisherigen) Stellen zu einer (neuen) Stelle (Beispiel: Zentrales Schreibbüro erledigt die Schreibarbeiten mehrerer Stellen). Von Dezentralisation spricht man, wenn gleiche Aufgaben auf verschiedene Stellen verteilt werden (Beispiel: Jede Abteilung hat eine eigene Schreibstelle oder jeder Mitarbeiter erledigt seine eigenen Schreibaufgaben (z.B. Geschäftsbriefkorrespondenz) selbst). **Je stärker die Zentralisierung, desto homogener** sind i.d.R. die zu einer Stelle zusammengefaßten Tätigkeiten. In der Folge werden eher **Spezialisten** denn Generalisten als Stelleninhaber benötigt. Bezogen auf die zentralisierte Tätigkeit verfügt jedoch u.U. gerade der Spezialist über ein breites Generalistenwissen.

Beispiele:

1. Beispiel: Schreibkräfte:

Organisationsalternative A:
Ein zentrales Schreibbüro schreibt nur; die Stelle muß durch eine Kraft besetzt werden, die vor allem schnell und fehlerfrei in Textverarbeitungsprogrammen schreiben kann.

Organisationsalternative B:
Drei dezentrale Sekretariate sind mit Schreibarbeiten alleine nicht ausgelastet und erledigen daher noch die Termin- und Dienstreiseplanung. Die Stelleninhaber müssen schnell und fehlerfrei schreiben können, daneben aber auch über planerische Fähigkeiten und ggf. Fremdsprachenkenntnisse (zur Terminvereinbarung oder Zimmerreservierung im Ausland) verfügen.

2. Beispiel: Touristischer Einkauf:

Organisationsalternative A:
Ein **Hoteleinkäufer** besorgt die Unterkunftskapazität in ganz Spanien. Als Fremdsprache benötigt er nur Spanisch. Er muß sicher sein in der Verhandlungsführung und die Marktadäquanz unterschiedlicher Hotels abschätzen können. Er ist Spezialist im Hinblick auf den Unterkunftseinkauf (besorgt nur Unterkünften) sowie Generalist für Spanien (tätig in ganz Spanien). Ein **Flugeinkäufer** besorgt sämtliche Flugkontingente, so auch nach Spanien. Er verhandelt vor allem mit deutschen Charterfluggesellschaften, muß aber auch über Englischkenntnisse für den Einkauf bei ausländischen Airlines verfügen. Ein **Marketingexperte** stellt aus den eingekauften Leistungen geeignete Pauschalreisebündel zusammen, erstellt den Katalogtext und kalkuliert den Kundenendpreis.

Organisationsalternative B:
Zwei Einkäufer teilen sich den Unterkunftseinkauf für Spanien (z.B. Festland versus Inseln) und beschaffen auch die jeweils notwendigen Flüge. Beide müssen Spanisch und Englisch beherrschen; beide müssen sich im Geschäft des Flug- bzw. Unterkunftseinkaufs auskennen. Ein Dritter, der **Produktmanager**, stellt nach wie vor die Pauschalreisen zusammen.

Organisationsalternative C:
Drei Produktmanager teilen sich den Unterkunfts- und Flugeinkauf für Spanien (Nordspanien/Costa Brava; Südspanien und Atlantik; Inseln), stellen jeweils die gesamte Pauschalreise zusammen, erstellen die Katalogtexte und kalkulieren die Endpreise. Alle drei müssen zwei Fremdsprachen beherrschen, sich im Flug- und Unterkunftseinkauf auskennen, marketingspezifische Fähigkeiten aufweisen und sich in der EDV-Software der Unternehmung (Textverarbeitungs-/Graphikprogramm; Preiskalkulationsprogramm) auskennen.

Gerade das zweite Beispiel verdeutlicht, wenngleich sehr vereinfacht, die Problematik der Zusammenfassung von Tätigkeiten zu Stellen im Tourismus. Jede der drei Alternativen - weitere wären problemlos zu kreieren - birgt spezifische **Vor- und Nachteile** in sich. Von A nach C

- (-) steigen die Reisekosten (bei A muß nur eine Person, bei C hingegen sollten alle drei Personen nach Spanien reisen),
- (-) steigen die Verwaltungskosten (bei A führt nur eine Person Verhandlungen mit den Airline-Leistungsträgern; braucht nur eine Person eine PC-Ausrüstung für Kataloggestaltung und Preiskalkulation; bei C entstehen diese Kosten bei allen drei Stellen),
- (-) erhöhen sich die Anforderungen an die Qualifikation der (potentiellen) Stelleninhaber, was zu Problemen bei der Personalbeschaffung führen kann,
- (+) sinkt der Zeitaufwand für Abstimmungen zwischen den drei Stellen (bei A müssen alle drei Stellen sich abstimmen; bei C kann jede Stelle weitgehend unabhängig von der anderen agieren),
- (+) lassen sich manche Arbeitsprozesse effizienter gestalten, da beispielsweise die Hotelbeschreibung für den Reisekatalog unmittelbar im Zuge der Besichtigung des Hotels in einem Laptop (tragbarer PC) erfassen läßt,
- (+) sinkt die Reklamationsquote durch eine wirklichkeitsgetreuere Darstellung der Hotels im Katalog,
- (-) sinkt die Arbeitseffizient bei anderen Arbeitsprozessen, da z.B. die Vorteile der Verrichtungsspezialisierung entfallen (bei A wird sich der Marketingfachmann besser im Kalkulationsprogramm auskennen, also besser und schneller damit umgehen können, als dies für die drei Produktmanager bei C, die nur unter anderem mit diesem EDV-Programm umgehen, der Fall sein kann),
- (+) sinkt die Produktionszeit, da die Schritte Hoteleinkauf - Flugeinkauf - Katalog-/Preisgestaltung nicht sukzessive (eine Stelle muß auf die Vorleistungen der anderen warten), sondern (zumindest teilweise) simultan erfolgen können,
- (-) steigt die Gefahr unkoordinierten Handelns, z.B. hinsichtlich der Preisverhandlung von drei Produktmanagern mit *einer* Airline, die sämtliche nachgefragten Regionen in Spanien anfliegt,
- (+) steigt die Verantwortlichkeit der Stelleninhaber für das Gesamtprodukt, was zu positiven Motivationseffekten führen kann,
- (-) steigt die Abhängigkeit der Unternehmung von dem einzelnen Stelleninhaber, der "alles aus einer Hand" liefert, was sich zum Beispiel negativ bei Erkrankung oder Kündigung desselben auswirken kann.

(+) = Vorteil, (-) = Nachteil

Hinsichtlich der **Ausgestaltung der Zentralisation** bieten sich grundsätzlich verschiedene Alternativen:

- **Verrichtungszentralisation**: Gleichgeartete Verrichtungen, jedoch an verschiedenen Objekten vorgenommen, werden in einer Stelle zusammengefaßt. Beispiel: Die Kundenpreiskalkulation wird für alle Reisen von einer zentralen Abteilung durchgeführt. Ziel dieser Vorgehensweise ist es, eine

Leistungssteigerung der Aktionsträger aufgrund der Spezialisierung zu erzielen. Nachteilig wirkt sich jedoch die Verlängerung der Transport- bzw. Informationswege (Kalkulationsabteilung muß Einkaufspreisinformationen von den anderen Stellen (z.B. dem touristischen Einkauf) erhalten) aus. Eine konsequent durchgeführte Verrichtungszentralisation führt zu einer **funktionalen Aufbauorganisation** (s.u.).

- **Objektzentralisation**: Unterschiedliche Verrichtungen, die bei der Bearbeitung eines Objektes (z.B. einer bestimmten Reiseart, eines einzelnen Reiseangebots) anfallen, werden zusammengefaßt. Die Organisationsalternative C im o.g. Beispiel würde diesem Zentralisationsprinzip entsprechen. Eine konsequent durchgeführte Objektzentralisation führt zu einer **divisionalen Aufbauorganisation** (s.u.).

- **Sachmittelzentralisation**: Die Zentralisation erfolgt im Hinblick auf ein (hochwertiges) Sachgut. Beispiel: Auf einem zentralen Hochleistungslaserdrucker sollen neben dem Schriftwechsel auch Präsentationsgraphiken ausgedruckt werden. Dies führt zur Bildung einer eigenen Schreib- und Graphikabteilung.

- **Personenzentralisation**: Teilaufgaben werden einzelnen Personen im Unternehmen zugeordnet, die dafür besonders geeignet sind. Beispiel: Konrad Puter ist gelernter Buchhalter, beschäftigt sich aber in seiner Freizeit mit EDV und gilt so auch als Spezialist für diesen Bereich. Ihm (bzw. seiner Stelle) wird die Aufgabe "Unterstützung bei Hard- und Software-Problemen" zugeordnet.

Die Tätigkeitsbeispiele aus Tabelle 2.1. zeigen bereits, daß viele **Einzelaufgaben redundant** sind. So wurde beispielsweise das "Durchführen von Analysen" sowohl dem Schwerpunktbereich "Strategische Unternehmenskonzeption" als auch den Bereichen Human-Ressourcen-Management ("Personalmarktforschung"), Informationsmanagement ("Marktforschung"), Qualitätsmanagement ("Kundenbefragungen", "Imageanalysen", "Konkurrenzanalysen") und Zielgruppenidentifikation ("Marktforschung") zugeordnet. Zu prüfen wäre hier, inwieweit diese Tätigkeiten auf eine Stelle, z.B. unter der Bezeichnung "Marktforschung und Analysen", konzentriert werden sollte.

Ein weiteres Beispiel: Das **Qualitätsmanagement** wurde als eigener Schwerpunktbereich herausgearbeitet. Dies legt nahe, die hiermit direkt oder indirekt (siehe beispielsweise die in Tabelle 3.1. dem Bereich Absatzkanalmanagement zugeordnete Tätigkeit der Bearbeitung von Reisemittlerbeschwerden) verbundenen Aufgaben einer speziellen Stelle zu übertragen. Andererseits hat jedoch gerade das Qualitätsmanagement den Charakter einer alle Stellen umfassenden, unternehmensübergreifenden Funktion - dies würde für eine Dezentralisierung sprechen. Die Deutsche Lufthansa beispielsweise hat seit 1993 das Qualitätsmanagement in einer Stelle, die derzeit mit der früheren Marketingleiterin Frau Schörcher besetzt ist, institutionalisiert.[46] Auch die **TUI** hat erkannt, daß die **Qualität** einen **Wettbewerbsfaktor** darstellt, für dessen Schaffung und Erhaltung organisatorische Maßnahmen erforderlich

---

46 Vgl. Schreier, Qualitäts-Management.

sind. Mit der Sommersaison 1993 hat sie ein **Qualitätssicherungs-System** eingeführt. Hierin werden u.a. folgende qualitätsbestimmende Leistungskriterien festgelegt:[47]

- ankommende Gäste müssen nach maximal 45 Minuten Wartezeit am Flughafen im fahrenden Transferbus sitzen,
- die bestverfügbaren Transferbusse am Ort werden zur Verfügung gestellt,
- die Zahl der Hotelstops eines Transferbusses im Zielort wird auf maximal fünf begrenzt, die Fahrtdauer auf 30 Minuten,
- bei Ausflugsfahrten dürfen nicht mehr als fünf Aufnahmepunkte angesteuert werden,
- dem Kunden sind mindestens drei Info-Sprechstunden im gebuchten Hotel anzubieten,
- beim Rücktransfer dürfen die Gäste nicht länger als zwei Stunden vor dem planmäßigen Abflug auf den Flughafen gebracht werden.

Ablauforganisatorisch umgesetzt werden diese Ziele u.a. durch umfangreiche Schulungen der 700 im "TUI-Service" zusammengefaßten Mitarbeiter sowie durch detaillierte Berichte über Strandqualität, Umweltprobleme, Überbuchungen und Gästereklamationen, die jeder Reiseleiter über jeden seiner Vertragspartner zweimal im Jahr verfassen muß.

Aufbauorganisatorisch zeigt das TUI-Organigramm jedoch, daß für die Qualitätssicherung bislang keine eigene Stelle eingeplant wurde. Dort nämlich ist die Qualitätssicherung **dezentralisiert** auf drei Vorstandsressorts aufgesplittet: Die wichtigsten Teilaufgaben finden sich im Ressort Touristik wieder; Reklamationen und Marktforschung sind zwei anderen Vorständen zugeordnet.

2.3.4.3. Hierarchische Anordnung der Stellen und Verteilung der Weisungsbefugnis

Im nächsten Schritt werden die geschaffenen **Stellen** in ein **hierarchisches Gefüge** gebracht. Die Gesamtheit aller formalen Regelungen zur Arbeitsteilung und Koordination wird als **formale Organisationsstruktur** bezeichnet. Sie umfaßt im einzelnen folgende Teilstrukturen:

- **Struktur der Aufgabenverteilung**: Jede Unternehmung hat eine Vielzahl von Aufgaben zu bewältigen, die im Zuge der Aufgabenverteilung einzelnen Mitgliedern zugeordnet werden. Die Aufgabenstruktur bestimmt die Kommunikations- und Machtstrukturen, diese wiederum wirken auf die Aufgabenstruktur zurück. Mittels **Organigrammen** läßt sich der Soll- oder Ist-Zustand von Strukturen darstellen; sie veranschaulichen die Stellen- und Abteilungsgliederung. Die Struktur der Aufgabenverteilung wird den Schwerpunkt der folgenden Ausführungen bilden.

- **Kommunikationsstruktur**: Sie kennzeichnet den Informationsstand des einzelnen sowie seine Möglichkeiten, Informationen zu erhalten und weiterzugeben.

---

47 Vgl. Rodrian, TUI-Qualität.

- **Machtstruktur**: Die formale Machtstruktur stellt die Über- und Unterordnungsverhältnisse zwischen den einzelnen Organisationsmitgliedern klar. Sie bestimmt die Rechtmäßigkeit von Führungsansprüchen.

Bereits oben wurde darauf hingewiesen, daß die zu einer **Stelle zusammengefaßten Tätigkeiten** möglichst ein **vergleichbares Niveau** aufweisen sollen. Es dürfte also z.b. im Hinblick auf eine spätere Stellenbesetzung (Stichwort: Personalbeschaffung, s.u.) wenig sinnvoll sein, die Tätigkeiten "Suche neuer Produktbereiche" und "Postabstempelung" in einer Stelle zu verbinden. Trägt man diesem Grundsatz Rechnung, so ergeben sich automatisch Stellen, die sich durch **anspruchsvolle, verantwortliche Aufgaben mit Führungscharakter** auszeichnen, während andere eher **ausführende Tätigkeiten** umfassen.[48] Eine "gesunde" Organisation zeichnet sich dabei zwangsläufig dadurch aus, daß sie relativ viele ausführende und relativ wenige leitende Stellen umfaßt, wobei eine graduelle, hierarchische Abstufung in Form von Zwischenebenen zwischen Top-Stelle(n) und Bottom-Stellen besteht. Daraus resultiert der pyramidenähnliche Aufbau einer Unternehmung: oben wenige "Häuptlinge", unten viele "Indianer" - ein Gebilde, das normalerweise letztlich auch die Arbeitsmarktsituation eines Landes widerspiegelt.

Die **Notwendigkeit zur hierarchischen Gestaltung** einer Organisation entsteht aus dem **Koordinationsbedarf arbeitsteiliger Aufgabenerfüllung**. Einzelaufgaben müssen auf übergeordnete Ziele hin abgestimmt werden. Zwar könnte die Koordination auch von den Beteiligten selbst geleistet werden, doch würde dies i.d.R. zu einem erheblichen Abstimmungsaufwand führen. Die **Hierarchiebildung** dient somit letztlich der **Vereinfachung** und der **Beschleunigung von Entscheidungen**.

Hinsichtlich ihrer hierarchischen Anordnung und der damit verbundenen überwiegenden Aufgabenart lassen sich grundsätzlich folgende **Stellenarten** unterscheiden:

- **Leitungsstellen** oder **Instanzen**: Hier werden Entscheidungen gefällt, die für andere (Stellen) verbindlich sind. Daraus leitet sich das Recht zur Anordnung sowie zur Kontrolle der Untergebenen sowie die Pflicht zur (Personal-)Führung ab. Die Zahl der einer Instanz unterstellten Stellen (Mitarbeiter) wird als **Leitungsspanne** bezeichnet.

- **Ausführungs- oder Dienstleistungsstellen**: Sie bilden die unterste Ebene der Hierarchie, geben also keine verbindlichen Anweisungen weiter.

- **Stabsstellen**: Sie stellen eine Sonderform der ausführenden Stelle dar. Stäbe unterstützen Instanzen, denen sie zugeordnet sind, indem sie z.B. die Entscheidungsvorbereitung (Informationsbeschaffung und -auswertung), Abwicklungs- oder Überwachungsaufgaben für diese übernehmen. Stabsstellen haben keine Entscheidungsbefugnis oder Anordnungskompetenzen gegenüber anderen Stellen.

---

48 Dieser Grundsatz der Zusammenfassung von im Anforderungsniveau homogenen Tätigkeiten zu einer Stelle schließt jedoch nicht aus, daß im Sinne eines **Job-Enrichment** bewußt höherwertige Aufgaben zu einer Stelle kombiniert werden.

Dennoch ist der faktische Einfluß einer Stabsstelle auf die unternehmerischen Entscheidungen aufgrund der Beeinflussungsmöglichkeiten der Instanzen nicht zu unterschätzen. Durch die Einrichtung von Stabsstellen wird die Zahl der Entscheidungsträger begrenzt und die Koordination erleichtert.

Abgesehen von der obersten Instanz, der Geschäftsführung oder Unternehmensleitung, haben alle Instanzen auch den Charakter von Ausführungsstellen. Unabhängig von der hierarchischen Anordnung haben somit i.d.R. alle Stellen (auch) **Realisationsaufgaben**; der Anteil dieser operativen Aufgaben nimmt jedoch - zulasten der Planungs- und Führungstätigkeiten - mit der Basisnähe zu.

Die **Form der Organisationshierarchie**, erkennbar aus einem Organigramm, liefert erste Anhaltspunkte zur Beurteilung des **Koordinations- ("Verwaltungs-")Aufwands** einer Unternehmung: Je **breiter** (d.h. je mehr Stellen auf einer hierarchischen Ebene) und je **tiefer** (d.h. je mehr übereinander angeordnete Stellen), desto "bürokratischer" ist ceteris paribus die Organisation. Die jüngsten Trends der Organisations- und Managementlehre verfolgen mit dem sog. **Lean-Management** das Ziel, Organisationen möglichst flach und schlank zu gestalten. Hierauf wird ausführlich in Kapitel IV eingegangen.

In der konkreten Ausgestaltung der hierarchischen Beziehung der Stellen zueinander können verschiedene **Leitungsbeziehungen** unterschieden werden. Erhält eine untergeordnete Stelle nur von einer einzigen Instanz Aufgaben und Kompetenzen zugewiesen und ist auch nur dieser einen Instanz direkt verantwortlich, so spricht man von einem **Ein-Linien-System**. Vorteile dieses Systems liegen in der klaren Regelung und der eindeutigen Abgrenzung von Kompetenzen. Ein-Linien-Systeme haben ihren theoretischen Ursprung in FAYOL's Managementlehre, die als "allgemeine Administrationsprinzipien" u.a. die **Einheit der Auftragserteilung** fordert.

Ein **Mehr-Linien-System** ist hingegen dadurch gekennzeichnet, daß eine Stelle einer Mehrzahl von Instanzen untergeordnet ist. Dieses auf TAYLOR's Funktionsmeisterprinzip zurückgehende System versucht, die Vorteile der Spezialisierung auch im Rahmen der Führung durch Vorgesetzte zu nutzen sowie die Kommunikationswege möglichst kurz zu halten.

Zahlreiche Strategien und wertschöpfungsorientierte Aktivitäten können erst dann Realität werden, wenn sie von Reiseveranstaltern im eigenen Unternehmen aufbau- und ablauforganisatorisch verankert wird (vgl. Abschnitt 2.1.). Zur Verdeutlichung soll als abschließendes **Beispiel** die Problematik der **Umsetzung eines sanften Tourismus** herangezogen werden.[49] Dieser kann durch eine implizite oder eine explizite Lösung Rechnung getragen werden. Bei der **impliziten Lösung** wird eine Durchdringung aller Unternehmensfunktionen und Hierarchieebenen mit den Idealen des sanften Tourismus dadurch versucht, daß von jeder einzelnen Stelle ein umweltorientiertes Handeln gefordert wird. In Form eines job-enrichment übernimmt jeder Stelleninhaber bei diesem **Totalansatz** neben seinen ursprünglichen

---

49 Vgl. ausführlich zum sanften Tourismus: Kirstges, Sanfter Tourismus.

Aufgaben eigenverantwortlich auch Umweltschutzaufgaben. Hier zeigt sich eine starke Parallele zur nach innen orientierten Corporate Identity - Strategie, in deren Zentrum eine Unternehmensphilosophie steht, die (u.a.) die Ideale des sanften Tourismus zum Inhalt hat. Alternativ ist ein **Partialansatz** denkbar, der nur einige Mitarbeitergruppen oder nur bestimmte Abteilungen für die Realisierung eines sanfteren Tourismus im eigenen und durch das eigene Unternehmen verantwortlich macht. So ist oft zu beobachten, daß Unternehmen den Umweltschutz als zusätzliche Aufgabe der Presse- und PR-Abteilung übertragen (so z.B. ITS). Nachvollziehbar wäre eine solche partial-implizite Lösung allenfalls bei Kleinveranstaltern, die sich aufgrund finanzieller Restriktionen keine bessere organisatorische Umsetzung erlauben können, oder aber als kurzzeitige Übergangslösung bis zur "richtigen" Implementierung.

Im Rahmen einer **expliziten Lösung** werden eigene Organe zur Verankerung der Ziele eines sanften Tourismus im Unternehmen geschaffen. Für eine solche **Institutionalisierung der Umweltschutzaufgabe** sprechen mehrere Gründe:[50]

- **Komplexitätsreduktion**

  Die "richtige" Umsetzung der Ideale eines sanften Tourismus erfordert teilweise ein spezifisches Know-how, und zwar nicht nur im ökonomischen und ökologischen Bereich, sondern auch auf naturwissenschaftlichen und technischen Gebieten (z.B. Kläranlagensysteme; Katalogdruckverfahren). Diese Komplexität einzelner Umweltschutzaufgaben erfordert eine gewisse Professionalität, nicht zuletzt auch, um gegenüber Kunden, Leistungsträgern und der allgemeinen Öffentlichkeit (Presse, Verbände, Umweltschutzgruppen, etc.) eine ausreichende Kompetenz zu vermitteln. Durch die organisatorische Bündelung der Aufgaben eines sanften Tourismus wird diese Komplexität reduziert; professionelles und kompetentes Auftreten und Entscheiden sind eher möglich.

- **Entlastung** der anderen Abteilungen

  Die im Rahmen der Verwirklichung von Zielen eines sanften Tourismus auftretenden Einzelaufgaben können kaum mit der nötigen Sorgfalt von den einzelnen Stelleninhabern "nebenher" erledigt werden. Eine eigene organisatorische Einheit kann die täglich in allen Unternehmensbereichen anfallenden Umweltschutzaufgaben qualitativ besser, umfassender und effektiver erledigen bzw. koordinieren. Dadurch werden die anderen Abteilungen entlastet.

- **Besseres Controlling**

  Eine offiziell bestimmte Organisationseinheit kann von der Unternehmensleitung besser hinsichtlich ihrer Leistung überwacht, kontrolliert und beurteilt werden als eine Vielzahl von Abteilungen und Personen. Professionalität und Aufgabenspezialisierung schaffen auch die Voraussetzungen für eine offensive, steuernde Umweltschutzpolitik. Durch eine explizite Organisationslösung wird auch externen Stellen eine Kommunikation und Überwachung erleichtert.

---

50 Vgl. z.B. Schulz, Chancen; Schulz, Organisation. Die an diesem Beispiel der organisatorischen Verankerung des sanften Tourismus aufgezeigten Vorteile gelten analog für jede Art der Bildung von auf bestimmte Teilaufgaben spezialisierte Stellen.

- **Innovationsförderung**

Ein innovatives Umweltschutzmanagement wird von der Form der Verankerung der Ideale eines sanften Tourismus in der Unternehmensorganisation erheblich beeinflußt. Hier zeigt sich das klassische Strategie-Struktur-Dilemma, da bereits für die Initiierung und Planung offensiver Umweltschutzstrategien bestimmte organisatorische Voraussetzungen erforderlich sind (vgl. Abschnitt 2.1.).

Im Rahmen einer expliziten Organisationslösung ist sowohl über die **horizontale Ausgestaltung** als auch über die hierarchische Anordnung dieser Stellen zu entscheiden. Als horizontale Form bietet sich die Bildung einer **eigenen Abteilung** an. Die so gebildete organisatorische Einheit kann - ebenso wie andere funktionale Betriebseinheiten - Weisungsbefugnis gegenüber untergebenen Stellen haben oder "nur" als Stab dem Organisationsgefüge angegliedert werden. Inhaltlich ist hierbei an die Einsetzung eines **Umweltschutzbeauftragen** zu denken.[51]

Die Schaffung spezieller Stellen zur Umsetzung des Umweltschutzes im eigenen bzw. durch das eigene Unternehmen ist natürlich mit hohen Kosten verbunden, die i.d.R. von kleinen und mittelständischen Reiseveranstaltern nicht getragen werden können. Der Umweltschutzbeauftragte der TUI, Dr. Iwand, spricht für sein Unternehmen von einem siebenstelligen Betrag.[52] Daher sind gerade für kleinere Unternehmen andere Formen der Institutionalisierung des sanften Tourismus zu prüfen.[53]

Das zweite Entscheidungsfeld im Falle einer expliziten Verankerung des sanften Tourismus im Unternehmen betrifft die Frage nach der **hierarchischen Anordnung** des Umweltschutzes. Je höher beispielsweise die Funktion eines Umweltschutzbeauftragten aufgehangen ist und je mehr **Weisungsbefugnis** mit dieser Stelle verbunden ist, desto stärker werden sich die Ziele eines sanften Tourismus in konkreten Entscheidungen und Handlungen der einzelnen Organisationsmitglieder niederschlagen. Im positiven Extrem könnte sich einer der Geschäftsführer des Unternehmens für diesen Bereich zuständig erklären; im negativen Extrem würde der Umweltschutz als Alibi-Funktion einer Abteilung "zugeschustert", die kaum Weisungsbefugnis gegenüber anderen Abteilungen besitzt (so z.B. die Presseabteilung). Selbst bei ansonsten geringer Weisungsbefugnis - beispielsweise um ein effizientes Arbeiten der Fachabteilungen zu ermöglichen - könnte der Umweltschutzbeauftragte mit einem **Veto-Recht** ausgestattet werden. Dieses würde es ihm ermöglichen, im Falle von bedenklichen oder offensichtlich den (Unternehmens-) Zielen eines sanften Tourismus widersprechenden Entscheidungen und Handlungen der Fachabteilungen Fehlentwicklungen zu stoppen. Gegebenenfalls müßte die letztliche Entscheidung nach einem Veto durch die Abteilung Umweltschutz von der obersten Unternehmensleitung gefällt werden. Unternehmensinterne Streitfragen, die den Bereich Umweltschutz betreffen, wären somit - sofern zwischen Fachabteilung und Umweltschutzbeauftragtem keine Übereinstimmung erzielt werden kann - immer und automatisch Top-Management-Angelegenheit. Die durch eine solche Regelung hervorgerufenen Konflikte sind durchaus konstruktiver Natur und sollten daher gefördert werden, um eine

---
51 Vgl. ausführlich Kirstges, Sanfter Tourismus, S. 98 - 99.
52 Vgl. TUI, Qualität kostet.
53 Beispielsweise in Form einer **Projekt- oder Arbeitsgruppe**. Vgl. Kirstges, Sanfter Tourismus, S. 99 - 100.

bewußte Auseinandersetzung aller Mitarbeiter im Unternehmen mit den Konsequenzen des eigenen Handelns zu bewirken.

Gerade in größeren Unternehmen erscheint eine **kombinierte Lösung** (explizite und implizite organisatorische Umsetzung) i.S. einer Verteilung und hierarchiebezogenen Spezifizierung des Umweltschutzgedankens sinnvoll. Nur so ist eine vollständige Durchdringung der Gesamtorganisation mit den Zielen eines sanften Tourismus zu erreichen. Auf jeder Ebene könnten umweltbezogene Aufgaben bestimmten Managern übertragen werden. Der Beauftragte in der "Zentralstelle Umweltschutz" hätte in diesem Fall als Fachpromotor innerhalb der Unternehmung vor allem Informations- und Koordinationsfunktion sowie Repräsentativfunktionen nach außen; er ist damit auch die Institutionalisierung des Risikomanagements, während die chancenorientierte Innovationsfunktion vor allem in Form von dezentralen Zuständigkeiten, Projektteams oder betrieblichen Umweltausschüssen implementiert wird.[54]

2.3.5. Dokumentation und Kontrolle

Eingangs wurde bereits darauf hingewiesen, daß in vielen Veranstalterunternehmen eine Hilfe zur Lösung alltäglicher oder besonderer Probleme in Form einer Dokumentation der Abläufe fehlt. Andererseits wäre eine Abbildung der gesamten Abläufe in einem Unternehmen viel zu aufwendig. Derartige Versuche enden oftmals damit, daß Archive sich mit Ablaufdokumenten füllen, während an der Front des täglichen Geschehens bereits alles ganz anders geregelt wird.[55] Dokumente können also nur dann **als wirksames Hilfsmittel** dienen, wenn ihr Inhalt von den Adressaten verstanden und leicht genutzt, d.h. **in praktisches Handeln umgesetzt** werden kann. Neben der Art der Dokumentengestaltung übt hierbei auch die Ausbildung der Mitarbeiter einen Einfluß aus. Oben aufgezeigtes Beispiel des TUI-Services zeigt, daß gerade die Qualitätssicherung im Tourismus auf einer ausführlichen Dokumentation basiert.

Es ist keinesfalls leicht, den (zeitlichen) **Ablauf einer Tätigkeit abzubilden**. Neben **verbalen Beschreibungen** von Abläufen, die mangels Übersichtlichkeit häufig ungeeignet sind, stehen grafisch-verbale und rein **grafische** Darstellungsformen zur Verfügung. Deren formale Gliederung kann auf Beschreibungen, Bildern oder Symbolen basieren. Inhaltlich wird entweder nur die logische (sachliche) Aufeinanderfolge abgebildet (z.B. Flußpläne wie Datenflußplan, Programmablaufplan), oder aber es erfolgt eine Verknüpfung mit der Zeitdimension im Sinne von logisch-zeitlichen Aufeinanderfolgen in Form von digitalen (Terminlisten, Arbeitspläne) oder analogen (grafische Darstellung von Maßstäben, z.B. Balkendiagramme) Zeitplänen. Da jede Art der Darstellung Vor- und Nachteile bietet, werden häufig **Kombinationen** eingesetzt, wie dies z.B. bei der sog. Netzplantechnik der Fall ist. Grundsätzlich gilt: Je komplexer die Abläufe, desto mehr empfehlen sich grafische oder sinnbildliche Darstellungen zur Erzielung einer besseren Übersicht.

---

54 Vgl. Umweltbundesamt (Hrsg.), Umweltorientierte Unternehmensführung, S. 80 - 81 u. S. 300 und die dort aufgezeigten empirischen Erkenntnisse für den Bereich der Industrie.
55 Vgl. Nägeli/Lang/de Weck/Zingg, Ablauforganisation, S. 69.

Zur Darstellung der zeitlichen Reihenfolge von Tätigkeiten genügen i.d.R. einfache **Balkendiagramme**. Diese bestehen aus einem zweidimensionalen Koordinatensystem (Zeitmaßstab und Tätigkeiten/Aktionsträger/Sachmittel). Die Länge der in diesem Raum eingezeichneten Balken gibt die voraussichtliche Dauer der Tätigkeitsdurchführung an, die Balkenlage stellt die zeitliche Folgebeziehung dar. Balkendiagramme können - unter Kontrollaspekten - im Zeitverlauf sukzessive um die tatsächlichen Ist-Werte erweitert werden. Derartige Balkendiagramme wurden bereits oben, in den Abbildungen 2.10. und 2.11., genutzt.

Ein **Ablauffolgeplan** strukturiert die einzelnen Tätigkeiten ebenfalls in eine logisch-zeitliche Reihenfolge, ermöglicht aber zusätzlich die Darstellung von Verzweigungen, Verknüpfungen, Alternativentscheidungen, Rückkoppelungen etc. Hierzu werden verschiedene Symbole verwendet, so z.B.:

Abbildung I.2.m.: Symbole in einem Ablaufplan

Symbol	Bedeutung
	Schleifenbegrenzung / Anfang
	Schleifenbegrenzung / Ende
	automatische Verarbeitung (einschließlich Ein- und Ausgabe)
	manuelle Verarbeitung (einschließlich Ein- und Ausgabe)
	Verzweigung (logische Abfrage)

Für das einfache Beispiel der Bearbeitung einer Anfrage für Gruppenreisen, die individuell zu beantworten ist, läßt sich folgender Ablaufplan erstellen:

Abbildung I.2.n.: Beispiel eines Ablaufplans zur Beantwortung einer Anfrage für Gruppenreisen

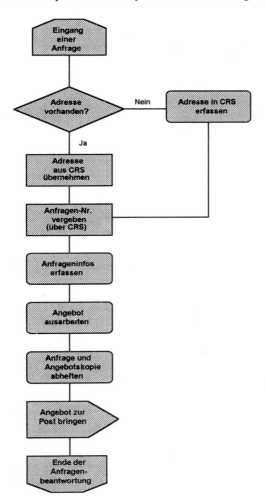

Komplexer und inhaltsreicher sind **Matrixdarstellungen**. Sie ermöglichen eine Zuordnung und ein Verknüpfen von Elementen und können flexibel den jeweiligen Erfordernissen angepaßt werden. Neben verbalen Textinformationen lassen Matrixpläne auch die Integration von grafischen Ablaufplänen zu.

Greifen wir zur Veranschaulichung das **Beispiel** der Anfragenbeantwortung auf und gehen davon aus, daß die Erfassung der Anfrage durch eine, die Ausarbeitung des **Gruppenreiseangebots** durch eine andere Stelle erledigt werden soll. Die Matrix auf der folgenden Seite (Abbildung I.2.o.) enthält alle zur Lösung dieser Aufgabe erforderlichen Informationen.
Die verschiedenen Dokumente lassen sich zu **Manuels** (Handbücher mit Arbeitsunterlagen) zusammenstellen, die für jeden Mitarbeiter zugänglich sind.

Ablaufbeschreibung

Tätigkeit: Bearbeitung einer Gruppenreisenanfrage

Letzte Aktualisierung: 20.9.93

EDV-Datei: Ablaufpl/01234

Eine **Momentaufnahme der Aufbauorganisation**, beispielsweise in Gestalt eines **Organigramms**, läßt sich wesentlich leichter erstellen. In einem Organigramm entspricht i.d.R. jede Stelle einem Kästchen. Diese werden grafisch durch vertikale oder horizontale (also nicht durch diagonale) Linien verbunden. Bei größeren Unternehmen kann es sich aus rein pragmatischen Gründen (beschränkter Platz auf einem DIN A4-Blatt; Übersichtlichkeit) als erforderlich erweisen, zunächst ein grobes Organigramm als Gesamtübersicht zu entwickeln, um dann einzelne Unternehmensbereiche in Detailorganigrammen näher abzubilden. Doch auch bei der Darstellung der Aufbauorganisation kann es zu Problemen kommen, wenn beispielsweise flexible Elemente (z.B. Springer) zu berücksichtigen sind oder wenn die gesamte Organisation (saison-)zeitabhängig geändert wird (Beispiel: In der Wintersaison sind die Stellen der Buchungserfassung dem Bereichsleiter "Winter", im Sommer dem Bereichsleiter "Sommer" zugeordnet). Wir werden verschiedene Organigramme bei den Ausführungen zum nächsten Abschnitt kennenlernen.

Die Dokumentation der einer einzelnen Stelle obliegenden Tätigkeiten erfolgt in einer sog. **Stellenbeschreibung**. In dieser werden schriftlich die Ziele, Aufgaben, Befugnisse, Anforderungen, Verantwortungen und Beurteilungskriterien festgelegt und somit von anderen Stellen abgegrenzt. Eine Stellenbeschreibung enthält somit, je nach Detaillierungsgrad ihrer Formulierung, (mindestens) die Bezeichnung der Stelle, Informationen zu ihrer Einordnung in den Organisationsaufbau, zur Stellvertretung, Unterstellung, zum Stellenziel und zu den Hauptaufgaben sowie technisch-organisatorische Angaben (z.B. Zeichnungsbefugnis). Darüber hinaus können Anforderungen an die Person des (potentiellen) Stelleninhabers, seine Belastungsfähigkeit sowie Maßstäbe zur Beurteilung seiner Leistungen in der Stellenbeschreibung festgelegt werden. Letztlich resultiert daraus ein **Anforderungsprofil**, das die Basis für die spätere **Personalauswahl** bildet. Derartige Anforderungen sind Soll-Vorstellungen über diejenigen Voraussetzungen, die von einer Person als Stelleninhaber erfüllt sein müssen, damit diese die der Stelle zugehörigen Aufgaben bewältigen kann. Hierzu gehören neben **fachlichen Anforderungen** auch solche, die von den **Arbeitsbedingungen** ausgehen und z.B. als "Belastung" verkraftet werden müssen (Beispiel: Bereitschaft zu intensiver Reisetätigkeit und gute Verträglichkeit tropischen Klimas für die Stelle "Hoteleinkäufer Fernreisen"). Ein bekanntes Grundraster zur Definition von Anforderungen ist beispielsweise das sog. Genfer Schema, das folgende **Hauptanforderungsarten** unterscheidet:
- Können,
- Verantwortung,
- Belastung,
- Umgebungseinflüsse.

Diese Anforderungskategorien werden jeweils konkretisiert. Durch eine **Bewertung** der jeweiligen Anforderungen - z.B. vergleichend zwischen den einzelnen Stellen einer Unternehmung - läßt sich das gesamte **Anforderungsniveau** einer Stelle ermitteln. Je höher das Anforderungsniveau, desto "schwieriger" ist die Stelle, desto höher wird sie i.d.R. in der Unternehmenshierarchie aufgehangen sein.

Hierbei spielen jedoch **Werturteile** eine zentrale Rolle.[56] In unserer westlichen Wirtschaftsordnung werden z.B. die Anforderungsarten "Verantwortung für Betriebsmittel und die Arbeit anderer" wesentlich höher bewertet als beispielsweise die muskelmäßige Arbeitsbelastung. Daher ist ein "Bereichsleiter EDV" bei Reiseveranstaltern hierarchisch höher angesiedelt (und er bezieht damit auch ein höheres Gehalt) als ein Sportanimateur desselben Unternehmens.

Erst die Dokumentation von Arbeitsabläufen, Aufbauorganisation und stellenspezifischen Anforderung ermöglicht eine effiziente **Kontrolle** von Ablauf und Ergebnis. Regelmäßig durchgeführte **Abweichungsanalysen** decken auf, inwieweit sich die tatsächliche Entwicklung vom Soll entfernt (hat). Auf Basis eines unternehmensinternen **Berichtswesen**, das u.a. in Form von Kennzahlen verschiedene Größen in ein sinnvolles Verhältnis setzt, können (negative) Abweichungen schnell erkannt und wirkungsvoll bekämpft werden. Die **Ablauf- oder Verfahrenskontrolle** überprüft dabei, ob nach den vorgeschriebenen Richtlinien vorgegangen wurde. Ist dem nicht so, wird entweder der Stelleninhaber zur Einhaltung der vorgegebenen Verfahren aufgefordert, oder aber die Richtlinie wird aktualisiert, falls der "Ausscherende" eine bessere Vorgehensweise ge- bzw. erfunden hat (organisatorische Prozeßinnovation). Im Rahmen der **Ergebniskontrolle** werden die Plandaten mit den realisierten Werten verglichen (Beispiel: angestrebte Pax-Zahl, gesamt und gegliedert nach Zielgebieten, versus tatsächliche Reisendenzahl). Im Falle von (negativen) Abweichungen sollte sich eine **Ursachenanalyse** anschließen, damit Korrekturmaßnahmen eingeleitet und Lösungen zur künftigen Vermeidung von Abweichungen erarbeitet werden können.

Auf Basis der Kontrollinformationen müssen u.U. Zielsetzungen modifiziert, Tätigkeiten neu definiert oder Stellen neu formiert - kurz: es muß reorganisiert werden. Somit schließen sich die oben in der Abbildung aufgezeigten Phasen der organisationalen Gestaltung von Unternehmungen zu einem **Regelkreissystem**.

2.4. Organisationale Grundformen zur Zusammenfassung von Tätigkeiten

Bereits mehrfach, so z.B. in Abschnitt 2.3.4.2., wurde auf zwei grundsätzliche Ansatzpunkte der organisatorischen Zusammenfassung einzelner Tätigkeiten hingewiesen: die Organisation gemäß dem Verrichtungs- oder dem Objektprinzip. Die konsequente Orientierung an diesen Prinzipien führt zu konträren Organisationsstrukturen, auf die im folgenden näher eingegangen wird.

---

56 Zur Werturteilsproblematik siehe vertiefend Kirstges, Expansionsstrategien, S. 25 - 26.

2.4.1. Funktionale Organisationsstruktur

Bei einer Aufgabenteilung nach dem Verrichtungsprinzip bei gleichzeitiger Verwendung des Einliniensystems entsteht eine sog. **verrichtungsorientierte, Zweckbereichs- oder funktionale Organisation**. Aufgrund ihrer Ausrichtung auf einzelne Tätigkeitstypen ermöglicht die funktionale Organisation eine hohe **Spezialisierung** und damit verbunden eine **Kostendegression** (Einsatz spezialisierter Fachkräfte). Als Nachteil entstehen jedoch **höhere Beziehungskosten** (Transport und Kommunikation), da zwischen den einzelnen Abteilungen ein starker (Informations-)Austausch stattfinden muß. Dadurch werden insbesondere die höheren hierarchischen Ebenen inkl. der **Unternehmensleitung** in ihrer Eigenschaft als Abstimmungsorgane **belastet**.

Die funktionale Organisationsstruktur eignet sich vor allem für Unternehmungen, die ein **homogenes Veranstalterprogramm** bieten, so daß kaum Umstellungen der einzelnen Aktionsträger erforderlich sind. In diesem Fall wird der erhöhte Koordinationsaufwand durch den Spezialisierungsvorteil überkompensiert.

Die folgende Abbildung I.2.p. zeigt beispielhaft auf, wie ein Reiseveranstalter funktional organisiert sein könnte.

Abbildung I.2.p.: Organigramm eines funktional organisierten Reiseveranstalters

Aus dem Organigramm läßt sich also nicht ersehen, in welchen Geschäftsbereichen der Veranstalter tätig ist. Die Produktorientierung erfolgt quasi implizit als Querschnittsaufgabe über alle Abteilungen.

2.4.2. Divisionale Organisationsstruktur

Aus einer Aufgabenteilung gemäß dem Objektprinzip unter Beibehaltung des Einliniensystems entsteht demgegenüber eine **objektorientierte, Sparten- oder divisionale Organisation**. Die Vorteile bzw. Anwendungsbedingungen verhalten sich genau konträr zur funktionalen Organisationsstruktur. Sie liegen somit in der Entlastung der Leitungsspitze, in den Spezifika der einzelnen Sparten angepaßten Entscheidungen und einer stärkeren Marktadäquanz. Diese Organisationsform ist daher insbesondere für Großunternehmen adäquat. Spartenorganisationen erfordern qualifizierte Allround-Führungskräfte und erschweren die Schaffung einer unternehmensübergreifenden Corporate Identity.

Kriterien zur Bildung von Sparten bei Reiseveranstaltern können z.B. sein:
- **Produkte** / Programmbereiche (z.B. Flugreisen, Busreisen; die verantwortlichen Spartenleiter werden in diesem Falle oftmals als "**Produktmanager**" bezeichnet),
- **Zielgebiete** (z.B. Mittelmeer, Fernreisen; einzelne Länder oder Ferienorte),
- Quellmärkte / **Absatzregionen** (z.B. national - international; einzelne Bundesländer),
- Kundensegmente / **Zielgruppen** (z.B. Familien, Gruppen, Einzelreisende)[57] oder
- einzelne (zeitliche befristete) Projekte (z.B. Aufbau einer eigenen Ferienclubs auf Kreta; die verantwortlichen Spartenleiter werden in diesem Falle oftmals als "**Projektmanager**" bezeichnet).

Die folgende Abbildung I.2.q. zeigt beispielhaft auf, wie ein Reiseveranstalter nach Sparten organisiert sein könnte.

Abbildung I.2.q.: Organigramm eines divisional organisierten Reiseveranstalters

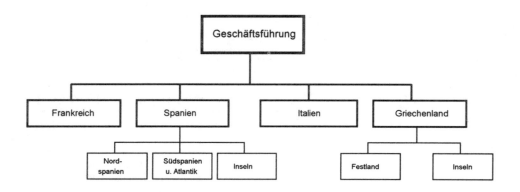

---

[57] Vgl. beispielsweise die lebensphasenorientierten Zielgruppen bei Kirstges, Expansionsstrategien, S. 203 - 210.

Aus dem Organigramm lassen sich die einzelnen Geschäftsbereiche des Veranstalters, hier gegliedert nach Reiseländern, direkt erkennen. Jede Sparte erledigt in dieser Reinform der Spartenorganisation sämtliche betrieblichen Funktionen (Einkauf, Preiskalkulation, Vertrieb, etc.) selbst, ist somit also völlig unabhängig von den benachbarten Sparten.

Wird die Spartenorganisation mit dem sog. **Profit-Center**-Konzept verbunden, so können auch größere Unternehmungen in gewinnorientierte, flexible "Sub-Unternehmungen" gegliedert werden. So unterscheidet ITS (vgl. ITS-Organigramm in Abschnitt 1.2.) beispielsweise die dem Geschäftsführer "Produkte" unterstellten Profit-Center

- Flug Nah,
- Flug Fern,
- Auto-Bahn-Bus,
- Städtereisen,
- Gruppen und Incentives,
- ITH / ITC (ITS-Hotels und -Clubs),
- Agenturen.

2.4.3. Mischformen

Die beiden genannten "reinen" Organisationsformen zeichnen sich jeweils durch spezifische Vorteile aus, verbinden jedoch auch jede für sich eine Reihe von Nachteilen. In der Praxis existieren daher in der Regel Mischformen, die versuchen, die **Vorteile zu summieren und die Nachteile auszuschließen**. So werden z.B. in den einzelnen Divisionen Zweckbereiche gebildet, die den jeweiligen Spartenleitern unterstellt sind. Daneben gibt es "zentrale Dienste", also Funktionsbereiche, die spartenübergreifende Aufgaben erledigen. So ist speziell das **Personalwesen** ein Aufgabenbereich, dessen Differenzierung nach Sparten wenig Sinn machen würde.

Die Abbildung I.2.r. auf der folgenden Seite zeigt beispielshaft eine solche Mischform für Reiseveranstalter auf.

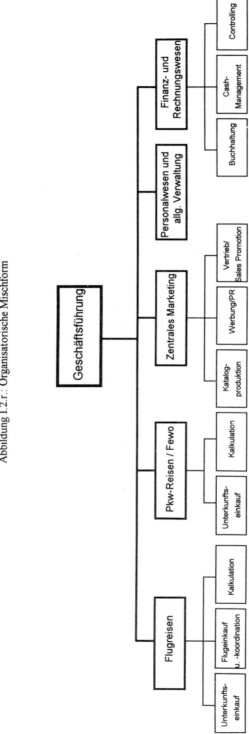

Abbildung I.2.r.: Organisatorische Mischform

Derartige Mischformen lassen sich in vielfältiger Weise konzipieren. Im Extrem führen sie zur sog. **Matrix-Organisation**, bei der - zur Erhöhung der Flexibilität - eine nach Funktionen gegliederte Organisation von einer produkt- oder projektorientierten überlagert wird. Hierdurch sollen die Spezialkenntnisse bezüglich sowohl des Produktes als auch der Funktion genutzt werden. Demnach überschneiden sich zwei Kompetenzsysteme, was zu Problemen hinsichtlich der Teilung der Autorität führen kann (Mehrliniensystem). Es besteht permanent eine Konfliktsituation, die jedoch problemorientiert gesteuert werden kann, um so das Innovationspotential der Unternehmung positiv zu beeinflussen. Insofern sind Matrix-Organisationen besonders geeignet für die Lösung innovativer und komplexer Probleme.

2.5. Alternative organisationale Gestaltung am praktischen Fallbeispiel

Abschließend soll ein kleines Fallbeispiel die Möglichkeit bieten, die bislang erworbenen Kenntnisse an einem praktischen Organisationsproblem anzuwenden. Bevor Sie dieses Beispiel bearbeiten, sollten Sie nochmals die einführend zu diesem Kapitel dargelegten Organigramme von TUI, ITS und DER ausführlich analysieren (siehe Abschnitt 1.).

Bei einem mittelständischen Reiseveranstalter, der auch über ein eigenes Reisebüro verfügt, in dem neben den eigenen Pauschalreisen auch solche von Fremdveranstaltern vermittelt werden (Reisemittler- *und* Reiseveranstaltergeschäft), wurde eine Aufgabenanalyse durchgeführt. Der Reiseveranstalter vertreibt seine eigenveranstalteten Reisen sowohl direkt an Endkunden (über Mailings sowie im eigenen Reisebüro) als auch über (andere) Reisemittler. Die nachfolgende Tabelle I.2.B. faßt die Ergebnisse zusammen (Einzeltätigkeiten und deren Zeitbedarf).

Arbeits-anfall	Aufgaben	Stundenbedarf pro Woche	
		Sommer	Winter
Immer	Annoncen schalten/Kontakt zu Medien (laufend/aktuelle Infos)	2	3
Immer	Annoncen, Flugblätter, Plakate am PC gestalten (Layout-Gestaltung)	2	3
Immer	Ansprechpartner für EDV-Fragen	2	2
Immer	Ansprechpartner/Betreuung Großgruppen ab 20 Pers.	1	1
Immer	Ansprechpartner/Tutor für Praktikanten im Laden	1	1
Immer	Arbeitspläne/Stundenpläne/Vertretungen koordinieren	0,5	0,5
Immer	AZUBI-Betreuung	3	3
Immer	Bearbeitung der Buchungen auf Fremdveranstalter / Reisemittlergeschäft (außer Flüge)	10	10
Immer	Bearbeitung Flugbuchungen/Flugspezialist im Reisemittlergeschäft	15	10
Immer	Blumen gießen	0,5	0,5
Immer	Botengänge	3	3
Immer	Buchführung/Bilanzen/Planungsrechnungen	20	20
Immer	Counterkraft / Kundenberatung im eigenen Reisebüro	70	90
Immer	Einkauf Bürobedarf und Ausgabe (Papier, Büromaterial)	1	1
Immer	Endablage von Umläufen und sonstigen Dokumenten	0,5	0,5
Immer	Finanzwesen/Finanzverwaltung/Unterschrift für Auszahlungen	10	10
Immer	Formulare: Bereitstellung (Kopieren)	0,5	0,5
Immer	Fremdveranstalter (für´s Reisemittlergeschäft): Betreuung/Akquisition	2	2
Immer	Fremdveranstalter: Kataloganforderungen	1	1
Immer	Führung des laufenden Geschäftskontos	2	5
Immer	Gestaltung und Auffüllen der Prospektwand	1	1
Immer	Kassenführung / Abrechnung der Bürokasse	2	2
Immer	Koordination aller Geschäftsbereiche / Gesamtunternehmensleitung	6	6
Immer	Krankmeldungen/Fehlzeiten/Überstunden registrieren	0,5	0,5
Immer	Mahnwesen	1	1
Immer	Personalwesen (neue Mitarbeiter, Verträge, Gehalt, Zeugnisse)	4	4
Immer	Pflege/Reparatur von Bürogeräten (Kopierer, Anrufbeantw., Fahrrad, Büromöbel, etc.)	1	1
Immer	Planung größerer Anschaffungen / Grundausstattung Büro	1	1
Immer	Planung, Durchführung und Auswertung von Kundenbefragungen / Marktforschung	3	4
Immer	Postbeauftragter (Telefon, BTX, Fax, Großversendungen)	1	1
Immer	PR (Pressekontakte, regelmäßige Infos an Presse, etc.)	2	2
Immer	Prospektversand an Reisebüros	1	2
Immer	Rechnungsprüfung und Zahlungsanweisungen an Werbeträger	0,5	0,5
Immer	Reklamationen/Gerichtssachen	1	1
Immer	Schaufenstergestaltung/Ladendekoration	2	2
Immer	Überprüfung der Anzeigen auf Erscheinen und Richtigkeit	1	1
Immer	Überwachung Büroordnung (Ordnersysteme, Ablagesysteme, Sauberkeit, Aufräumen)	2	2
Immer	Überwachung und Anweisung der anfallenden Zahlungen an Leistungsträger	2	2
Immer	Verteilung von Flugzetteln und Plakaten (Werbung vor Ort)	1	1
Immer	Vertrieb/Reisebürobetreuung (Aktionen, Abrechnungen, Statistik, Vertriebsausweitung)	2	4
Immer	Verwaltung der Kunden-Stammadressen im PC	1	1
Immer	Verwaltung der Leistungsträger-Stammadressen im PC	1	1
Immer	Verwaltung sonstiger Kürzel im PC	0,5	0,5
Immer	Vorbereitung Zahlungsausgänge (Übertragung auf Überweisungsbelege)	3	4
Immer	Wochenmeetings vorbereiten	1	1
Immer	wöchentliches Office-Meeting für alle	1	1
Immer	Zeit für persönliche Mitarbeiterführung (je Führungskraft erforderlich)	5	5

Arbeits-anfall	Aufgaben	Stundenbedarf pro Woche	
		Sommer	Winter
nur Sommer	Bearbeitung der Buchungen für eigenveranstaltete Sommerreisen (diverse Angebote)	60	
nur Sommer	Einkaufspreisbeschaffung Winter Frankreich (Unterkünfte, Skipässe, Busse, etc.)	5	
nur Sommer	Einkaufspreisbeschaffung Winter Österreich (Unterkünfte, Skipässe, etc.)	2	
nur Sommer	Einkaufspreisbeschaffung Winter Schweiz (Unterkünfte, Skipässe, etc.)	1	
nur Sommer	Kapazitätseinkauf Winter Frankreich (Appartements)	15	
nur Sommer	Kapazitätseinkauf Winter: Österreich	5	
nur Sommer	Kapazitätseinkauf Winter: Schweiz	2	
nur Sommer	Kontingentüberwachung Appartements/Hotels im Sommer	1	
nur Sommer	Koordination der Kurse/Kurskontingente/Abrechnung Sprach-/Sportlehrer So.	1	
nur Sommer	Koordination der Reiseleiter/Abrechnung Reiseleiter im Sommer	1	
nur Sommer	Koordination der Sommer-Busfahrten/Buskontintenge/Abrechnung Busunternehmen	1	
nur Sommer	Kundenpreiskalkulation Winterangebote	6	
nur Sommer	Neue Angebote entwickeln (Winter/Ski)	2	
nur Sommer	Schriftliche Beantwortung von Kundenanfragen/Eingabe in PC/Katalog-Versand (Sommer)	3	
nur Sommer	Verbuchung der geleisteten und erhaltenen Zahlungen im PC (Sommer)	4	
nur Winter	Bearbeitung der Winterbuchungen, eigenes Angebot Nr. F100		15
nur Winter	Bearbeitung der Winterbuchungen, eigenes Angebot Nr. F111		5
nur Winter	Bearbeitung der Winterbuchungen, eigenes Angebot Nr. F200		10
nur Winter	Bearbeitung der Winterbuchungen, eigenes Angebot Nr. F201		8
nur Winter	Bearbeitung der Winterbuchungen, eigenes Angebot Nr. F205		5
nur Winter	Bearbeitung der Winterbuchungen, eigenes Angebot Nr. F210		5
nur Winter	Bearbeitung der Winterbuchungen, eigenes Angebot Nr. F238		10
nur Winter	Bearbeitung der Winterbuchungen, eigenes Angebot Nr. F241		20
nur Winter	Bearbeitung der Winterbuchungen, eigenes Angebot Nr. F260		10
nur Winter	Bearbeitung der Winterbuchungen, Eigenveranstaltungen Österreich		15
nur Winter	Bearbeitung der Winterbuchungen, Eigenveranstaltungen Schweiz		10
nur Winter	Einkaufspreisbeschaffung Sommerangebote		2
nur Winter	Kapazitätseinkauf für Sommerangebote		8
nur Winter	Kontingentüberwachung Appartements im Winter		3
nur Winter	Koordination der Reiseleiter/Abrechnung Reiseleiter im Winter		2
nur Winter	Koordination der Skikurse/Kurskontingente/Abrechnung Skilehrer		3
nur Winter	Koordination der Winter-Busfahrten/Buskontingente/Abrechnung Busunternehmen		4
nur Winter	Kundenpreiskalkulation Sommerangebote		3
nur Winter	Neue Angebote entwickeln (Sommer)		3
nur Winter	Schriftliche Beantwortung von Anfragen/Eingabe in PC/Katalog-Versand an Direktkunden (Winter)		10
nur Winter	Verbuchung der geleisteten und erhaltenen Zahlungen im PC (Winter)		10
punktuell	Eingabe der Unterkunftskontingente für Eigenveranstaltungen in den PC (Stammdatenaufbau)	120	100
punktuell	Formulare: inhaltliche Gestaltung / Überarbeitung	5	5
punktuell	Katalogerstellung/Layout/Druckkoordination (eigener Veranstalterprospekt)	300	200
punktuell	Koordination der großen Versandaktionen (Katalogversand an Direktkunden etc.)	50	70
punktuell	Vorbereitung von Direct-Mail-Aktionen (Gestaltung, Adressenselektion)	5	5

Entwickeln Sie ein Organisationskonzept für dieses Unternehmen, in dem Sie folgendes erarbeiten:

- **Stellenplan** inkl. Kurzbeschreibung der Stelle und sowie der spezifischen Anforderungen (s. Mustertabelle unten),
- **Organigramm** inkl. kurzer Erläuterung,
- **Ablaufplan** in Matrixform (nur) für die Teilaufgaben vom touristischen Einkauf bis zum Katalogversand.

Ihr Stellenplan könnte z.B. folgendes Aussehen haben:

Tabelle I.2.C.: Beispiel Stellenplan

Stellen-Nr.	Stellenbezeichnung	Tätigkeiten	Zeitbedarf (Wochenstunden)		Anforderungen an Stelleninhaber
			Sommer	Winter	
1	Hoteleinkäufer Spanien	• Verhandlungsführung mit Hoteliers in Spanien • Gestaltung der Katalogtexte • Preiskalkulation • ... etc. ...	10 5 etc. $\Sigma = 39$	8 3 etc. $\Sigma = 36$	• Bereitschaft zu häufigen Auslandsaufenthalten • Spanischkenntnisse • EDV-Grundkenntnisse (Textverarbeitung, Tabellenkalkulation) • möglichst Fachhochschul-Ausbildung • ... etc. ...
2	etc.				

Bitte beachten Sie: Es gibt nicht nur eine richtige Lösung! Diskutieren Sie alternative Möglichkeiten und wählen Sie diejenige aus, die Ihnen am sinnvollsten erscheint.

Kapitel II:
Ausgewählte Probleme des Personalmanagements bei Reiseveranstaltern

Gerade in Dienstleistungsunternehmen stellen die Mitarbeiter *den* Erfolgsfaktor dar. Insofern kommt dem Personalmanagement bei Reiseveranstaltern eine besondere Bedeutung zu. Allerdings unterscheidet sich das Personalwesen bei Tourismusunternehmen nicht wesentlich von dem anderer Unternehmungen:

- Es gelten dieselben (arbeits-)rechtlichen Rahmenbedingungen.[58]
- Wie in anderen Branchen auch gibt es Tarifverträge, die hier zwischen den Gewerkschaften (HBV, ÖTV, DAG) und den Arbeitgeberverbänden (DRV, asr) abgeschlossen werden. Hervorzuheben ist hier lediglich, daß es keine eigene "Tourismusgewerkschaft" gibt, sondern daß sich im wesentlichen drei große "allgemeine" Gewerkschaften um die Gunst der Arbeitnehmer streiten. Auch wurden die abgeschlossenen Tarifverträge nicht - wie in vielen anderen Branchen geschehen - für allgemeinverbindlich erklärt; sie gelten daher jeweils nur für die in den jeweiligen Interessenvertretungen organisierten Arbeitgeber und Arbeitnehmer.
- Betriebsvereinbarungen und individuelle Arbeitsverträge haben grundsätzlich den gleichen Inhalt wie in anderen Branchen.
- Die personalpolitischen Instrumente sind dieselben.

Aus diesen Gründen soll auf eine breite, allgemeingültige Behandlung der personalwirtschaftlichen Fragestellungen in diesem Buch verzichtet werden. Lediglich ein grober Überblick über die Teilbereiche des Personalmanagements soll die Gestaltungsdimensionen ins Bewußtsein des Lesers rufen.[59] Vertieft werden daraufhin einige sehr spezielle Aspekte der Personalpolitik, die gerade für mittelständische Unternehmungen - und durch solche ist die Tourismusbranche ja stark geprägt - von großer Relevanz sein können.

1. Die Teilbereiche des Personalmanagements

Zunächst ist in quantitativer, qualitativer, zeitlicher und räumlicher Hinsicht der Personalbedarf zu prognostizieren. Die **Personalbedarfsplanung** kann sich an den oben dargestellten Stellenplänen orientieren. Hier wird die Zahl der benötigten Mitarbeiter mit den jeweiligen Anforderungen definiert (vgl. Abschnitt 2.3.5.: Stellenbeschreibung). Insofern ist die Personalbedarfsplanung die logische Fortsetzung der Festlegung einer bestimmten Aufbauorganisation.

---

58 Einen guten Überblick über **arbeitsrechtliche Grundlagen** gibt Hentze, Personalwirtschaftslehre, Bd. I, S. 447 - 449. Speziell zu arbeitsrechtlichen Regelungen bezüglich der Arbeitszeit (z.B. Sonderurlaub für Pflege kranker Kinder; Arztbesuche, Behördengänge etc. während der Arbeitszeit; Wegerisiko/Unpünktlichkeit; Mehrarbeitsvergütung bei Überstunden) siehe o.V., Arbeitszeit.

59 Zur ausführlichen Erarbeitung dieser allgemeingültigen Grundlagen sei der Leser auf die Standardwerke der Personalwirtschaftslehre verwiesen. Dank ihrer knappen und präzisen Abhandlung sind besonders zu empfehlen: Hentze, Personalwirtschaftslehre sowie Bisani, Personalführung.

Aufbauend auf dem ermittelten Personalbedarf müssen die erforderlichen Mitarbeiter beschafft werden. Die **Personalbeschaffung** umfaßt die beiden Hauptschritte **Personalakquisition** und Personalauswahl. Für die Akquisition bieten sich verschiedene Wege an: Neben dem unternehmensinternen Beschaffungspotential (unternehmensinterne Stellenbesetzung durch Umsetzung von Mitarbeitern innerhalb des Unternehmens; i.d.R. mit einem hierarchischen Aufstieg des Mitarbeiters verbunden) bieten sich als Wege der externen Personalbeschaffung z.B. Stellenannoncen in Tageszeitungen oder Fachzeitschriften, die Werbung an Schulen oder Hochschulen, die Inanspruchnahme der Dienste der Arbeitsämter oder die Einschaltung von Personalberatern an.[60] Aus den daraufhin erhaltenen Bewerbungen müssen diejenigen selektiert werden, die - aus Sicht der Unternehmung - zu einer Einstellung führen sollen. Auch für diesen Schritt der **Personalauswahl** bieten sich verschiedene Methoden an: summarische versus analytische Personalbeurteilung sowie Beurteilungsgespräche zur Feststellung des Eignungspotentials bei Bewerbern des internen Arbeitsbeschaffungsmarktes; psychologische Tests, Vorstellungsgespräche oder Assessment-Center-Verfahren für externe Bewerber - um nur dieses Stichworte hier zu nennen.[61]

Schließlich bietet der **Personaleinsatz** eine Reihe von Gestaltungsoptionen. Da auch die Behandlung dieser Möglichkeiten und Probleme den Rahmen der vorliegenden Arbeit sprengen würde, sei hier mit einigen Stichworten nur auf die vorhandene Fachliteratur verwiesen: Einarbeitung von neuen Mitarbeitern, Job-Rotation, Arbeitszeitplanung, Arbeitsplatzergonomie und Arbeitssicherheit stellen nur einige der zentralen Aufgaben der Personaleinsatzplanung dar. Wir werden in einem der folgenden Abschnitte einen ganz speziellen Teilbereich, nämlich die **Gestaltung von Arbeits- und Urlaubsplänen**, am Beispiel eines mittelständischen Reiseveranstalters näher behandeln.

Der **Personalerhaltung und Leistungsstimulation** dienen nicht nur monetäre Anreize - wir werden die Mitarbeitererfolgsbeteiligung als eine spezielle Form der leistungsorientierten Entlohnung in einem der nächsten Abschnitte ausführlicher behandeln -, sondern insbesondere auch solche Motivatoren, die intrinsische Arbeitsbedürfnisse (Leistungserfolg, soziale Anerkennung, Entfaltungsmöglichkeiten, etc.) befriedigen. Hierzu gehört auch, die Mitarbeiter kontinuierlich zu fordern und zu fördern. Die **Personalentwicklung** trägt heute mehr denn je dem Grundsatz des "lebenslangen Lernens" Rechnung. Gerade bei Reiseveranstaltern, die sich von einer extrem dynamischen Umwelt umgeben sehen, muß der Kenntnis- und Wissensstand der Mitarbeiter ständig auf aktuellem Niveau gehalten werden. So müssen z.B.. Zielgebietskenntnisse oder Fertigkeiten in der Bedienung (neuer) Computerreservierungssysteme immer wieder aktualisiert werden.[62]

Die **Personalfreistellung** umfaßt schließlich die Änderung sowie die Beendigung bestehender Arbeitsverhältnisse zur Beseitigung einer personellen Überdeckung in quantitativer, qualitativer, zeitlicher oder örtlicher Hinsicht. Die Beendigung von Arbeitsverhältnissen durch Kündigung von Seiten des Arbeitgebers zielt i.d.R. auf einen Personalabbau, d.h. eine Reduzierung des Personalbestands. Gründe hierfür

---

[60] Vgl. ausführlich zu den Wegen der Personalbeschaffung: Hentze, Personalwirtschaftslehre I, S. 257.
[61] Zur Vertiefung siehe z.B. Hentze, Personalwirtschaftslehre I, S. 265 - 313.
[62] Einen ausführlichen Überblick über die Fragen, Probleme und Ansätze der Personalentwicklung, gerade auch aus der Perspektive mittelständischer Unternehmen, gibt Meier, Personalentwicklung.

können z.B. in Absatzrückgängen, strukturellen Veränderungen (vgl. z.B. oben: vertikale Integration erfordert keine marktbezogene Schnittstelle mehr; oder auch als Folge von Reorganisationsmaßnahmen) oder - gerade im Tourismus - saisonal bedingten Beschäftigungsschwankungen liegen. Gerade bei der Kündigung durch den Arbeitgeber sind eine Reihe von rechtlichen Restriktionen zu beachten, auf die an dieser Stelle jedoch nicht näher eingegangen werden kann (Betriebsverfassungsgesetz, Kündigungsschutzgesetz, etc.).[63]

2. Kriterien der Personalauswahl: Anforderungen von Tourismusunternehmen an potentielle Mitarbeiter

An dieser Stelle sollen - als kleiner **Exkurs** - einige Ergebnisse einer vom Verfasser ohne Anspruch auf vollständige Repräsentativität durchgeführten Studie über die **Anforderungen von Tourismusunternehmen an (potentielle) Mitarbeiter** eingeflochten werden.[64]

Wie sieht die Stellenmarktsituation im Tourismus, inbesondere im Bereich der Reiseveranstalter und Reisemittler, aus? Welche Qualifikationen werden gesucht, welche Stellen werden angeboten? Haben akademisch gebildete Touristiker auf dem Arbeitsmarkt eine Chance?

Willkürlich wurden zur Beantwortung dieser Fragen die in einer führenden touristischen Fachzeitschrift, der Fremdenverkehrswirtschaft International (FVW), innerhalb eines abgegrenzten Zeitraums publizierten **Stellenangebote** ausgewählt und einer Analyse unterzogen. Die FVW hat für die Bundesrepublik den umfangreichsten Anzeigenteil für Stellenangebote. Gerade mitarbeitersuchende Reiseveranstalter- und Reisemittlerunternehmen nutzen diesen Stellenmarkt der FVW; speziell für die touristischen Bereiche der Hotellerie und des kommunalen Fremdenverkehrs bieten sich dem Arbeitgeber jedoch andere, speziellere Medien, so daß diese Branchenteile hier unterrepräsentiert sein dürften.

Tabelle II.2.A.: In die Untersuchung einbezogene Ausgaben der FVW

FVW-Ausgabe (Nr. / Datum)	Anzahl Stellenangebote
18 / 18.8.92	89
21 / 29.9.92	108
23 / 20.10.92	60
24 / 27.10.92	76
25 / 10.11.92	122
26 / 24.11.92	46
27 / 8.12.92	61
28 / 22.12.92	34
Summe	**596**

---

63 Vgl. ausführlich z.B. Hentze, Personalwirtschaftslehre II, S. 251 - 261.
64 Zu den allgemeinen Anforderungen an Mitarbeiter in Tourismusunternehmen vgl. auch Frings, Mitarbeitersuche.

Eine Stellenannonce in der FVW kann u.U. mehrere offene Stellen ausschreiben. Insofern liegt die Zahl der untersuchten Stellenangebote (hier: 596) höher als die Zahl der publizierten Annoncen.

Ohne Zweifel unterliegt der Arbeitsmarkt leichten Wandlungen im Laufe der Monate. An seiner grundsätzlichen Struktur und den prinzipiellen Anforderungen an (potentielle) Mitarbeiter ändert sich jedoch innerhalb eines kurz- bis mittelfristigen Zeitraums nichts. Insofern können die nachfolgend aufgeführten Analyseergebnisse auch unabhängig vom eingeschränkten Untersuchungszeitraum interessante Erkenntnisse liefern.

Mehr als die Hälfte der analysierten offenen Stellen befinden sich bei Reisemittlern. Insbesondere gut ausgebildete (Verkaufs-) Fachkräfte scheinen für Reisebüros heute kaum akquirierbar. Touristikfachkräfte sehen sich hier also einem reichhaltigen Angebot an möglichen Arbeitsplätzen gegenüber.

Tabelle II.2.B.: Offene Stellen nach Unternehmensart

Unternehmensart	Zahl der Stellenangebote absolut	Anteil insgesamt in %	Anteil an gültigen Zuordnungen in %
Reisebüros	300	50	57
Reiseveranstalter	154	27	29
Airlines	26	4	5
Hotelbetriebe	12	2	3
Fremdenverkehrsorte	32	5	6
Sonstige/nicht zuordenbar	72	12	---
Summe	**596**	**100**	**100**

In knapp 20% aller ausgeschriebenen Stellen werden Führungskräfte gesucht. Besonders gefragt sind hier Büroleiter. Akademisch ausgebildete Tourismusfachkräfte werden in diesem Bereich, sofern sie bereits über eine ausreichende praktische Berufserfahrung verfügen, gute Chancen haben. Im operativen Bereich besonders stark gesucht sind Counterkräfte und Allround-Mitarbeiter.

Tabelle II.2.C.: Offene Stellen nach Stellenart

Stellenart	Führungskraftstelle	Mitarbeiterstelle
Back-office / Administration / Verwaltung:	**15**	**55**
davon für die Bereiche:		
• Akquisition / Außendienst / Agenturbetreuung	3	19
• Sachbearbeiter / Back-office / Buchhaltung / Marketing / etc.	5	28
• Touristischer Einkauf / Hoteleinkauf / Flugdisposition / Produktplanung / Produkt-Management	7	8
Verkäufer / Counterkräfte:	**25**	**197**
davon für die Bereiche:		
• Flug	4	62
• Touristik allgemein bzw. zielgebietsspezifisch / Fachberater	12	62
• Bahn	0	14
• Firmendienst / Gruppen	9	59
Allround-Fachkraft Reisebüro / Fachmitarbeiter allgem. / Reisebüro-Fachkraft	4	147
Büroleiter / Filialleiter / Abteilungsleiter	54	0
Fremdenverkehrsstelle / Fremdenverkehrsfachkraft / Hotelfachkraft	2	5
Assistenten	0	15
Aushilfen / Praktikanten	0	2
Sonstige (Animateur, Reiseleiter, etc.)	1	9
Summe:	**101**	**430**

Die Art der nachgefragten Mitarbeiter spiegelt sich auch in der geforderten Berufsausbildung wider. Am meisten gesucht sind Arbeitnehmer mit einer Ausbildung als Reisebürokaufmann/-frau. Auch ohne praktische Berufserfahrung scheint eine Beschäftigung in der Tourismusbranche schwierig zu sein; nicht zuletzt angesichts des Mangels an solchen Fachkräften werden jedoch - zumindest für Back-office-Funktionen - mehr und mehr auch "Seiteneinsteiger" mit einer allgemeinen kaufmännischen Ausbildung "zugelassen".

Immerhin 11% aller untersuchten Stellenangebote fordern von Bewerbern ein abgeschlossenes Studium, insbesondere mit tourismuswirtschaftlicher oder allgemein betriebswirtschaftlicher Ausprägung. Angesichts des bislang noch geringen Akademisierungsgrades der Branche erfreut diese Nachfrage sehr. Als nahezu optimaler Ausbildungsweg erscheint daher der Abschluß einer Reisebüroausbildung mit anschließendem Studium der Tourismuswirtschaft an einer (Fach-)Hochschule. Derart gebildete Bewerber wären ideale Nachwuchsmanager auf der mittleren Führungsebene (z.B. als Büro- oder Abteilungsleiter).

Tabelle II.2.D.: Offene Stellen nach Art der geforderten Ausbildung

Art der geforderten Ausbildung	Anzahl Stellenangebote	in % (bezogen auf gültige Angaben)
Studium	24	11
Allgemeine Ausbildung / allg. kaufmännische Ausb.	67	29
Reisebüroausbildung / Reisebürokaufmann/frau	72	32
praktische Berufserfahrung / Berufspraxis / Fachkraft	63	28
Hotelausbildung	2	0
keine Angabe	368	---
Summe:	**596**	**100**

Gerade im Reisemittlerbereich erscheinen spezielle Fachkenntnisse hinsichtlich des Flug- und Bahngeschäfts unerläßlich:

Tabelle II.2.E.: Offene Stellen nach Art der geforderten Spezialkenntnisse

Art der geforderten Spezialkenntnisse	Anzahl Stellenangebote (Mehrfachnennungen möglich)
IATA	218
DB / DER	109
Summe:	**327**

Die vorliegende Analyse der Stellenannoncen beweist einmal mehr die überragende Bedeutung von EDV-Kenntnissen. Neben solchen bezüglich des national führenden Computerreservierungssystems START werden in größerem Umfang auch allgemeine PC- und Softwarekenntnisse erwartet. An diesen hohen Anforderungen der Praxis sollte sich die touristische Ausbildung - in Berufsschulen ebenso wie an Fachhochschulen - orientieren.

Tabelle II.2.F.: Anforderungen an Kenntnisse in Reservierungssystemen

Art der geforderten CRS-Kenntnisse	Anzahl Stellenangebote (Mehrfachnennungen möglich)
START / AMADEUS	260
SABRE	11
GALILEO	3
Sonstige (Bull, DERData, NUR-System, Inhouse-CRS, etc.)	12
Summe:	**286**

Tabelle II.2.G.: Anforderungen an EDV-Allgemeinwissen (neben CRS-Kenntnissen)

Art der geforderten EDV-Kenntnisse	Anzahl Stellenangebote
Allgemeine EDV-Kenntnisse / PC-Erfahrung	64
Nähere Angaben / spezielle Kenntnisse (z.B. Textverarbeitung, Kalkulation, Datenbanken)	8
Summe:	**72**

Gerade im Veranstaltergeschäft ist die Beherrschung fremder Sprachen unerläßlich. Bei 118 der insgesamt 596 erfaßten offenen Stellen wurden Fremdsprachenkenntnisse gefordert (= 20%). Vielfach wurden Kenntnisse in mehreren Fremdsprachen gleichzeitig gewünscht (139 Nennungen bei 118 Stellenangeboten = durchschnittlich 1,2 Fremdsprachen pro Stelle).

Tabelle II.2.H.: Anforderungen hinsichtlich Fremdsprachenkenntnissen

Art der geforderten Fremdsprachenkenntnisse	Anzahl Stellenangebote (Mehrfachnennungen möglich)
englisch	95
französisch	15
italienisch	10
spanisch	5
sonstige (griechisch, russisch, türkisch, polnisch, ungarisch) oder allgemein (mehrere) Fremdsprachen gefordert	14
Summe:	**139** (in insgesamt 118 Stellenangeboten)

Tourismuswirtschaftliche Akademiker haben, das zeigt diese kleine Studie, insbesondere dann gute **Chancen auf dem Arbeitsmarkt, wenn**

- ihre Ausbildung wirtschaftswissenschaftlich ausgerichtet ist,
- ihre Ausbildung ihnen solide und vor allem praktische Grundkenntnisse in EDV- und Reservierungssystemen vermittelte,
- sie neben englisch mindestens Grundkenntnisse in mindestens einer weiteren Fremdsprache besitzen,
- sie die Anforderungen an ihre Einstiegsstelle nicht zu hoch setzen: ein Einstieg als Reisebüroexpedient, Firmendienstmitarbeiter, Back-office-Sachbearbeiter oder Assistent kann das Sprungbrett zu einer späteren Büroleitertätigkeit sein.
- sie idealerweise vor ihrem Studium eine abgeschlossene Lehre (im Tourismusbereich) nachweisen können.

3. Ausgewählte Aspekte des Personaleinsatzes: Möglichkeiten und Probleme der Arbeitszeitflexibilisierung
3.1. Zur Problematik der Arbeitszeitflexibilisierung

Das touristische Geschäft ist durch eine **starke Saisonalität** geprägt.[65] Dies führt zu einem wechselnden, ungleichmäßigen Arbeitsanfall, der - aufgrund des Dienstleistungscharakters (insbesondere Nichtlagerbarkeit) der Reiseleistung - wiederum einen **sich ändernden Personalbedarf** mit sich bringt.

---

65 Vgl. hierzu auch die Übersicht über die Finanzströme im Zeitverlauf bei einem Tourismusunternehmen, Kapitel III, Abschnitt 3.1.

Würde der dauerhafte Personaleinsatz der kurzfristigen Spitze des Personalbedarfs entsprechen, so hätte dies in anderen Perioden eine personelle Überkapazität zur Folge. Im Einzelfall lassen sich zeitweise personelle Spitzenbelastungen durch **Überstunden**, den Einsatz von **Aushilfskräften** bzw. **Springern** oder durch innerbetrieblichen **Austausch von Personal** beheben. Als dauerhafte Lösung bietet sich hingegen eine **Flexibilisierung der Arbeitszeit** an. Diese ist dann gegeben, wenn Mitarbeiter Arbeitszeitregelungen unterliegen, die vom Arbeitsanfall abhängig sind und unterschiedlich ausgestaltet werden.[66]

Arbeitszeitflexibilisierung muß jedoch nicht nur notwendige Folge eines im Zeitverlauf instabilen Arbeitsanfalls sein. Gerade mittelständische Unternehmungen, und durch diese ist der Reiseveranstaltermarkt ja stark geprägt, haben gegenüber Großunternehmen vielfach den Vorteil, daß sie hinsichtlich der Planung von Arbeitszeiten und Urlauben ihrer einzelnen Mitarbeiter **sehr flexibel** sein können. So lassen sich beispielsweise mitarbeiterindividuelle Wochenarbeitszeiten einzelvertraglich vereinbaren, und auch diese Wochenstunden müssen nicht gleichmäßig über alle Wochenarbeitstage verteilt werden. Dies ermöglicht z.B., daß ein Mitarbeiter je Woche einen freien Nachmittag oder sogar einen freien Tag hat - eine Arbeitszeitregelung, die von den Beschäftigten i.d.R. gerne angenommen wird und somit ein **Wettbewerbsvorteil** kleiner Unternehmen im Vergleich zu Großveranstaltern im Konkurrenzkampf auf dem Arbeitsmarkt sein kann.

Eine Mc Kinsey-Studie unterstreicht insbesondere folgende **Produktivitätseffekte**, die durch eine **Entkoppelung von Arbeitszeit und Betriebszeit** durch mehr Teilzeitarbeit entstehen können:[67]
- weniger Ausfälle durch Krankheit,
- weniger Fehlzeiten,
- höhere Produktivität bei Arbeiten, die besonders hohe Konzentration erfordern,
- bessere Reaktionsmöglichkeiten auf saisonale Marktschwankungen,
- sowie als nützlicher Nebeneffekt: Entlastung des Berufsverkehrs.

Eine solche Flexibilität wirft jedoch auch **Probleme** aus. Es müssen Regelungen geschaffen werden für
- Pausenzeiten,
- Überstunden,
- Urlaubszeitverrechnung (da die einzelnen Arbeitstage nicht immer gleich viele Arbeitsstunden umfassen).

Die folgenden Ausführungen sollen einige Anregungen zur Lösung dieser Problematik liefern.

---

66 Vgl. Hentze, Personalwirtschaftslehre, Bd. I, S. 437 - 438.
67 Vgl. Wörl, Teilzeitarbeit.

3.2. Arbeitszeitmodelle: Grundzüge und Beispiele aus anderen Branchen

Als die Gewerkschaften in den achtziger Jahren auf die 35-Stunden-Woche hinarbeiteten, war die Zustimmung der Arbeitgeber nur unter der Bedingung zu erlangen, daß die Arbeitszeit der Beschäftigten flexibler als bisher disponiert werden konnte. Auf unterschiedliche Auftragssituationen sollte so beim verfügbaren Personalbestand entsprechend reagiert werden können. Die (längere) **Betriebszeit** sollte von der (kürzeren) **mitarbeiterindividuellen Arbeitszeit entkoppelt** werden.

Als Folge dessen entstanden eine Reihe von **Arbeitszeitmodellen**, die den flexibleren und fallbezogenen Einsatz von menschlicher Arbeitskraft ermöglichen sollten. Je nach individueller Ausgestaltung umfassen diese Modelle die folgenden **Komponenten**:

- Getrennte Betrachtung von Betriebszeiten, Kern-/Pflichtanwesenheitszeiten und individuellen Tagesarbeitszeiten.

- Flexibilisierung der Tages-, Wochen- und/oder Monatsarbeitszeit, wobei eine vorher festgelegte Sollarbeitszeit innerhalb einer Woche und/oder eines Monats und/oder eines Jahres geleistet werden muß.

- Konstantes monatliches Grundgehalt (trotz u.U. schwankender Monatsarbeitszeit).

- Führung von Zeitkonten bei automatischer Erfassung der mitarbeiterindividuell geleisteten Arbeitszeit.

- Wegfall von (bezahlten) Überstunden; dafür Verrechnung von Plus-Stunden mit Minus-Stunden auf dem Zeitkonto.

- Größtmögliche Freiheit jedes einzelnen Mitarbeiters, seine Tages-, Wochen-, Monats- und/oder Jahresarbeitszeit festzulegen (ohne Lohnausgleich); jedoch Berücksichtigung der betrieblichen Erfordernisse, insbesondere Bereitschaft zu Mehrarbeit bei Saison-/Auftragsspitzen.

Die folgenden **Praxisbeispiele** zur individuellen Gestaltung von Arbeitszeitmodellen in verschiedenen Branchen sollen - in ihrer stichwortartiger Darstellung - dazu dienen, auch in von saisonalen Auslastungsschwankungen betroffenen Tourismusunternehmen solche flexiblen Arbeitszeitbestimmungen einzuführen.[68]

---

[68] Die folgenden Beispiele entstammen der Dokumentationsreihe "Arbeitszeitmodelle - ein Weg aus der Krise" der Süddeutschen Zeitung von November/Dezember 1993. Zahlreiche weitere Informationen und Beispiele finden sich in: IAB, Arbeitszeit.

a) Arbeitszeitmodell der "Ludwig Beck am Rathauseck-Textilhaus Feldmeier AG", München

- Branche: Warenhaus
- Umsatz 1992: 220 Mio. DM

- Historie des Arbeitszeitmodells:
  Mitarbeiterbefragung 1976: 39% der Vollzeit- und 21% der Teilzeitbeschäftigten wollten eine geringere Arbeitszeit
  Mitte der 70er Jahre: Projektgruppe zur Entwicklung neuer Modelle der Arbeitszeitgestaltung
  1978: Einführung der "Individuellen Arbeitszeit IAZ"

- Grundzüge des Modells:
  Mitarbeiter können selbst entscheiden, wieviele Stunden sie arbeiten wollen: individueller Arbeitsvertrag legt gewünschte durchschnittliche Arbeitszeit pro Monat fest (mindestens 60 Stunden; in 10-Stunden-Schritten bis zur Vollzeitbeschäftigung; die meisten Beschäftigten arbeiten zwischen 90 und 100 Stunden); Monats-Soll muß nicht exakt erfüllt werden, d.h. Plus- und Minusstunden können auf Zeitkonten angesammelt und über einen Einjahreszeitraum ausgeglichen werden. Monatliche Gehaltszahlung bleibt jedoch konstant. Individuelle Anwesenheit wird über elektronische Teminals erfaßt; Mitarbeiter bucht sich ein und aus. Zeitkontostand kann jederzeit abgefragt werden. Einteilung der Beschäftigten erfolgt durch jeweilige Führungskräfte (Informationsinstrumente: Planumsätze je Tag/Woche/Monat; Kundenfrequenztabelle zur Personaleinsatzverteilung über den Tag)

- Erfolg heute: sehr hohe Akzeptanz des Modells: ca. 2/3 aller Beschäftigten Teilzeit; 1.500 Mitarbeiter bei ca. 1.000 (Vollzeit-)Arbeitsplätzen; höheres Qualifikationsniveau, keine Personalbeschaffungsprobleme mehr, da Erhöhung der Arbeitsplatzattraktivität

- Nachteil für Unternehmung: Abstimmungsgespräche mit Mitarbeitern benötigen viel Zeit (erhöhen jedoch auch die Motivation).

- zusätzlicher Motivationsfaktor: Umsatzbeteiligung der Mitarbeiter

b) Arbeitszeitmodell der "Mövenpick Holding AG", Zürich/Schweiz

- Branche: Hotellerie/Gastronomie
- Historie des Arbeitszeitmodells: seit 1990

- Grundzüge des Modells:
  Individuelle Arbeitszeit wird pro Jahr festgelegt und berechnet; Umrechnung auf tägliche Arbeitszeit: führt zu Acht-, Sechs- oder Vier-Stunden-Verträgen; Plus- oder Minusstunden werden über EDV-

geführtes Zeitkonto (eigens entwickeltes EDV-Programm) verbucht und verrechnet; Zeitkonto sollte über drei Monate ausgeglichen sein, d.h. der Soll-Arbeitszeit laut Arbeitsvertrag entsprechen. Keine bezahlten oder unbezahlten Überstunden im herkömmlichen Sinne mehr.
Dienstplan wird gemeinsam mit Abteilungschef besprochen und festgelegt. Rahmenbedingungen: Muß-Zeit-Blöcke für die Spitzenzeiten.
Lohn bleibt je Monat derselbe; auf Basis der Jahressollstunden festgelegt (d.h. unter Umständen geringeres Jahresentgelt als ohne IAZ-Modell)

- Berechtigter Mitarbeiterkreis: alle Mitarbeiter außer Abteilungschefs, Buchhaltung und Azubis

- Erfolg heute:
  In fast der Hälfte der Mövenpick-Hotels in Deutschland sowie in einigen Restaurants verwirklicht.
  Mövenpick in Neu-Ulm: 119 Mitarbeiter auf Basis des IAZ-Modells, nur fünf Mitarbeiter arbeiten nach dem herkömmlichen System.
  Insbesondere für Frauen als Wiedereinsteigerinnen auf Teilzeitbasis geeignet.
  Flexible Arbeitszeit erforderlich für Motivation der Mitarbeiter in der Gastronomiebranche.
  Mitarbeiterfluktuation konnte stark gesenkt werden.

- Nachteil für Unternehmung:
  Erhoffte Produktivitätssteigerung je Mitarbeiter trat nicht ein.
  Abteilungschefs müssen mehr Zeit für Mitarbeiterkommunikation aufwenden

c) Arbeitszeitmodell der "Mettler-Toledo GmbH", Albstadt
- Branche: Waagenbau (z.B. Lebensmittelwaagen für den Einzelhandel)
- Umsatz 1992: 100 Mio.; 200 Mitarbeiter
- Historie des Arbeitszeitmodells: Betriebsvereinbarung über IAZ seit 1986
- Grundzüge des Modells:
  Die wöchentliche Kapazitätsauslastung schwankt zwischen der Hälfte und dem Doppelten der langfristigen Normalkapazität. Betriebszeit: 6.30 h - 19.00 h; Regelarbeitszeit (gemäß Tarifvertrag): 36 Wochenstunden.
  Jeder Mitarbeiter muß innerhalb der Betriebszeit mindestens 4 Stunden arbeiten, beliebig stückelbar.
  Maximalzeit: 10 Stunden pro Tag, 46 Stunden pro Woche.
  Zeitkonto je Beschäftigten mit elektronischer Zeiterfassung; maximal 72 Plus-/Minus-Stunden pro Monat; Ausgleich innerhalb eines halben Jahres erforderlich.
  Analog zur IAZ gilt das Prinzip der "absatzgesteuerten Produktion": zur Erreichung des Unternehmensziels, jeden Auftrag innerhalb von maximal fünf Arbeitstagen abzuarbeiten, müssen die Arbeitnehmer bei Bedarf bereit sein, bis zur Höchstzeit von 10 Stunden pro Tag zu arbeiten.

- berechtigte Mitarbeiter: bislang nur Produktionsbereich; Ausdehnung auf die Abteilungen EDV, Controlling und Personal geplant.

- Erfolg heute: große Akzeptanz; Krankenstand auf nur 3% gesunken

- Nachteil für Unternehmung: Auftragsgesteuerte Produktion bei selbstbestimmter, persönlicher Arbeitszeit erfordert eine Maschinen- und Anlagenkapazität von 200 Prozent.

d) Arbeitszeitmodell der "Landert Motoren AG", Bülach (bei Zürich, Schweiz)
- Branche: Motorenbau; Türautomatik, Hebe- und Transportvorrichtungen
- Grundzüge des Modells:
individuelle Arbeitszeit zwischen 50% und 107% der geltenden Normalarbeitszeit; jedes Jahr neu festlegbar.
Wer pro Woche eine Stunde mehr als 40 Stunden arbeitet, erhält pro Jahr eine Ferienwoche mehr, 2 Stunden = 2 Zusatzferienwochen, 3 Stunden = 3 Wochen (=Limit).
Mehr Freizeit kann man auch durch Lohnverzicht erwerben: 2,5% weniger Monatsentgelt = eine zusätzliche Ferienwoche oder eine Stunde weniger Wochenarbeitszeit; Beispiel: 39 Wochenarbeitsstunden = 97,5% des normalen Einkommens; 35 Stunden = 87,5% Lohn; 30 Stunden = 75% Lohn (bei jeweils konstantem, dem gesetzlichen Urlaubsanspruch); gewünschte Wochenstundenzahl beliebig wählbar; 13. Monatsgehalt, Ferienanspruch und Lohnfortzahlung werden entsprechend der reduzierten Arbeitszeit anteilig berechnet.

e) Arbeitszeitmodell der "Libri - Georg Lingenbrink GmbH & Co.", Hamburg
- Branche: Buchgroßhandlung

- Historie des Arbeitszeitmodells: Seit 1990 Planungen zum IAZ-Modell; Realisationsbeginn in der Abteilung Rechnungswesen im Herbst 1992.

- Grundzüge des Modells:
Eingehende Buchbestellungen müssen umgehend erledigt werden; Auftragsstand: in Normalzeiten täglich 40.000 Positionen, in Spitzenzeiten (z.B. vor Weihnachten) 80.000.
Keine (bezahlten) Überstunden mehr; saisonale Spitzenbelastung jetzt in die Arbeitszeitplanung in Form von Plus-Stunden auf einem Arbeitszeitkonto eingebaut.
Beschäftigungsorientierte Arbeitszeit: Für jede Abteilung wird individuell die "Ansprechzeit" festgelegt (z.B. Rechnungswesen: 8.00 h - 16.45 h; Versand: 8.00 h - 22.30 h). Darüber hinaus "Arbeitszeitrahmen" als maximal mögliche tägliche Arbeitszeit; Normalarbeitszeit = 38,5 Wochenstunden von montags bis freitags.

Jeder Mitarbeiter hat Variationsbreite von 8 Stunden je Monat. Um Betriebsnotwendigkeit und individuelle Wünsche zu harmonisieren, werden Arbeitsgruppen gebildet, die eigenverantwortlich zur Monatsmitte Arbeitpläne für den Folgemonat erstellen.

- Nachteil für Unternehmung:
Arbeitszeitabstimmung innerhalb der Arbeitsgruppen oft konfliktgeladen; schlechtes Verhältnis zwischen Betriebsrat und Geschäftsführung führt auch zu Spannungen im Rahmen der Gestaltung von Arbeitszeitmodellen; gerade in operativen Abteilungen (z.B. Versand) wenig Bereitschaft der Mitarbeiter, die persönliche Zeitplanung an die Saison anzupassen (z.B. auch nach hintern in die Spätschicht zu gleiten).

Wenngleich es mannigfaltige individuelle Arbeitszeitregelungen in verschiedenen Sparten der Wirtschaft gibt, ist die **Teilzeitarbeit in der Bundesrepublik bislang relativ wenig verbreitet**: Während hierzulande nur 15,5% aller Erwerbstätigen teilzeitbeschäftigt sind, beträgt die Teilzeitquote in Großbritannien 23% und in den Niederlanden sogar 34%.[69]

3.3. Fallbeispiel zur Gestaltung von Arbeits- und Urlaubsplänen in Tourismusunternehmen

Im folgenden wird das Beispiel des Regelung von Arbeits- und Urlaubszeiten bei der **K&S-REISEN GmbH**, Karlsruhe, einem inhabergeführten, mittelständischen Touristikunternehmen mit 20 Mitarbeitern, gewählt, um die konkrete Gestaltung exemplarisch aufzuzeigen.

In einer Betriebsvereinbarung von K&S-REISEN ist explizit geregelt, daß **grundsätzlich keine Überstunden** anfallen sollten, daß diese aber auf gar keinen Fall finanziell abgegolten werden:

Grundsätzlich sollten Überstunden - mit Ausnahme bei Führungskräften, deren unternehmerische Verantwortung u.U. gelegentlich Überstunden erforderlich macht - vermieden werden. Fallen dennoch z.B. aufgrund saisonal bedingter Arbeitsspitzen Überstunden an, so können diese in Form eines Freizeitausgleichs (FZA) abgegolten werden. Ein finanzieller Ausgleich für Überstunden (Überstundenvergütung) ist grundsätzlich nicht möglich!

Notwendig erscheinende Überstunden werden den jeweils verantwortlichen Führungskräften möglichst vorher, spätestens jedoch am nächsten Arbeitstag gemeldet. Die Überstunden werden schriftlich festgehalten und begründet. Für nicht ordentlch begründete Überstunden ist ein FZA nicht möglich.

---

[69] Vgl. Maier-Mannhart, Zeit-Konto.

Diese Regelung wurde bei K&S-REISEN getroffen, nachdem man feststellte, daß einige Mitarbeiter ihr fixes Monatsgehalt regelmäßig durch Überstundenzahlungen aufbesserten. Die Zahl der Überstunden ist seit Einführung dieser Vereinbarung merklich gesunken, denn der einzelne Mitarbeiter weiß, daß

- er durch langsameres Arbeiten nicht mehr Geld verdienen kann,
- er durch Überstunden auch nicht seinen Urlaub ausdehnen kann, da Überstunden immer sofort auszugleichen sind,
- er, wenn er heute Überstunden anfallen läßt, diese zwar morgen "abfeiern" kann, die gesamte Arbeitslast für ihn dadurch jedoch nicht weniger wird, da jeder Mitarbeiter sein fest abgestecktes Aufgabengebiet hat.

Letztlich führte diese Regelung bei K&S-REISEN zu einer großen **Steigerung der Arbeitseffizienz**.

Früher wollten die meisten Mitarbeiter von K&S-REISEN keine festen **Pausen**. Sie argumentierten, sie würden keine (längere Mittags-)Pause benötigen oder während kleinerer Pausen ohnehin weiterarbeiten. Tatsächlich war es aber so, daß

- Mitarbeiter entweder doch eine längere Pause machten, die somit zu Lasten der Arbeitszeit ging und bezahlt war, oder aber
- tatsächlich durcharbeiteten, was sich letztlich negativ auf ihr Wohlbefinden, ihre Gesundheit und auch auf die individuelle Tagesleistung auswirkte.

Daher wurde in der Betriebsvereinbarung geregelt, daß eine (unbezahlte) Mittagspause von (mindestens) einer halben Stunde einzulegen ist, wenn an einem Tag mehr als sechs Stunden gearbeitet wird.

Für die bei K&S-REISEN erforderliche **Samstagsarbeit** wurde eine Tournusregelung vereinbart. Die für den Counterbereich zuständigen Mitarbeiter sind somit etwa alle drei Wochen einmal Samstag "an der Reihe". Auf Basis dieser Regelungen ergibt sich für K&S-REISEN ein **Arbeitsplan**, der z.B. folgendes Aussehen hat (Abbildung II.3.a.):

Abbildung II.3.a.: Beispiel eines Arbeitsplans bei der K&S-REISEN GmbH

Stunden-/Arbeitsplan K&S-REISEN
gültig ab 1.11.93

Mitarbeiter	Soll-Std.	Ist-Std.	Pausen	MONTAG Büroöffnung: 10-18 h				DIENSTAG Büroöffnung: 10-18 h				MITTWOCH Büroöffnung: 10-18 h				DONNERSTAG Büroöffnung: 10-18 h				FREITAG Büroöffnung: 10-18 h				SAMSTAG 10-13 h
				von	bis	inkl. Pause	Netto Std.	von	bis	inkl. Pause	Netto Std.	von	bis	inkl. Pause	Netto Std.	von	bis	inkl. Pause	Netto Std.	von	bis	inkl. Pause	Netto Std.	im Tournus
Nicole Eifrig	37,0	37,0	2	9,0	18,0	0,5	8,5	8,0	15,0	0,5	6,5	9,5	18,0	0,5	8	8,0	16,5	0,5	8	12,0	18,0	0	6	0,0
Manfred Schnell	39,0	39,0	2	8,0	17,0	0,5	8,5	9,0	18,0	0,5	8,5	8,0	17,0	0,5	8,5	9,0	18,0	0,5	8,5	8,0	13,0	0	5	0,0
Ruth Fix	35,0	35,0	2	8,0	15,0	0,5	6,5	8,5	16,5	0,5	7,5	10,0	18,0	0,5	7,5	10,0	18,0	0,5	7,5	8,0	13,0	0	5	1,0
Cora Hurtig (AZUBI)	35,0	35,0	1,5	9,0	16,0	0,5	6,5	11,0	18,0	0,5	6,5	Schule Mi + 1/2Fr			10	9,0	16,5	0,5	7	14,0	18,0	0	4	1,0
Manuela Clever	37,0	37,0	2	9,0	18,0	0,5	8,5	8,0	16,5	0,5	8	8,0	15,0	0,5	6,5	10,0	18,0	0,5	7,5	9,0	14,5	0	5,5	1,0
Ursula Fleißig	40,0	40,0	2,5	10,5	19,0	0,5	8	8,0	16,5	0,5	8	8,5	17,0	0,5	8	8,5	17,0	0,5	8	8,5	17,0	0,5	8	0,0
Georg Gut	35,0	35,0	2	10,0	18,0	0,5	7,5	9,0	17,0	0,5	7,5	10,0	18,0	0,5	7,5	9,0	17,0	0,5	7,5	9,0	14,0	0	5	0,0
Katrin Kann	35,0	35,0	2	9,0	17,0	0,5	7,5	10,0	18,0	0,5	7,5	9,0	17,0	0,5	7,5	10,0	18,0	0,5	7,5	13,0	18,0	0	5	0,0
Sonstiges								Office-Meeting: 11.30 h																

Dadurch, daß manche Mitarbeiter ihre Arbeitsstunden nicht gleichmäßig über die Woche verteilt haben, sondern an einem Tag mehr, an einem anderen dafür weniger arbeiten, ergaben sich Probleme mit der **Urlaubsabrechnung** nach Tagen. "Ein Tag Urlaub" kann eben den Ausfall unterschiedlich vieler Arbeitsstunden bedeuten. Daher vereinbarte man eine Abrechnung der Urlaubszeiten nach Stunden - ein System, das etwas aufwendiger, dafür aber sehr genau und somit "gerecht" ist. Der Urlaubsanspruch eines Mitarbeiters staffelt sich nach der Unternehmenszugehörigkeit. Die K&S-Betriebsvereinbarung hält hierzu fest:

Jeder Mitarbeiter hat Anspruch auf folgenden Jahresurlaub, gestaffelt nach der ununterbrochenen Unternehmenszugehörigkeit:

- *Bis insgesamt 12 Monate (1 Jahr) Unternehmenszugehörigkeit:*
  25 Arbeitstage = (gerundet) 2 Tage pro Beschäftigungsmonat
- *Mit dem 13. Monat (Beginn des 2. Jahres) der Unternehmenszugehörigkeit bis zum 36. Monat (Ende des 3. Jahres): 30 Arbeitstage = 2,5 Tage pro Beschäftigungsmonat*
- *Mit dem 37. Monat (Beginn des 4. Jahres):*
  32 Arbeitstage = (gerundet) 2,5 Tage pro Beschäftigungsmonat

Der Urlaubsanspruch wird nach folgender Formel jeweils in Urlaubsstunden umgerechnet:

$$\text{Anspruch in Stunden} = \text{Anspruch in Tagen} : \frac{5 \text{ Tage}}{\text{pro Woche}} \times \frac{\text{Soll-Arbeitszeit}}{\text{pro Woche}}$$

$$= \text{Anspruch in Tagen} : 5 \times \text{Soll-Arbeitszeit}$$

Beispiele:
- *Mitarbeiter A arbeitet 40 Std. pro Woche und hat 25 Urlaubstage:*
  25 : 5 x 40 = 200 Stunden Urlaub im Jahr
  (dividiert durch 12 Monate ergibt den Urlaubsanspruch in Std. pro Monat)
- *Mitarbeiter B arbeitet 37 Std. pro Woche und hat 30 Urlaubstage:*
  30 : 5 x 37 = 222 Stunden Urlaub im Jahr

Nimmt ein Mitarbeiter Erholungsurlaub, so wird die dadurch ausfallende Arbeitszeit (inkl. evtl. Samstagszeiten) stundengenau erfaßt und von dem zur Verfügung stehenden Stundenanspruch subtrahiert.

Jeder Mitarbeiter erhält mit seiner monatlichen Lohnabrechnung eine "**Urlaubszeitabrechnung**", die ihm aufzeigt,
- welchen Urlaubsanspruch er insgesamt im aktuellen Jahr hat,
- wieviel er davon schon genommen hat und
- wieviel ihm an Urlaub noch zusteht.

Die folgende Abbildung II.3.b. zeigt beispielhaft eine solche Abrechnung.

Mitarbeiter-Urlaubskonto:

Mitarbeiter:	Ruth Fix
Jahr:	1993
Beschäftigungszeitraum:	1.1. - 31.12.
Einstieg bei K&S-REISEN:	01.09.1990

Staffel des Urlaubsanspruchs:

- 25 Tage Urlaub p.a. bis einschl.: Aug 1991 = 1. Jahr
- ab dann 30 Tage p.a. bis einschl.: Aug 1993 = 2.+3. Jahr
- 32 Tage Urlaub p.a. ab: Sep 1993 = ab 4. Jahr

= in Stunden pro Monat: Tage / 5 x Wochenarbeitsstd. / 12 Monate

Berechnung des Anspruchs in Stunden pro Beschäftigungsmonat:

1. Vorläufige Berechnung zum Jahres-/Beschäftigungsbeginn:

Urlaubsanspruch in Tagen pro Jahr:	30	bis inkl. 8/93
Soll-Arbeitsstunden pro Woche:	39	
Ergebnis:	19,5 Std.	Urlaubsstundenanspruch pro Monat

2. Neuberechnung für den Zeitraum 9/93 - 12/93:

Urlaubsanspruch in Tagen pro Jahr:	32	ab 9/93
Soll-Arbeitsstunden pro Woche:	39	
Ergebnis:	20,8 Std.	Urlaubsstundenanspruch pro Monat

1993 – Urlaubsanspruch und gewährter Urlaub

Monat	Urlaubsanspruch je Beschäftigungsmonat	kummuliert	Gewährter/genehmigter Urlaub im jeweiligen Monat 1.	2.	3.	gesamt	im Jahr	Anmerkungen	Resturlaub in Stunden kummuliert zum Monat
aus Vorjahr	50						0,0		69,5
Januar	19,5	69,5				0,0	164,0		-75,0
Februar	19,5	89,0	164,0			164,0	164,0	15.2. - 15.3.93	-55,5
März	19,5	108,5				0,0			
April	19,5	128,0				0,0	164,0		-36,0
Mai	19,5	147,5				0,0	164,0		-16,5
Juni	19,5	167,0				0,0	164,0		3,0
Juli	19,5	186,5	39,0			39,0	203,0	12.7. - 17.7.	-16,5
August	19,5	206,0				0,0	203,0		3,0
September	20,8	226,8				0,0	203,0		23,8
Oktober	20,8	247,6	86,0			86,0	289,0	24.9.-9.10.93	-41,4
November	20,8	268,4				0,0	289,0		-20,6
Dezember	20,8	289,2				0,0	289,0		0,2
Summe	289,2					289,0		Ziel: Rest = Null am Jahresende:	0,2

Hinweise:

Der Urlaubsanspruch entsteht monatsweise. Für jeden Monat ist daher der aufgrund der Beschäftigung bei K&S-REISEN entstandene Anspruch hier eingetragen. Ein Vorgriff auf den Urlaubsanspruch künftiger Monate ist nur dann möglich, wenn klar erkennbar ist, daß der Mitarbeiter durch Weiterbeschäftigung den erforderlichen Anspruch erwerben wird.

Ein Übertrag von Resturlaub aus dem Vorjahr ist nur in begründeten Ausnahmefällen möglich; genehmigter Resturlaub muß bis Ende Februar des Folgejahres genommen werden, ansonsten verfällt er!

Bei Lohnänderungen innerhalb des Jahres muß die Höhe der Lohnfortzahlung während der Urlaubszeit gesondert berechnet werden!

Die Urlaubstermine aller Mitarbeiter sollten für das Gesamtjahr bis 15.4.93 festgelegt werden (schriftlichen Urlaubsantrag einreichen!).

Zur Vermeidung von Resturlauben legen ansonsten die jeweiligen Führungskräfte den Urlaub fest.

Die Erfahrungen bei K&S-REISEN mit diesen Zeitplanungssystemen sind sehr gut. Die Mitarbeiter sind laufend und in vollem Umfang informiert, es entstehen keine Meinungsverschiedenheiten mehr zwischen Arbeitgeber und Arbeitnehmern hinsichtlich der Zahl der abzugeltenden Überstunden oder der noch offen stehenden Urlaubstage.

4. Finale Entlohnung: Gestaltung von Mitarbeitererfolgsbeteiligungssystemen bei Reiseveranstaltern - Grundlagen und Fallbeispiel

4.1. Mitarbeitererfolgsbeteiligung - oder: Wie motiviere ich meine Mitarbeiter zu Höchstleistungen?

"Wir wollen im kommenden Jahr unseren Umsatz um 12% steigern!". "Bei uns ist der Kunde König!". "Unsere Mitarbeiter sollen kostenbewußter arbeiten!". Die Beispiele **betriebswirtschaftlicher Ziele**, die sich bei vielen Unternehmen auch in einer schriftlich niedergelegten Unternehmensphilosophie wiederfinden, ließen sich beliebig fortführen. Die Erfahrung lehrt: Was leicht als Ziel vorgegeben ist, kann oftmals nur schwerlich realisiert werden. Maßnahmen der Aufbau- und Ablauforganisation, der Kontrolle und der Führung stoßen rasch an ihre Grenzen, wenn es darum geht, vom einzelnen Mitarbeiter mehr Einsatz abzuverlangen. Sicherlich motivieren Lob und Anerkennung durch Vorgesetzte und Kollegen, und auch die intrinsische Motivation, die der Erfolg des eigenen Handelns für einen Arbeitnehmer mit sich bringt, darf nicht unterschätzt werden. Doch wie können **Mitarbeiter** dazu bewegt werden, sich **anhaltend und ohne permanente äußere Anstöße** "ins Zeug zu legen"? Ein Weg, das Unmögliche möglich zu machen, könnte in der Einführung eines Mitarbeitererfolgsbeteiligungssystems liegen!

4.2. Ziele eines Mitarbeitererfolgsbeteiligungssystems

Was bewog bereits 1847 einen **Johann Heinrich von Thünen**, seine Landarbeiter am Ertrag seines landwirtschaftlichen Gutes zu beteiligen?[70] Was einen **Ernst Abbe**, Gründer und langjähriger Leiter der Zeiß-Werke, sich bereits 1897 für eine "Gewinnbeteiligung der Arbeiter in der Großindustrie"[71] auszusprechen? Warum schüttete ein erfolgreicher Unternehmer bereits Mitte der sechziger Jahre dieses Jahrhunderts freiwillig über 1,2 Mio. DM an Erfolgsanteilen an seine etwa 800 Mitarbeiter aus?[72] Was bewog diese und viele andere Unternehmer, kausale Lohnformen, bei denen das Arbeitsentgelt als Äquivalent für den Einsatz des "Faktors Arbeit" im Betrieb gesehen wurde, durch **finale Entgeltkomponenten**, die den "Arbeitsoutput", also das Leistungsergebnis zur Grundlage nehmen, zu ergänzen?

---

70 Vgl. Gaugler, Erfolgsbeteiligung, S. 794; Wörl, Teilzeitarbeit.
71 Vgl. Gaugler, Tarifpolitik, S. 770 - 773.
72 Vgl. Pieroth, Pieroth-Modell, S. 5.

Neben den Vorteilen einer Mitarbeitererfolgsbeteiligung unter gesamtwirtschaftlichen Aspekten oder aus Arbeitnehmersicht, auf die hier nicht näher eingegangen wird, lassen sich als wesentliche **Ziele**, die ein Unternehmen mit der (freiwilligen) **Beteiligung seiner Arbeitnehmer am Unternehmensergebnis** verfolgt, nennen:[73]

- Die Beteiligung des einzelnen Mitarbeiters am Unternehmenserfolg soll diesem ein unmittelbarer **Leistungsanreiz** sein. Die Stärke dieser Wirkung hängt insbesondere von der Art der Beteiligung ab; hierauf wird weiter unten noch näher eingegangen.

- Der **Partnerschaftsgedanke**, den Unternehmer gerne bezüglich des Arbeitsinputs sehen, soll sich - um wirklich handlungsbestimmend zu sein - auch hinsichtlich des Arbeitserfolgs manifestieren. Die Identifikation der Mitarbeiter mit dem eigenen Unternehmen - Stichwort: **Corporate Identity** - läßt sich somit steigern.

- Nicht wenige Unternehmer verleihen durch die Einführung eines Mitarbeitererfolgsbeteiligungssystems ihrer Vorstellung von einer **gerechten Entlohnung** Ausdruck.[74] Der **soziale Aspekt** einer solchen finalen Entgeltform sollte also nicht unterschätzt werden.

- In Zeiten enger Arbeitsmärkte lassen sich die knappen Fachkräfte u.U. durch die Aussicht auf einen (auch) erfolgsabhängigen Lohn eher für das eigene Unternehmen gewinnen. Auch erhoffen manche Arbeitgeber eine Immunisierung ihrer Mitarbeiter gegenüber außerbetrieblichen Einwirkungen, was sich beispielsweise in einer **geringen Fluktuationsrate** niederschlägt. Insofern kann ein Erfolgsbeteiligungssystem einen strategischen **Wettbewerbsfaktor auf dem Arbeitsmarkt** darstellen.

- Freiwillige finale Entlohnungsformen bieten eine sehr hohe **Flexibilität**. Diese betrifft sowohl die Gestaltung des Entgeltsystems (wer, wann, wieviel, etc.) als auch die daraus resultierende **Personalkostenbelastung** für das Unternehmen. In schlechten Zeiten sinken - bei entsprechender Ausgestaltung des Systems - die Lohnkosten, während sich die Ausschüttungen der "fetten Jahre" ohne weiteres verkraften lassen. Durch die solchen Systemen innewohnende Reagibilität auch auf positive Wirtschaftsentwicklungen, die beispielsweise vielen Tarifverträgen und fixen Lohnvereinbarungen fehlt, dürften sie auch aus Arbeitnehmer-, sprich: Gewerkschaftssicht ein akzeptiertes Instrument sein.[75]

- In Verbindung mit bestimmten **Verwendungsalternativen**, die im Erfolgsbeteiligungssystem festgelegt sein können, läßt sich sowohl eine **Vermögensbildung** der Arbeitnehmer als auch eine **Stärkung der Kapitalbasis** des ausschüttenden Unternehmens erreichen (vgl. dazu die Ausführungen unten).

---

73 Vgl. beispielsweise Gaugler, Erfolgsbeteiligung, S. 794 - 795.
74 Vgl. beispielsweise die Haltung des Unternehmers Elmar Pieroth, der in seinem Unternehmen das unter dem Namen "Pieroth-Modell" bekanntgewordene Erfolgsbeteiligungssystem einführte. Vgl. Pieroth, Pieroth-Modell, S. 3 - 5.
75 Vgl. Gaugler, Tarifpolitik, S. 772.

Wie läßt sich nun ein Mitarbeitererfolgsbeteiligungssystem gestalten? Welche Aspekte sollten Berücksichtigung finden, um ein Scheitern, einen "Schuß nach hinten", zu vermeiden? Diesen Fragen widmen sich die folgenden Ausführungen, indem zunächst in allgemeiner Form die konzeptionellen Ansatzpunkte aufgezeigt werden, bevor an einem konkreten Fallbeispiel *eine* Gestaltungsalternative und die damit gewonnenen Erfahrungen geschildert werden.

4.3. Konzeptionelle Ansatzpunkte eines Mitarbeitererfolgsbeteiligungssystems [76]
4.3.1. Grundsätzliches zur Gestaltung eines Mitarbeitererfolgsbeteiligungssystems

Selbstverständlich könnte es sich, gerade in kleineren, mittelständischen Unternehmungen, der Unternehmer vorbehalten, Erfolgsprämien an seine Mitarbeiter zu vergeben. Vieles spricht jedoch gegen eine solche Vorgehensweise, die für den einzelnen Arbeitnehmer leicht den Charakter der unternehmerischen Willkür annimmt oder das Gefühl einer ungerechten Behandlung hervorruft.

Erfolgsbeteiligungssysteme sollten daher so gestaltet sein, daß sie

- für den einzelnen Mitarbeiter **nachvollziehbar** sind. Das System muß so komplex wie nötig, aber so **transparent** und einfach wie möglich sein. Dies impliziert, daß vielfach zugunsten der Akzeptanz durch die Mitarbeiter und als Voraussetzung für die beabsichtigte Wirkung auf theoretisch optimale, aber zu komplexe Lösungen verzichtet werden muß.

- eine **laufende Information** der Belegschaft ermöglichen. Nur so ist der i.d.R. gewünschte Anreizcharakter gewährleistet.

- sich durch eine ausreichende **Zeitnähe** zwischen dem Auftreten des Erfolgs und der Ausschüttung der Erfolgsanteile auf die Mitarbeiter auszeichnen. Dadurch wird die unter Motivationsaspekten erforderliche **Kausalität** zwischen eigenem Handeln und wirtschaftlichem Unternehmenserfolg vom Mitarbeiter leichter wahrgenommen.

- insgesamt **wirtschaftlich** sind. Der Aufwand des Verfahrens muß in angemessener Relation zum Ausschüttungsbetrag, zur relativen Bedeutung des individuellen Erfolgsanteils für die Mitarbeiter und zur erzielbaren Motivationssteigerung stehen.

- **flexibel** hinsichtlich ihrer **Anpassung** an veränderte organisatorische oder wirtschaftliche Rahmenbedingungen sind.

---

[76] Vgl. zu den folgenden Ausführungen beispielsweise Gaugler, Tarifpolitik, S. 772 - 773; Gaugler, Mitarbeiterbeteiligung, S. 49 - 52; Pieroth, Pieroth-Modell, S. 3 - 5.

Ein Mitarbeitererfolgsbeteiligungssystem kann **nur unternehmensindividuell konfiguriert** werden, denn betriebsspezifische Besonderheiten sollten auf jeden Fall Berücksichtigung finden. Es macht daher keinen Sinn, an dieser Stelle ein allgemeines "Patentsystem" zu proklamieren. Vielmehr werden die **bei einer individuellen Ausgestaltung zu berücksichtigenden Entscheidungsfelder** einer näheren Betrachtung unterzogen.

4.3.2. Zentrale Entscheidungsfelder im Rahmen der Systemgestaltung
4.3.2.1. Wahl der Basisgröße und Festlegung des Ermittlungszeitraums

In einem ersten Schritt gilt es, diejenige Größe(n) festzulegen, die als **Basis für die Berechnung der an die Mitarbeiter auszuschüttenden Erfolgsanteile** dienen soll(en). Wann werden die Mitarbeiter etwas von "ihrem" Erfolg spüren: wenn der Umsatz steigt, wenn mehr Aufträge verbucht werden, wenn die Kosten sinken? Was ist, wenn der Umsatz steigt, gleichzeitig aber die Kosten in die Höhe schnellen? Bereits an diesen einfachen Beispielen erkennt man, daß der Wahl der Basisgröße eine entscheidende Bedeutung bei der Ausgestaltung eines Erfolgsbeteiligungssystems zukommt.

Ziel ist es also, solche Kennzahlen als Berechnungsschlüssel zu finden, die einen - wie auch immer zu definierenden - "Erfolg" widerspiegeln bzw. sich im Sinne von validen Indikatoren zu diesem äquivalent verhalten. Grundsätzlich bieten sich vier grundsätzliche Basisgrößentypen an:

- **Quantitativ-outputorientierte Kennzahlen:**

Diese Größen knüpfen am **sachlichen Leistungserfolg**, also der tatsächlich von einem Unternehmen (bzw. seinen Mitarbeitern) erbrachten Leistung, an. Zu denken ist hier z.B. an: Ausbringungsmenge in Stück, Ausbringungsmenge in Gewichtseinheiten oder Absatzmengen, speziell bei touristischen Unternehmungen also z.B. die Zahl der distribuierten Reisekataloge, die Zahl der Anfragen von Reiseinteressenten, die Buchungszahl, die Pax-Zahl etc.

Diese Basisgrößen haben den Vorteil, daß sie von relativ **einfacher** Natur sind und damit sowohl für die Unternehmensleitung als auch für den einzelnen Mitarbeiter leicht ermittelbar und **nachvollziehbar** sind. Somit kann von ihnen eine relativ gute Motivationswirkung ausgehen, da der Mitarbeiter unmittelbar den Erfolg seiner Arbeit - sowie den daraus direkt oder indirekt auf ihn entfallenden finanziellen Erfolgsanteil - erkennt. Allerdings spiegeln nur einige dieser Kennzahlen den am Markt realisierten Unternehmenserfolg wider: Ist es sinnvoll, Mitarbeiter bereits dafür zu "belohnen", daß sie auf Lager produzieren? Ist ein hoher Absatz anzustreben, wenn er durch Sonderangebote zu Niedrigpreisen erzielt wurde? Auch die Kostenseite bleibt bei diesen outputorientierten Größen unberücksichtigt: Vielleicht wurde der Mehrabsatz nur durch eine überproportionale Steigerung der Werbekosten erreicht.

Quantitative oder wertmäßige, inputorientierte Kennzahlen:

Diese Basisgrößen berücksichtigen insbesondere den **von den Mitarbeitern verursachten Leistungsverzeh**r, der sich in den **Kosten** des Unternehmens niederschlägt und somit erfolgsmindernd wirkt. Basisgrößen könnten z.B. der Verbrauch an Material, Rohstoffen oder Vorleistungen, aber auch die Zahl an benötigten Aushilfskräften, Ersatzinvestitionen u. dgl. sein. Zwischen diesen Kennzahlen und dem Mitarbeitererfolgsanteil besteht ein umgekehrt proportionales Verhältnis. Also: Je niedriger der so gemessene Input ist, desto höher fällt die Mitarbeitererfolgsbeteiligung aus.

Auch diese Kennzahlen haben den Vorteil, relativ leicht erfaßbar zu sein. Unternehmen, die das **Kostenbewußtsein ihrer Mitarbeiter steigern** wollen, sollten (auch) auf solche Inputgrößen zurückgreifen. Die Gefahr liegt jedoch auch hier darin, daß die (Absatz-) Marktorientierung zugunsten von "Kostensenkungen um jeden Preis" verloren geht. Darüber hinaus ist zu gewährleisten, daß die eingesparten Kosten zumindest auf lange Sicht höher sind als die an die Mitarbeiter (zusätzlich) ausgeschütteten Erfolgsanteile, da ja nur in diesem Falle das Ziel der Senkung der gesamten Unternehmenskosten erreicht wird.

Einfache, wertmäßige Outputgrößen:

Hier lassen sich Basisgrößen, die eher **erfolgsorientiert** sind und somit die **tatsächliche Unternehmensleistung am Markt widerspiegeln** (Umsatz, Deckungsbeitrag, Gewinn, Cash flow, etc.), von solchen unterscheiden, die eher **substanzorientiert** sind, also das **Leistungspotential** der Unternehmung zum Ausdruck bringen (Eigenkapital, Bilanzsumme, Anlagevermögen, etc.). Durch die Anknüpfung an substanzorientierte Kennzahlen werden die Mitarbeiter zur langfristigen Steigerung des Unternehmenswertes angehalten. Diese Größen sind jedoch - in den Augen des "einfachen" Mitarbeiters - sehr abstrakt, und auch der unmittelbare Zusammenhang zwischen eigener Leistung und Wirkung auf die Basisgröße ist nur schwer erkennbar. Ähnlich wie die Orientierung am Absatz fördert auch die Bezugnahme auf die einfache und gut erfaßbare Größe "**Umsatz**" das Verkäuferdenken - unter Umständen um jeden Preis, d.h. unabhängig von den dafür verursachten Kosten. **Deckungsbeitrag** und **Gewinn** berücksichtigen hingegen sowohl den (Mehr-)Umsatz als auch die dafür aufgewendeten (Mehr-)Kosten, verlangen vom Mitarbeiter also ein Optimieren, das aus betriebswirtschaftlicher Sicht ohne Zweifel wünschenswert ist. Da sich bei der Ermittlung von Deckungsbeiträgen und Gewinn vielfältige Spielräume (z. B. Bewertungsspielräume, Einrechnung der Abschreibungen, etc.) ergeben, die aus Mitarbeitersicht Manipulationsmöglichkeiten der Unternehmensführung darstellen, muß im Erfolgsbeteiligungssystem **klar und eindeutig definiert sein, wie die jeweiligen Größen zu berechnen** sind.

- **Aggregierte, komplexere wertmäßige Outputgrößen und Indizes:**

Schließlich sei noch die Möglichkeit erwähnt, durch **Zusammenfassung mehrerer Einzelgrößen** komplexere Basiseinheiten zu schaffen. Auf diese Weise kann der Versuch unternommen werden, **mehrere Ziele gleichzeitig** mit dem Erfolgsbeteiligungssystem zu erreichen: Kostenorientierung bei gleichzeitiger Umsatzsteigerung, Bindung der Mitarbeiter an das Unternehmen bei möglichst hoher Eigenkapitalverzinsung, etc. Zu denken ist hier z.B. an diverse **Renditen** (Umsatz-, Eigenkapitalrenditen, etc.). Doch bietet sich auch die Möglichkeit, in Form von **Indizes**, Vektoren oder **Punktesystemen** mehrere Ziele miteinander zu verbinden. Damit wird jedoch das Problem aufgeworfen, welche der diversen Einzelkennzahlen in einen solchen Index einbezogen werden sollen sowie auf welche Art deren Verknüpfung erfolgen soll - Fragen, die nur unternehmensindividuell beantwortet werden können. Auch **resultieren aus solchen aggregierten Kennzahlen Werte**, die zumindest direkt **ohne eine konkrete, anschauliche Aussage** sind, was nicht zuletzt deren Akzeptanz bei den Mitarbeitern verhindert.

Welche Größen dem Erfolgsbeteiligungssystem zugrunde gelegt werden sollten, kann wie bereits erwähnt nur unternehmensindividuell entschieden werden. Wesentlich bei der Festlegung der Basisgröße ist, daß sie **vom einzelnen Mitarbeiter beeinflußt** werden kann und eine möglichst **direkte Wirkung auf den Unternehmenserfolg** hat. So ist es beispielsweise durch einen Countermitarbeiter (Verkäufer) beeinflußbar, ob ein Interessent eine Reise bucht (ein Produkt kauft) oder nicht. Auch ist unmittelbar einsichtig, daß - positive Deckungsbeiträge vorausgesetzt - jede zusätzliche Buchung (jeder zusätzlich Verkauf) den Unternehmenserfolg mehrt. Die Buchungszahl (der Absatz) ist also durchaus eine sinnvolle Basisgröße zur Bestimmung des Mitarbeitererfolgsanteils. Fraglich ist hingegen, ob der Mitarbeiter einen Einfluß auf die Zahl der Reiseteilnehmer einer Buchung hat. Auch der Beratungsaufwand dürfte für ihn gleich sein, unabhängig davon, ob durch die Reservierung zwei oder acht Personen verreisen. Insofern spielt hier ein starker Zufallsfaktor mit, der die Pax-Zahl als weniger geeignete Basis eines Erfolgsbeteiligungssystems erscheinen läßt.

Die Wahl einer oder mehrerer Basisgrößen hängt sehr stark von der **intendierten Wirkung** des Mitarbeitererfolgsbeteiligungssystems, welche wiederum von der **zugrundeliegenden Unternehmensstrategie** determiniert wird, ab. In Zeiten der expansiven Unternehmensentwicklung mag der Absatz als Basisgröße ideal sein, um die Mitarbeiter zu höchsten Verkaufsanstrengungen zu motivieren. Verfolgt das Unternehmen hingegen eine Strategie der Kostenführerschaft, sollte das Kostenbewußtsein der Mitarbeiter durch die Festlegung inputorientierter Kennzahlen als Basisgrößen des Erfolgsbeteiligungssystems gesteigert werden.

Selbstverständlich spielt auch die **Unternehmensgröße** eine bedeutende Rolle. Gerade in Großunternehmen kann es sich anbieten, **verschiedenen Abteilungen und Mitarbeitergruppen unterschiedliche Basisgrößen** zuzuordnen: Produktivitätskennzahlen für die Mitarbeiter der Fertigung, Umsatzzahlen für die Außendienstler. In kleineren Unternehmen, die sich durch eine weniger starke Arbeitsteilung auszeichnen, bietet sich aus Gründen der "wahrnehmbaren Gerechtigkeit" und der Wirtschaftlichkeit des Systems eher die Festlegung *einer* Basisgröße für alle Arbeitnehmer an.

Wurde die Basisgröße bestimmt, so ist deren **zeitlicher Berechnungsrahmen** festzulegen. Bereits oben wurde darauf hingewiesen, daß **zwischen Mitarbeiterleistung und Erfolgsausschüttung ein möglichst kurzer Zeitraum** liegen sollte, um die Kausalität zwischen beiden für den Mitarbeiter erkennbar zu machen. Andererseits darf der Verwaltungs-, sprich: Berechnungsaufwand nicht zu groß sein. In der Praxis bietet es sich daher an, **monatlich** oder **vierteljährlich** abzurechnen und - gegebenfalls - auszuschütten. Ist aus organisatorischen Gründen nur eine jährliche Berechnung möglich, so sollten unbedingt in kürzeren Intervallen Abschlagszahlungen erfolgen, da kein "einfacher" Mitarbeiter sich ein Jahr lang durch eine einmalige Zahlung motivieren läßt. Anders verhält es sich u.U. bei hierarchisch hoch stehenden Führungskräften, für die das Denken in Jahreszeiträumen durchaus üblich sein kann.

4.3.2.2. Festlegung der Faktoranteile

Das zweite wichtige Entscheidungsfeld betrifft die Aufteilung des Gesamtunternehmenserfolges auf die betriebswirtschaftlichen Faktoren. Grundsätzlich ist von **zwei (Arbeit und Kapital)**, gerade bei mittelständischen, inhabergeführten Unternehmen auch von **drei Faktoren (Unternehmerleistung, Mitarbeiterleistung, Kapital)** auszugehen.

Der Unternehmenserfolg wurde also, vereinfacht ausgedrückt, durch das investierte Kapital, durch die Arbeit der Inhaber sowie durch die Arbeit aller im Unternehmen beschäftigten Mitarbeiter erzielt. Allen diesen Faktoren soll der Erfolg daher auch zugute kommen.

Somit folgt hier der problematischste Schritt: die Aufteilung dieses Erfolges auf
- das Kapital (welchen Anteil haben der aus dem Kapital finanzierte PC, Kopierer, Schreibtisch am Erfolg?),
- die mitarbeitenden und das unternehmerische Risiko tragenden Inhaber, und
- die Mitarbeiter.

Um langen Diskussionen von vorneherein zu begegnen: **Es gibt keine "richtige" Lösung!** Auch hier ist es wieder vorstellbar, mit Verteilungsschlüsseln (z.B. "Lohnsumme dividiert durch Kapitaleinsatz") zu arbeiten. Doch täuschen diese nur eine Objektivität vor. Man kommt letztlich nicht umhin, ein (subjektives) **Werturteil** zu fällen, sei es als unternehmerische Alleinentscheidung, sei es in Abstimmung mit der Belegschaft. Insofern bietet sich eine einfache prozentuale Aufteilung des Erfolges auf die Produktionsfaktoren an, also z.B.

- 50% für die Belegschaft, 50% für die Inhaber, die sowohl ihr Kapital als auch ihre Arbeitskraft einbringen, oder

- 1/3 für die Belegschaft, 1/3 für die Kapitalgeber, 1/3 für die Geschäftsführer.

4.3.2.3. Festlegung der Individualquote

Wurde ermittelt, welcher Anteil des Erfolgs auf den Faktor "Mitarbeiter" entfällt, so gilt es im nächsten Schritt, den **individuellen Anteil jedes einzelnen Mitarbeiter**s am gesamten Faktoranteil zu bestimmen. Die konkrete Frage lautet also: Erhält Mitarbeiter xyz eine Ausschüttung, und wenn ja, in welcher Höhe?

Berechtigt können alle Mitarbeiter im Unternehmen oder nur bestimmte Mitarbeitergruppen (z.B. nur leitende Angestellte) sein. Üblicherweise ist ein Arbeitnehmer erst nach Beendigung der Probezeit berechtigt, am Erfolgsbeteiligungssystem teilzunehmen, eventuell werden auch längere **Anwartschaftszeiten** vorgeschrieben. Sinnvoll im Hinblick auf die Bindung der Mitarbeiter an das eigene Unternehmen erscheint es auch, ausscheidende Arbeitnehmer vom Bezug auszuschließen. Selbstverständlich kann es auch angebracht sein, für verschiedene Mitarbeitergruppen unterschiedliche Regelungen zu wählen, wobei jedoch dem Grundsatz der Gleichbehandlung Rechnung getragen werden sollte.

Die Verteilung des Ausschüttungsbetrages auf die einzelnen Mitarbeiter erfolgt im einfachsten Fall in Form einer **Gleichverteilung nach Köpfen**, so daß jeder Mitarbeiter gleichviel erhält. Bei unterschiedlicher Höhe des Grundentgelts variiert dadurch jedoch nicht nur die **relative Bedeutung** der Erfolgsbeteiligung (1.000.-DM bei 3.000.-DM brutto sind eben etwas anderes als bei 8.000.-DM brutto), sondern aufgrund der **Lohnsteuerprogression** (Erfolgsausschüttungen stellen normal zu versteuerndes Einkommen dar, auf das auch in voller Höhe die Sozialversicherungsbeiträge entfallen) ergeben sich letztlich auch starke Unterschiede in den Nettobezügen der einzelnen Arbeitnehmer.

Differenzierter läßt sich eine Verteilung der gesamten Ausschüttungssumme mit Hilfe von **Punktesystemen** erreichen, die z.B. zusätzlich zu einem nach Köpfen verteilten Sockelbetrag die Individualquote bestimmen. Diese können an "objektiven" Kriterien anknüpfen, indem bestimmte Schlüssel, die im Sinne von **validen Indikatoren den Erfolgsbeitrag** eines einzelnen Mitarbeiters am Gesamterfolg erkennen lassen, der Berechnung zugrunde gelegt werden (Beispiele: **Gehaltshöhe, Anwesenheitstage/Fehltage, Dauer der Betriebszugehörigkeit**). Auch die Berücksichtigung **sozialer Kriterien** (Beispiel: Familienstand, Kinderzahl, Alter) wird so ermöglicht. So ist es zum Beispiel denkbar, daß Bezieher höherer Grundeinkommen cet. par. absolut mehr, aber relativ (bezogen auf ihr Fixgehalt) weniger als Mitarbeiter der unteren Hierarchiestufen erhalten. Punktesysteme ermöglichen also eine feinere Ausgestaltung, sind jedoch aufgrund ihrer Komplexität für den "einfachen" Mitarbeiter u.U. nur schwer nachvollziehbar.

Eine weitere Möglichkeit der Ermittlung der Individualquoten besteht darin, die subjektive **Beurteilung der individuellen Leistung eines Mitarbeiters** durch dessen Vorgesetzten als Verteilungsbasis zu wählen. Diese sicherlich flexibelste Verteilungsvariante mag dem ein oder anderen Mitarbeiter jedoch zu sehr als unternehmerische Willkür vorkommen. Um dem zu entgegnen, können in größeren Unternehmungen sog. **Partnerschaftsausschüsse**, bestehend aus Vertretern der Arbeitgeber und der Arbeitnehmer, gebildet werden, die über die Verteilung entscheiden.[77]

4.3.2.4. Verwendungsalternativen

Nachdem festgelegt wurde, welchen Anteil jeder einzelne (berechtigte) Mitarbeiter am Unternehmenserfolg haben soll, müssen die Ausschüttungsmodalitäten geregelt werden. Im einfachsten Fall wird der Erfolgsanteil dem Mitarbeiter mit seiner normalen Gehaltsüberweisung **ausgezahlt**. Bei monatlicher Erfolgsberechnung bietet sich eine monatliche Auszahlung an, doch auch bei quartalsmäßiger Berechnung sollte geprüft werden, ob nicht eine Verteilung der Ausschüttung auf drei Monate sinnvoll ist. Denkbar ist auch, daß die individuellen Erfolgsanteile zur **Vermögensbildung** der Arbeitnehmer herangezogen werden. Verschiedene Modelle lassen sich hierzu in der Praxis finden.

Aus unternehmerischer Sicht besonders wünschenswert ist die Einbringung der Erfolgsanteile in das Kapital der Unternehmung, sei es als Eigenkapital (z.B. Mitarbeiteraktien) oder als langfristiges Fremdkapital. Die Erfolgsbeteiligung bildet in diesem Fall die Quelle der Mittel, die für eine **Mitarbeiterkapitalbeteiligung** benötigt werden.[78] Im Extremfall gelingt es durch diese investive Anlage der ausgeschütteten Mittel im arbeitgebenden Unternehmen, **ohne Liquiditätsverlust** ein Erfolgsbeteiligungsmodell zu realisieren.

4.3.3. Zur Problematik der Verlustbeteiligung

In der Praxis wird immer wieder heftig diskutiert, inwieweit eine Beteiligung der Mitarbeiter am Erfolg auch deren **Beteiligung an Verlusten des arbeitgebenden Unternehmens** bedingt.[79] Dieses Problem gewinnt zum einen **in wirtschaftlichen Unternehmenskrisen** an Bedeutung: Sollen Arbeitnehmer, die in den "fetten Jahren" Erfolgsanteile erhalten haben, in den "mageren Jahren" Geld zurückzahlen? Zum anderen ist es auch dann aktuell, wenn die Unternehmung starken **saisonalen Schwankungen** unterliegt. Wie kann bei Tourismusunternehmen in Falle monatlicher oder quartalsweiser Erfolgsabrechnung

---

[77] Hier zeigt sich sehr deutlich die Schnittstelle zwischen Erfolgsbeteiligungssystem und betrieblicher Mitbestimmung der Arbeitnehmer. Ein solcher Partnerschaftsausschuß ist beispielsweise Bestandteil des Pieroth-Modells. Vgl. Pieroth, Pieroth-Modell, S. 4. Vgl. auch Knüpffer, Partnerschaft, S. 1445 - 1446.
[78] Auf die komplexe Problematik der Kapitalbeteiligungsmodelle soll in diesem Beitrag nicht näher eingegangen werden.
[79] Vgl. z.B. Gaugler, Mitarbeiterbeteiligung, S. 50 - 51.

berücksichtigt werden, daß sich im Sommer und im Winter große Erfolge erwirtschaften lassen, während die Frühjahrs- und Herbstmonate mit negativen Werten zu Buche schlagen?

Sicherlich ist nicht zu erwarten, daß erfolgsbeteiligte Mitarbeiter in Verlustperioden Ausgleichszahlungen an das arbeitgebende Unternehmen leisten. Insofern erscheint eine unmittelbare **Verrechnung von Verlusten auf der Individualebene nicht realisierbar**. Allenfalls könnten positive Erfolgsanteile bis zu einer gewissen "Sicherungshöhe" kummuliert werden, um dann gegebenenfalls auftretende Verluste mit dieser **Verlustreserve** zu verrechnen. Doch stellt sich hier, auf der Verrechnungsebene des einzelnen Mitarbeiters, die Frage der Kausalität der Schlüsselgrößen: Trägt ein Mitarbeiter, der länger als ein anderer beim Unternehmen beschäftigt ist (Verteilungsschlüssel "Unternehmenszugehörigkeit") dadurch auch mehr zum Verlust bei? Oder ist ein Vater von vier Kindern (soziale Kriterien als Verteilungsschlüssel) eher am Verlust "schuld" als ein lediger Arbeitnehmer? Um eine Perversion des Systems der Erfolgsindikatoren zu verhindern, kann also bei der **Verlustverrechnung allenfalls eine Gleichverteilung nach Köpfen**, eventuell noch eine Schlüsselung gemäß der Höhe der bisher erhalten positiven Erfolgsanteile erfolgen.

Auf jeden Fall sinnvoller erscheint daher eine Berücksichtigung von Verlusten auf der Ebene der Faktoranteile: Dem **Faktor Arbeit wird sein Anteil am Gesamtverlust zugeschrieben**, und dieser wird dann mit bisherigen (Verlustrücklage) oder künftigen (Verlustvortrag und -aufrechnung) Erfolgen verrechnet. Gerade bei hohen Anfangsverlusten (Gründungs-, Expansionsphase der Unternehmung) oder bei starken Saisonschwankungen im Geschäftsverlauf ist das Erfolgsbeteiligungssystem jedoch so zu gestalten, daß die (angesammelten) Verluste nicht zu einer vollständigen Kompensation der Erfolge führen. In diesem Fall würde sich das System "totlaufen", die Mitarbeiter würden aus der Verlustzone nicht mehr herauskommen und keine positiven Auszahlungen erhoffen, der Motivationscharakter des Erfolgsbeteiligungssystems wäre verloren.

4.4. Fallbeispiel: Erfahrungen mit einem Mitarbeitererfolgsbeteiligungssystem in einem mittelständischen Unternehmen

Im folgenden wird das Beispiel des **Erfolgsbeteiligungssystems der K&S-REISEN GmbH**, Karlsruhe, einem inhabergeführten, mittelständischen Touristikunternehmen mit 20 Mitarbeitern, gewählt, um die konkrete Systemgestaltung exemplarisch aufzuzeigen.

K&S-REISEN verfügt über eine explizite, gemeinsam von allen Mitarbeitern erarbeitete, schriftlich niedergelegte **Unternehmensphilosophie**. In dieser heißt es u.a.: "Gemäß seiner Leistung soll jeder Mitarbeiter an der Gesamtleistung von K&S-REISEN beteiligt werden." Durch das K&S-Erfolgsbeteiligungssystem soll diesem Grundsatz Rechnung getragen werden.

Dem Erfolgsbeteiligungssystem von K&S-REISEN liegt folgende **Lohnphilosophie** zugrunde: In den Augen eines mittelständischen Unternehmens bzw. eines Unternehmers wäre es ein idealer Zustand, wenn seine Mitarbeiter wie er selbst vom Gesamterfolg des Unternehmens profitieren würden - allerdings auch *nur* davon. Genauso wie ein Unternehmer nur Einkommen hat, wenn sein Unternehmen Profite erwirtschaftet, sollten auch die Mitarbeiter genau dann ein (hohes) Einkommen haben, wenn alle zusammen gut gewirtschaftet haben.

Da dies dazu führen würde, daß die Mitarbeiter mal ein sehr hohes (bei erfolgreichen Monaten), dann wieder gar kein Einkommen (bei schlechten Monaten) hätten, ist ein solches System in Reinform nicht durchsetzbar. Die Mitarbeiter würden ständig in finanzieller Unsicherheit leben. Also muß der Unternehmer durch fixe, erfolgsunabhängige Lohnzahlungen dafür sorgen, daß seine Mitarbeiter - anders als er selbst - auf jeden Fall ein Einkommen haben. Der Unternehmer trägt dabei das Risiko für die Mitarbeiter.

Verstehen der Unternehmer und seine Mitarbeiter diese **Fixlöhne** nun aber **lediglich als Vorabzahlungen auf einen künftigen Anspruch auf den Unternehmenserfolg**, so können **alle am Unternehmen Beteiligten** mittels eines Erfolgsbeteiligungssystems zu dem **eigentlich ihnen zustehenden Entgelt** kommen.

Wie wird diese Lohnphilosophie nun im Erfolgsbeteiligungssystem umgesetzt? Der Geschäftserfolg von K&S-REISEN (Gewinn oder Verlust) wird regelmäßig, und zwar **jedes Quartal**, durch eine **Gewinn- und Verlust-Rechnung** (GuV) ermittelt. Dabei werden von den Umsätzen die Aufwendungen für Reisevorleistungen abgezogen. Von dem so verbleibenden Deckungsbeitrag (DB) müssen die Auftragsgemeinkosten, also die diversen betrieblichen Aufwendungen, die insgesamt für alle Reisebuchungen anfallen (z.B. Werbung, Büromiete uvm.) gedeckt werden. Übrig bleibt der **Erfolg der Geschäftstätigkeit** einer Periode.[80] Dieser verteilt sich auf die Personalaufwendungen (hier verstanden als Vorabzahlung an die Mitarbeiter) und das verbleibende Periodenergebnis.

Das Periodenergebnis wurde, vereinfacht ausgedrückt, durch das investierte Kapital, durch die Arbeit der geschäftsführenden Gesellschafter (Inhaber) sowie durch die Arbeit aller bei K&S-REISEN mitarbeitenden Arbeitnehmer erzielt. Allen diesen Faktoren soll der Erfolg daher auch zugute kommen.

Bei K&S-REISEN ist also das **GuV-Ergebnis die Basis der Erfolgsbeteiligung. Umsatzsteigerung sowie Kosteneinsparungen** kommen dabei gleichermaßen den Mitarbeitern zugute. Zu dem von allen gemeinsam erwirtschafteten Ergebnis (GuV-Ergebnis) werden die bereits an die Arbeitnehmer gezahlten Arbeitsentgelte (der fixe Monatslohn, d.h. Nettoentgelt plus Lohnsteuer plus Sozialleistungen) addiert. Diese Entgelte wurden ja bereits, sozusagen als "Erfolgsvorschuß", an die Mitarbeiter ausgezahlt und haben so in der GuV den Erfolg geschmälert. Es resultiert der **Ertrag von "Arbeit und Kapital"**, der nun auf die einzelnen Produktionsfaktoren verteilt werden muß.

---

80 Der Kenngröße "**Erfolg der Geschäftstätigkeit**" liegt der oben, in Abschnitt 3.2.1. aufgezeigte, für die interne Rechnungslegung geeignete, Aufbau einer Gewinn- und Verlustrechnung von Reiseveranstalterunternehmen zugrunde (siehe die Abbildung in Abschnitt 3.2.1.).

Folgender Aufteilungsmodus wird von den Mitarbeitern als fair empfunden und zur Zeit praktiziert. Die geschäftsführenden Gesellschafter erhalten für ihr investiertes Kapital und ihre geleistete Arbeit nur ihr Geschäftsführerentgelt. **50% des - wie oben ermittelten - Erfolges von K&S-REISEN verbleiben im Unternehmen, die Arbeitnehmer insgesamt erhalten ebenfalls 50%.** K&S-REISEN stehen also 50% des Ertrages zur Verfügung, um neue Investitionen zu tätigen und einen Eigenkapitalpuffer aufbauen zu können, und den Mitarbeitern fällt die andere Hälfte des Erfolges zu.

Von diesem Erfolgsanteil für die Mitarbeiter werden die bereits an diese gezahlten Arbeitsentgelte (die oben addiert wurden), wieder abgezogen. Diese stellten praktisch Abschlagszahlungen für den am Markt realisierten Wert der Arbeitsleistungen dar. Übrig bleibt die Summe, die **als Erfolgsanteil noch an die Mitarbeiter zu verteilen** ist.

Wie wird dieser Erfolgsanteil aller Mitarbeiter **auf die einzelnen Arbeitnehmer aufgeteilt**? Ist der Erfolg kleiner als 0.-DM, so bekommen die Mitarbeiter kein weiteres Entgelt - sie müßten gemäß o.g. Lohnphilosophie sogar einen Teil ihres Lohnes zurückzahlen. Dies ist natürlich nicht realisierbar, und daher müssen die Inhaber als Unternehmer dieses Risiko tragen. Allerdings: **Negative Erfolge (also auf die Mitarbeiter zu verrechnende Verluste) werden auf kommende positive Perioden verrechnet.** Sie werden also von einem späteren positiven Erfolg abgezogen.

Positive Erfolge werden auf die beteiligungsberechtigten Mitarbeiter **verteilt**, und zwar **nach folgendem Punktesystem**:

Insgesamt 1000 Punkte entsprechen dem gesamten, auf die Arbeitnehmer zu verteilenden Erfolg.

1. Punkteschlüssel: Berufserfahrung/Unternehmenszugehörigkeit:

Von diesen 1000 Punkten werden 300 auf die Mitarbeiter danach verteilt, wie lange sie schon zu K&S-REISEN gehören (also praktisch nach Berufserfahrung):
- über vier Jahre = 3 x soviel wie bis zu einem Jahr Erfahrung,
- 1 bis 4 Jahre = 2 x soviel wie bis zu einem Jahr Erfahrung.

Also: Wer länger bei K&S-REISEN mitarbeitet, hat i.d.R. schon mehr Erfahrung, ist routinierter und erbringt (hoffentlich) mehr Leistung in einer bestimmten Zeit als ein neuerer Mitarbeiter. Daher wird er auch mehr zum Erfolg beigetragen haben und bekommt einen höheren Anteil. Wer also seit über vier Jahren dabei ist, bekommt drei mal soviele Punkte wie derjenige, der weniger als ein Jahr im Unternehmen tätig ist. Die Zugehörigkeit wird jeweils ab dem Quartal gerechnet, zu dessen Beginn der Mitarbeiter bereits beschäftigt war (wer also z.B. am 1.3. bei K&S-REISEN begonnen hat, ist erst für das zweite Quartal des Folgejahres (1.4. bis 30.6.) ein volles Jahr dabei). Durch diesen Punkteschlüssel soll auch **der Fluktuationsgefahr begegnet werden**. Die Erfahrung zeigt, daß diese Komponente durchaus von hoher Bedeutung ist und insbesondere auch eine **große psychologische Wirkung** aufweist ("Wir verdienten Mitarbeiter, die wir oftmals die Last der Einweisung von neuen haben, werden belohnt!"); sie vermag aber nicht zu verhindern, daß Mitarbeiter abwandern, wenn höhere (Fix-) Gehälter in Aussicht sind oder sonstige betriebliche Unstimmigkeiten fluktuationsfördernd wirken (vgl. die bekannte These, daß das Entgelt eben nur einen "Hygienefaktor" darstellt).

2. Punkteschlüssel: Arbeitszeit/Stundenzahl:

300 Punkte werden proportional zur im betrachteten Erfolgszeitraum geleisteten **Arbeitszeit** (im Falle gleicher Grundlöhne also proportional zum "normalen Lohn") verteilt. Also: Wer mehr Arbeitszeit bei K&S-REISEN leistet und so mehr fixes Arbeitsentgelt bekommen hat, hat i.d.R. auch länger (oder mit schwierigeren Aufgaben) zum Erfolg beigetragen. Er bekommt daher einen größeren Anteil als jemand, der nur relativ wenige Stunden Einsatz zeigt. Bezugsgröße ist jeweils die **durchschnittliche Regelarbeitszeit** im betrachteten Erfolgszeitraum. Geleistete Überstunden werden dabei nicht berücksichtigt.

3. Punkteschlüssel: Individuelle Arbeitsqualität/Beurteilung:

400 Punkte werden von den K&S-Führungskräften auf die einzelnen, jeweils untergeordneten Mitarbeiter verteilt, und zwar im Sinne einer **Beurteilung der Zuverlässigkeit und Qualität bei der Erledigung der dem einzelnen Mitarbeiter übertragenen Aufgaben**.

Jede Führungsebene beurteilt jeweils nur die ihr untergebenen Mitarbeiter. Jede Führungsebene erhält zur Beurteilung den gemäß der Anzahl der ihr untergebenen Mitarbeiter proportionalen Anteil an Punkten, erhöht um den auf einen Mitarbeiter entfallenden Punkteanteil. Befindet sich auf einer Ebene nur eine Führungskraft, die beurteilt werden soll, so können auch weniger als die rechnerisch ermittelten Punkte vergeben werden.

Beispiele:

1. Drei Hierarchieebenen = 2 Führungsebenen; insgesamt 8 berechtigte Mitarbeiter (neben den Geschäftsführern)
Die Geschäftsführer vergeben 400 : 8 x 2 + (400 : 8) = 150 Punkte zur Beurteilung an die beiden ihnen nachgeordneten Führungskräfte (= im Durchschnitt/bei Gleichverteilung 75 Punkte pro Führungskraft).
Bereichsleiter/Führungskräfte A u. B. vergeben die verbleibenden 250 Punkte zur Beurteilung an die sechs ihnen nachgeordneten Mitarbeiter (= im Durchschnitt/bei Gleichverteilung 41,5 Punkte pro Mitarbeiter).

2. Vier Ebenen = 3 Führungsebenen; 12 berechtigte Mitarbeiter

Die Geschäftsführer vergeben (maximal) 400 : 12 x 1 + (400 : 12) = 67 Punkte zur Beurteilung der ihnen nachgeordneten Führungskraft (Prokurist G). Sie können je nach Beurteilung auch weniger Punkte vergeben.

Prokurist/Geschäftsführer G vergibt 400 : 12 x 2 + (400 : 12) = 100 Punkte zur Beurteilung der ihm nachgeordneten Führungskräfte A u. B (= im Durchschnitt/bei Gleichverteilung 50 Punkte pro Führungskraft).

Bereichsleiter/Führungskräfte A u. B. vergeben die verbleibenden 283 Punkte zur Beurteilung an die neun ihnen nachgeordneten Mitarbeiter (= im Durchschnitt/bei Gleichverteilung 31 Punkte pro Mitarbeiter).

Durch dieses System wird gewährleistet, daß **die jeweils höhere Gruppe von Führungskräften einen im Durchschnitt höheren Punkteanteil** (und damit insgesamt einen höheren finanziellen Erfolgsanteil) erhält als die untergebenen Mitarbeiter.

Die geschäftsführenden Gesellschafter sowie die jeweiligen Führungskräfte behalten sich also vor, zuverlässig arbeitenden Mitarbeitern eine Art Bonus zu gewähren. **Positiv** ist zu bewerten, wenn ein Mitarbeiter die ihm übertragenen Aufgaben selbständig, vollständig, in der geforderten Qualität und im Rahmen der vorgegebenen Zeitspanne erledigt. **Negativ** zu bewerten ist, wenn ein Mitarbeiter erst nach mehrmaliger Aufforderung seinen Aufgaben nachkommt, diese in unzureichender Qualität oder in wesentlicher Überschreitung der geplanten Zeitspanne erledigt. Damit für einen Mitarbeiter die Einschätzung seiner Zuverlässigkeit durch die Führungskräfte transparent ist, soll er ein **regelmäßiges Feedback** von den Führungskräften erhalten. Die Beurteilung kann sich jeweils auf den zurückliegenden Zeitraum bis zum Zeitpunkt der letzten positiven Erfolgsausschüttung beziehen.

Durch dieses System **erhält jeder Mitarbeiter eine bestimmte Punktzahl, die mit dem zu verteilenden DM-Betrag multipliziert wird**. Es ergibt sich sein individueller Erfolgsanteil, der ihm über den bereits erhaltenen Lohn hinaus noch zusteht.

Wer ist **anteilsberechtigt**? Grundsätzlich jeder Arbeitnehmer, der
- sich für eine Teilnahme am Erfolgsbeteiligungssystem entschieden hat[81] und
- regelmäßig mehr als 20 Stunden pro Woche bei K&S-REISEN arbeitet und
- länger als ein halbes Jahr bei K&S-REISEN beschäftigt ist sowie
- im der Berechnung zugrundeliegenden Quartal nicht mehr als die Hälfte der Stundenzahl, die seiner regelmäßigen, durchschnittlichen Wochenarbeitszeit in diesem Quartal entspricht, bei K&S-REISEN aus nicht betriebsbedingten Gründen (inkl. Krankheit) abwesend war (Beispiel: 40-Std.-Woche -> max. 20 Std. im Quartal abwesend). Grundgedanke: Wer (länger) nicht mitgearbeitet hat, konnte auch nicht aktiv zum Erfolg beitragen.[82]

---

[81] Jeder Mitarbeiter kann zwischen Erfolgsbeteiligung oder einem "sicheren" Jahresbonus in Höhe von einem halben Monatsgehalt wählen. Bei Einführung des Systems hatten sich zwei von 12 Mitarbeitern für den sicheren Bonus entschieden; heute nehmen alle Mitarbeiter am Erfolgsbeteiligungssystem teil. Ein Wechsel zwischen Bonus und Erfolgsbeteiligung ist unter bestimmten Auflagen (i.d.R. leichte finanzielle Nachteile beim Wechsel) jährlich möglich.

[82] Diese Regelung soll Fehlzeiten ("blauer Montag" o.ä.) reduzieren helfen.

Da die Erfolgsberechnung quartalsweise erfolgt, ist ein neuer Mitarbeiter somit spätestens für das Quartal berechtigt, das ein halbes Jahr nach Eintritt ins Unternehmen berechnet wird. Das "alte" Mitarbeiterteam - jeweils pro Beurteilungs-/Hierarchieebene - entscheidet selbst, ob ein neuer Mitarbeiter bereits früher am Erfolg beteiligt werden soll (Einstimmigkeit pro Ebene erforderlich).

Wie wird der Erfolgsanteil **ausgezahlt**? Die Mitarbeiter erhalten (maximal, insbesondere bei größeren Beträgen) **drei gleiche Raten** über die kommenden drei Monate ab Quartalsende, d.h. der Erfolg der letzten drei Monate wird über das kommende Quartal verteilt ausgezahlt. Negative Erfolge werden einfach auf künftige (positive) Quartale verrechnet.

Verläßt ein Mitarbeiter K&S-REISEN, so **verliert er seinen Anspruch** auf (vergangene und künftige) Erfolge, da sein Ausscheiden enorme Mehraufwendungen verursachen wird (neue Mitarbeiter suchen und einarbeiten etc.). Sein Anteil bleibt im Eigenkapital von K&S-REISEN. Negative Erfolge müssen auf die verbleibenden Mitarbeiter verrechnet werden, mindern also deren Erfolgsanspruch in den Folgeperioden.

Um einen (ausgeschütteten) Erfolgsanteil behalten zu dürfen, muß der Mitarbeiter mindestens 3 Monate im Anschluß an das der Erfolgsermittlung zugrunde liegende Quartal bei K&S-REISEN beschäftigt bleiben (Beispiel: Erfolgsbeteiligung für das Quartal I/94 wird am 15.5.94 ausgeschüttet -> der Mitarbeiter darf K&S-REISEN nicht vor dem 30.6.94 verlassen; ansonsten besteht **Rückzahlungspflicht**). Dabei ist es unerheblich, ob der Mitarbeiter von sich aus kündigt, von K&S-REISEN entlassen wird oder aus sonstigen Gründen ausscheidet.

Wie kann der Mitarbeiter also zu finanziellen Vorteilen kommen? Ganz einfach: Er muß "nur" für gute Erfolge von K&S-REISEN sorgen, indem er die Umsätze steigern hilft und/oder die Aufwendungen für Reisevorleistungen (z.B. Unterkünfte) senkt und/oder alle sonstigen Kosten (Telefon/Porto/Werbung/Büromaterial/Kopien uvm.) auf ein nötiges Minimum reduzieren hilft. Dadurch erhöht sich der den Mitarbeitern zustehende Erfolgsanteil. Und: Er sollte individuell "echte Leistung" zeigen und auf ein langfristiges Engagement bei K & S - REISEN zielen!

An einem einfachen **Beispiel** soll die **Berechnungsweise** des K&S-Erfolgsbeteiligungssystems verdeutlicht werden:

Tabelle II.4.A.: Berechnung des Faktoranteils

K & S - Erfolgsbeteiligungssystem:

A. Berechnung des auf die Mitarbeiter insgesamt entfallenden Erfolgsanteils:

Quartal:	Quartal IV 1993	Quartal I/94 1994
1. Bruttoertrag aus GuV: GuV-Gesamtergebnis:	-200.000	300.000
2. zuzgl. bereits gezahlter Lohn: (insgesamt, also Mitarbeiter und GF)	75.000	76.000
3. = Ertrag von Arbeit + Kapital (= 1. + 2.)	-125.000	376.000
von diesem Ertrag steht den Mitarbeitern die Hälfte zu: 4. = 50% von 3.:	-62.500	188.000
5. davon haben sie den Festlohn bereits erhalten (wird abgezogen): (nur Mitarbeiter, ohne GF)	50.000	52.000
6. Anteil für Mitarbeiter:	-112.500	136.000
Verluste aus Vorperioden werden abgezogen: 7. zu verrechnende Verluste:	0	-112.500
8. es verbleiben (6.-7.):	-112.500	23.500
als Erfolgsanteil zur Auszahlung:	0	23.500
oder als Verlust für nächste Periode:	-112.500	0

In diesem Beispiel wird von einer **starken Saisonschwankung** ausgegangen: Die hohen Verluste aus Quartal IV müssen mit den Erfolgen des Quartals I verrechnet werden. Insgesamt verbleiben so für den "Faktor Arbeit" 23.500.-DM zur Ausschüttung.

B. Verteilung des Mitarbeitererfolgs auf die einzelnen Mitarbeiter

auszuschüttender Gesamtbetrag:	23500,00 DM für insgesamt 1000 Punkte
bei 1000 Gesamtpunkten. entspricht 1 Punkt:	23,50 DM

Tabelle II.4.B.: Kriterien der Punktvergabe

Kriterien der Punktevergabe:	Punktanteil:
Durchschnittliche Wochenarbeitsstunden:	300
Dauer der Betriebszugehörigkeit:	300
Beurteilung der individuellen Leistung durch Vorgesetzte:	400

Aufteilung der 400 Beurteilungspunkte auf Büroleiter u. Mitarbeiter:
Anzahl Führungskräfte (neben GF): 2 (= Mitarbeiter A u. B), erhöht um 1: **Punktanteil: 3**   Anzahl berechtigte Mitarbeiter: 4 (= Mitarbeiter C, D, E und F): **Punktanteil: 4**   Zu verteilende Punkte von GF an Büroleiter (Führungsebene): **171** (= 3/7 von 400)   Zu verteilende Punkte von Büroleitern an Mitarbeiter: **229** (= 4/7 von 400)

Tabelle II.4.C.: **Berechnung der individuellen Mitarbeiteranteile:**

Quartal I/94 Mitarbeiter	durchschn. Wochenstd. (300 Punkte)		Zugehörigkeit (300 Punkte)		Beurteilung (400 Punkte)	Gesamtpunkte (1000 Punkte)
	Std.	Punkte:	Stufe:	Punkte:	Punkte:	
C	35	50,0	1	30,0	34	114,0
D	20	28,6	3	90,0	65	183,6
E	39	55,7	2	60,0	65	180,7
F	40	57,1	1	30,0	65	152,1
A	37	52,9	2	60,0	96	208,9
B	39	55,7	1	30,0	75	160,7
Summen:	210	300,0	10	300	400	1000

Quartal I/94 Mitarbeiter	Gesamtpunkte (1000 Punkte)	Individueller Erfolgsanteil je Mitarbeiter in DM:			
C	114,0	x	23500,00 DM	=	**2679,00 DM**
D	183,6	x	23500,00 DM	=	**4313,93 DM**
E	180,7	x	23500,00 DM	=	**4246,79 DM**
F	152,1	x	23500,00 DM	=	**3575,36 DM**
A	208,9	x	23500,00 DM	=	**4908,14 DM**
B	160,7	x	23500,00 DM	=	**3776,79 DM**
Summen:	1000				**23500,00 DM**

Mitarbeiter C erhält also in diesem Beispiel 2.679.-DM ausgeschüttet, der Erfolgsanteil von Führungskraft A beträgt 4.907,14 DM u.s.w.

Die Erfahrungen bei K&S-REISEN mit diesem System sind recht gut. Im Durchschnitt werden **pro Jahr und Mitarbeiter**, je nach Geschäftsverlauf, etwa **ein bis zwei Monatsgehälter** als Erfolgsanteil ausgeschüttet. Die Erfahrung zeigt jedoch auch, daß diese, eben nicht regelmäßig anfallenden Lohnkomponenten, in ihrer tatsächlichen Höhe nicht richtig wahrgenommen werden. Konkret: Mitarbeiter vergleichen i.d.R. nur ihr fixes Bruttogehalt mit dem, das andere verdienen oder das ihnen an anderer Stelle in Aussicht gestellt wird.

Unverkennbar ist, daß der Berechnungsmodus insgesamt recht kompliziert und nicht auf Anhieb von den Mitarbeitern nachvollziehbar ist. Auch hat sich in der Anfangsphase die relativ lange Zeitspanne zwischen Mitarbeiterleistung (z.B. hohe Arbeitsbelastung in den Monaten November bis Januar) und Erfolgsausschüttung (für das Winterquartal Januar bis März erst ab April) als problematisch erwiesen, da sie den Motivationscharakter des Systems dämpft. In einem kleinen mittelständischen Unternehmen ist es jedoch möglich, dem einzelnen Arbeitnehmer ausreichend Gelegenheit zu Rückfragen zu geben und ihm die Funktionsweise des Systems ausgiebig zu erläutern. Es erscheint auch nicht erforderlich, daß der Mitarbeiter das komplette System im Detail auswendig beherrscht; entscheidend ist vielmehr, daß er

- an die "Gerechtigkeit" des Systems glaubt,
- die mit dem Erfolgsbeteiligungssystem verbundenen Unternehmensziele internalisiert und zu seinen eigenen macht, damit sich das System im täglichen Handeln und Denken des Mitarbeiters niederschlägt.

Diese Ziele wurden bei K&S-REISEN durch das oben dargelegte Erfolgsbeteiligungssystem erreicht.

5. Personalfreistellung: Zeugnisformulierung[83]

"Frau Müller zeigte großes Verständnis für Ihre Arbeit und bemühte sich stets, unseren hohen Anforderungen gerecht zu werden!" Stolz legt Frau Müller das Zeugnis ihres letzten Arbeitgebers inkl. dieser Formulierung ihrer Bewerbung bei - und erhält prompt eine Absage. Was sie nicht wußte: Hinter der genannten, scheinbar positiven Beurteilung verbirgt sich eine glatte Schulnoten-Fünf, so ziemlich das schlechteste Attest also, was ein Arbeitgeber einem scheidenden Mitarbeiter mit auf den Weg geben kann.

Die folgenden Ausführungen sollen daher zunächst helfen, **Arbeitszeugnisse** - seien es eigene oder die von anderen Personen - **richtig zu interpretieren**. Gerade in den zahlreichen mittelständischen Touristikunternehmen obliegt es i.d.R. dem Inhaber, nicht nur von Bewerbern vorgelegte Zeugnisse zu

---

[83] Eine Haftung für die Richtigkeit und juristische, insbes. arbeitsrechtliche Vertretbarkeit einzelner Formulierungen wird ausgeschlossen.

beurteilen, sondern auch seinen ausscheidenden Mitarbeitern Zeugnisse **auszustellen**. Dabei kann es vorkommen, daß er ohne es zu wollen - mangels genauer Kenntnis des "Sprachcodes" - durch abqualifizierende Formulierungen gute und verdiente Mitarbeiter auf ihrem künftigen Werdegang behindert. Daher werden aufbauend auf den erörterten **Zeugniscodes** einige Hinweise und Beispiele zum effizienten Erstellen von treffenden Arbeitszeugnissen gegeben.

5.1. Globale Leistungsbeurteilung

Ein zentraler Zeugniscode liegt in der globalen Beurteilung der Zufriedenheit des Arbeitgebers mit den Leistungen des Arbeitnehmers. " ... hat die ihm/ihr übertragenen Aufgaben **zu unserer Zufriedenheit** erledigt ..." hört sich eigentlich positiv an, meint aber nicht mehr als eine ausreichende Leistung (Schulnote 4). Eine Nuance besser ist da schon die Formulierung "... **stets zu unserer Zufriedenheit** ..." (Schulnote 3-4). Zeitbezogene Attribute wie "stets", "immer" , "jederzeit" oder auch "in jeder Hinsicht" betonen nämlich, daß der Arbeitgeber während der gesamten Beschäftigungsdauer, also vorbehaltlos und ohne zeitliche Einschränkung, mit dem Mitarbeiter zufrieden war. Eine befriedigende Leistung (Schulnote 3) kann man aus der Formulierung " ...zu unserer **vollen** Zufriedenheit ..." (alternativ: "stets zufriedenstellend") lesen, eine gute Leistung (Schulnote 2) wird durch " ... **stets** zu unserer **vollen** Zufriedenheit ..." (alternativ: "voll und ganz zufriedenstellend") bezeugt. Wirklich hervorragende Mitarbeiter dürfen in ihrem Zeugnis lesen, daß sie " ... **stets** (und) zu unserer **vollsten** Zufriedenheit ..." die ihnen übertragenen Aufgaben erledigt haben (Schulnote 1; alternativ: "in jeder Hinsicht und außerordentlich zufriedenstellend"). So falsch diese Formulierung auch sprachlogisch ist - voller als voll, also "vollst", gibt es nicht - so sehr hat sie sich in der Praxis doch durchgesetzt.

Schlechte Noten umschreiben immer Codes wie "**im großen und ganzen**" oder "hat sich **bemüht**" - aber seine Bemühungen nutzten leider nicht viel (alternativ: war bestrebt/willens). Vorsicht ist insbesondere auch geboten, wenn **Banalitäten und Selbstverständlichkeiten**, die von jedem Mitarbeiter sowieso erwartet werden, gelobt werden: "Wegen seiner **Pünktlichkeit** war er stets ein gutes Vorbild" besagt, daß der Mitarbeiter ansonsten so ziemlich in jeder Hinsicht eine Niete war. Es gibt eine Reihe weiterer Formulierungen, die scheinbar harmloses, gar positives ausdrücken, von "Insidern" unter den Personalchefs aber als Warnung gelesen werden. Die folgende Tabelle nennt einige Beispiele:

Tabelle II.5.A.: Beispiele für Zeugnisformulierungen und deren Interpretation

Zeugnisformulierung:	Gemeint sein könnte:
Arbeiten ordnungsgemäß erledigt	ist ein Bürokrat, der keine Initiative zeigt
zeigte für seine Arbeit Verständnis	war faul und hat nichts geleistet
im Rahmen seiner Fähigkeiten	tat, was er konnte, aber das war nicht viel
großer Fleiß und Interesse an der Arbeit	eifrig, aber ohne Erfolge
mit Vorgesetzten gut zurechtgekommen	Mitläufer, der sich anpaßt
tüchtig und weiß sich gut zu verkaufen	unangenehmer Mitarbeiter/Wichtigtuer
lernten ihn als umgänglichen Kollegen kennen	war bei Kollegen nicht sehr geschätzt
Verbesserung des Betriebsklimas durch seine Geselligkeit	übertriebener Alkoholgenuß/Alkoholiker
Einfühlungsvermögen für die Belange der Belegschaft	sucht Sexkontakt bei Betriebsangehörigen
galt im Kollegenkreis als toleranter Mitarbeiter	für Vorgesetzte ein schwerer Brocken

5.2. Angabe des Ausscheidungsgrunds

Wichtig ist noch der **Grund des Ausscheidens** aus dem Unternehmen, der i.d.R. am Schluß des Zeugnisses genannt wird. Wer als Arbeitnehmer selbst kündigt, hat Anspruch auf einen entsprechenden Hinweis im Zeugnis ("...Ausscheiden auf eigenen Wunsch..."). Gute Mitarbeiter wird man mit dem Satz "Wir bedauern sein Ausscheiden sehr, danken für die geleistete Arbeit/jahrelange erfolgreiche Zusammenarbeit und wünschen für den weiteren Berufsweg/Lebensweg viel Erfolg" entlassen. Fehlen die Wünsche für die Zukunft, so läßt dies auf tiefgreifende Konflikte mit dem Arbeitnehmer (beispielsweise auch arbeitsrechtliche Auseinandersetzungen; Kündigungsschutzklage) schließen. "Im gegenseitigen Einvernehmen getrennt" heißt nichts anderes, als daß das Unternehmen dem Arbeitnehmer wegen mangelnder Leistungsfähigkeit oder aus sonstigen, vom Arbeitnehmer zu vertretenden Gründen, kündigte bzw. ihm die Kündigung nahegelegt hat. Trennte man sich " ... aus organisatorischen Gründen ...", so sollte man dies bei einem guten Mitarbeiter näher begründen, um nicht den Eindruck zu erwecken, als handele es sich um einen vorgeschobenen Grund für eine auf Leistungsmängeln beruhende Kündigung. Fehlt ein Hinweis zum Grund und der Bewertung des Ausscheidens, so ist dies zunächst einmal negativ anzusehen.

Wozu aber solche umständlichen Zeugniscodes, zumal die Gefahr besteht, daß entweder der Zeugnisverfasser gar nicht weiß, welchen Schaden er durch eine falsche Formulierung anrichtet, oder derjenige, der sich anhand eines Zeugnisses ein Bild über einen Bewerber machen soll, diese Codes nicht kennt und/oder nicht richtig versteht? Nun, der Grund liegt in den schwer zu erfüllenden **Anforderungen des Arbeitsrechts** an Zeugnisse: Sie sollen einerseits ein wahres Bild des Arbeitnehmers vermitteln, andererseits aber auch dessen beruflichen Lebensweg fördern. Gerade durchschnittlichen oder schlechten Arbeitskräften darf ein Zeugnis daher nicht den Weg auf dem Arbeitsmarkt verbauen. Dieses Wohlwollensgebot schließt aber nicht aus, daß auch ungünstiges gesagt werden darf, denn unter Umständen setzt sich der zeugnisausstellende Arbeitgeber Haftungsansprüchen späterer Arbeitgeber aus. So entwickelten sich nach und nach o.g. Standardformulierungen, auf die Arbeitgeber gerne zurückgreifen.

5.3. Beurteilungsdimensionen eines qualifizierten Arbeitszeugnisses

Welche Hilfestellungen kann man nun Führungskräften aus (mittelständischen) Touristikunternehmen, die verständlicherweise ein treffendes Zeugnis mangels Routine nicht aus dem Ärmel schütteln können, an die Hand geben? Zunächst sollte man sich darüber klar werden, daß das Verfassen eines Zeugnisses für einen verdienten Mitarbeiter durchaus **ein bis zwei Nettoarbeitsstunden** in Anspruch nehmen kann! Diese Zeit sollte sich auch ein vielbeschäftigter und streßgeplagter Reisebüroinhaber nehmen, um den beruflichen Werdegang eines guten Mitarbeiters - auch wenn man vielleicht "sauer" über dessen Ausscheiden ist - zu fördern. Und gerade bei mittelmäßigen Mitarbeitern müssen die Formulierungen gut gewählt werden. Es schadet m.E. überhaupt nichts, wenn sich ein Zeugnis in detaillierten Urteilen über **zwei bis drei Seiten** erstreckt, im Gegenteil: Je mehr Informationen das Zeugnis liefert, desto dankbarer ist der nächste Arbeitgeber (desto dankbarer wären auch Sie als Arbeitgeber), und desto zufriedener ist auch ein (guter) Arbeitnehmer.

Grundsätzlich kann der Mitarbeiter wählen, ob er ein sog. **einfaches Zeugnis**, das nur eine Art Tätigkeitsnachweis darstellt, wünscht, oder ein sog. qualifiziertes Zeugnis. Das einfache Zeugnis gibt nur Auskunft über Dauer der Beschäftigung und die ausgeübte Tätigkeit; ihm fehlt jegliche Bewertung und Beurteilung. Man sollte sich hier nicht den Wünschen eines (schlechten) Arbeitnehmers beugen, in den Tätigkeitsbereichen, in denen er einige Stärken hatte, doch eine (positive) Bewertung vorzunehmen - entweder ganz, oder gar nicht!

Das **qualifizierte Zeugnis** - und hiervon handeln die bisherigen und auch die folgenden Ausführungen - beginnt mit der Festschreibung des Mitarbeiternamens (inkl. akademischer Grade), Geburtstag und -ort, seiner Funktion und seiner Beschäftigungszeit im Unternehmen. Daran sollte sich eine möglichst ausführliche Arbeitsplatz-/Tätigkeitsbeschreibung anschließen, die die Aufgaben des Mitarbeiters in seiner jetzigen sowie in früheren Positionen zum Inhalt hat. Variete die Leistung des Mitarbeiters in verschiedenen Tätigkeitsbereichen, so kann es sich anbieten, zu jeder Tätigkeit bereits ein **Einzelurteil** abzugeben. Um zu aussagekräftigen Bescheinigungen zu kommen, empfiehlt sich eine detaillierte Beurteilung anhand mehrerer Dimensionen. Als für Touristikunternehmen besonders relevante **Dimensionen der Arbeitsleistung** (neben dem allgemeinen Verhalten im Betrieb) erscheinen hier:

- Arbeitsgüte, -gründlichkeit, -genauigkeit, -sorgfalt
- Arbeitstempo, -schnelligkeit
- Arbeitsökonomie, Zielstrebigkeit
- Wirtschaftliche Denkweise, Kostenbewußtsein, Effizienz, etc.
- Touristische Fachkenntnisse
- Ausdrucksvermögen, Formulierungsfähigkeit
- Selbständigkeit, Initiative
- Bemühung um Fortbildung.

Besondere Hinweise erscheinen noch erforderlich, wenn eine **Führungskraft** beurteilt werden muß. In diesem Falle sind weitere Beurteilungsdimensionen heranzuziehen, so z.B.:

- Verhandlungsgeschick
- Verantwortungsbereitschaft, -bewußtsein
- Führungsfähigkeiten, Motivationsfähigkeit, praktizierter Führungsstil
- Unternehmerisches Denken und Handeln.

Es würde den Rahmen dieses Buches weit sprengen, auf die jeweils möglichen Beurteilungsstufen innerhalb dieser Dimensionen näher einzugehen. Dadurch, daß eine solche Leistungsdimension im Zeugnis überhaupt erwähnt wird, wird bereits ein positives Urteil gefällt. Generell gilt jedoch auch hier, daß das "Normale", das eigentlich bereits positiv klingt, allenfalls "befriedigend" ist. Gute und sehr gute Mitarbeiter wird man in jeder dieser Dimensionen mit den Attributen "sehr", "äußerst", "ausgezeichnet", "stets" etc. beurteilen.

Schließlich sollte eine **Gesamtbenotung** des Mitarbeiters erfolgen. Dabei können oben genannte Codes Verwendung finden; es erscheint aber durchaus sinnvoll, bei guten Mitarbeitern (auch) auf das Schulnotensystem (Noten 1 - 3) zu rekurrieren, um eine klare und eindeutige Leistungsbeurteilung auch Nicht-Insidern zu vermitteln. Bei schlechteren Mitarbeitern verbietet sich eine solche Benotung u.U. aufgrund des Wohlwollensgebots (eine 5 ist nun einmal schlecht - das ist (zu) eindeutig). Die Gesamtnote wird abgerundet durch die Beurteilung des **Sozialverhaltens** im Betrieb:

- Verhalten gegenüber Vorgesetzten
- Verhalten gegenüber Gleichgeordneten
- Verhalten gegenüber dem Gesamtunternehmen (Loyalität, Vertrauenswürdigkeit)
- Beachtung von betrieblichen Vorschriften.

Das Zeugnis endet mit einer der o.g. Schlußformulierungen, die auch den Grund des Ausscheidens nennt.

Im Einzelfall entscheidend ist immer der **Gesamteindruck** eines Zeugnisses. Grundsätzlich gilt, daß ein **Zeugnis umso schlechter ist, je kürzer und inhaltsleerer** es gehalten ist. Über einen guten Mitarbeiter kann man leicht viel (positives) berichten; bei einem schlechten Arbeitnehmer gibt man gerne auch dadurch Signale, daß man bestimmte Angaben, die üblicherweise bei guten Kräften im Zeugnis erwartet werden, einfach wegläßt.

Die Formulierung des Zeugnisses ist Sache des Arbeitgebers; er alleine entscheidet, welche positiven und negativen Leistungen und Eigenschaften er mehr hervorheben will als andere. Das Zeugnis darf - wie gesagt - nur nichts Falsches enthalten oder ein unrichtiges Bild beim Leser hervorrufen. Gerade bei guten Mitarbeitern kann es durchaus sinnvoll sein, sich vom Mitarbeiter selbst einen Zeugnisentwurf vorlegen zu lassen. Der Arbeitgeber ist natürlich nicht daran gebunden, kann aber so gut die **Selbsteinschätzung des Arbeitnehmers** abtesten und vermeidet ungewollte Mißverständnisse und Unwillen in den letzten Wochen des Arbeitsverhältnisses. Da der Arbeitnehmer sich selbst in aller Regel "mangels Code-Kenntnis" ein weniger galant formuliertes Zeugnis ausstellen wird, kann der Arbeitgeber in seiner Formulierung eher positiv davon abweichen, was natürlich auch ein enormes Vertrauens- und Motivationspotential bei den verbleibenden Mitarbeitern aufbauen kann. Bittet der Arbeitnehmer um ein **Zwischenzeugnis**, so ist es sinnvoll, am Schluß deutlich darauf hinzuweisen, daß es sich lediglich um eine vorläufige Beurteilung handelt (" ... Teil der Gesamtbeurteilung..."; " ... vorläufige Zwischenbeurteilung..."), da ansonsten später u.U. einmal gefällte Urteile, die sich nachträglich als zu positive "Vorschußlorbeeren" erwiesen, beibehalten werden müssen.

5.4. Zeugnisaufbau und Formulierungsbeispiele

Abschließend sollen einige **Zeugnisbeispiele** - es handelt sich um an tatsächlich ausgestellte Zeugnisse angelehnte Texte - wiedergegeben und kommentiert werden:

Zeugnisaufbau (Beginn):

Briefkopf des Unternehmens

To whom it may concern

Anmerkung: Es ist nicht logisch, hier die Adresse des ausscheidenden Mitarbeiters anzugeben.

Zeugnis 31.12.93

Anmerkung: Überschriftstext "Zeugnis" bzw. "Zwischenzeugnis" und Datum der Ausstellung

Frau Claudia Müller, geboren am 23.5.1958 in Bonn, war in der Zeit vom 1.5.1987 bis zum 31.12.1993 als Teilzeitkraft (25 Wochenstunden) in unserer Freiburger Reisebürofiliale beschäftigt.
...

Leistungsbeschreibung:

Zu den Hauptaufgaben von Herrn Schulze gehörten die Beratung und Betreuung der Laufkundschaft in unserem Ladenlokal sowie die Abwicklung einerseits der Buchungen bei Pauschalreiseveranstaltern, für die unser Unternehmen als Reisemittler tätig ist, andererseits der Aufträge aus unserem eigenen Reiseprogramm. Hier im Bereich der

Eigenveranstaltungen war Herr Schulze in den ersten beiden Jahren für die Abwicklung der Buchungen von zwei, später für drei unserer Angebote verantwortlich. Zu seinen Aufgaben in diesem Tätigkeitsbereich zählte die Erfassung der Buchungen in unserem EDV-Reservierungssystem, die Versendung der durch die EDV erstellten Reiseunterlagen, die Bestellung der Einzelleistungen bei unseren Leistungsträgern in Deutschland, Spanien und Italien, die Anweisung von Zahlungen an diese Leistungsträger sowie die Planung von Busfahrten in Zusammenarbeit mit unserem Büroleiter. Ferner war Herr Schulze für die monatliche Abrechnung der im Reisebüro verkauften Versicherungstickets mit den Versicherungsgesellschaften verantwortlich.

Gesamtbeurteilung, auch anhand des Schulnotensystems, und detaillierte Bewertung:

Zeungistext	Anmerkungen
Frau Schmitt hat die ihr übertragenen Aufgaben stets zu unserer vollen Zufriedenheit ausgeführt, so daß wir ihre Gesamtleistung mit gut beurteilen können. Sie ist ehrlich, loyal und sehr zuverlässig und war mit großem Interesse bei der Arbeit; sie zeigte Flexibilität, Eigeninitiative und Engagement in den sie betreffenden Bereichen. Wir lernten Frau Schmitt als zügig, gründlich und genau arbeitende Mitarbeitern kennen, die nichts Wesentliches übersieht. Sie arbeitet kostenbewußt und ergebnisorientiert und beachtet ordnungsgemäß die betrieblichen Vorschriften.	Zeugniscode für "gut" explizite Schulnoten-Beurteilung besondere Hervorhebung spezieller, positiver Eigenschaften d.h. aber auch: *nur* in diesen Bereichen Steigerung über "sehr", "äußerst" etc. wäre noch möglich gewesen
Im Umgang sowohl mit Kunden als auch mit Leistungsträgern war sie stets freundlich und sehr überzeugend. Ihr aufgeschlossenes, freundliches Wesen machte sie zu einer beliebten Mitarbeiterin. Ihr Verhalten Vorgesetzten gegenüber war stets einwandfrei.	intaktes, gutes Sozialverhalten

Zeungistext	Anmerkungen
Herr Faul sollte darüber hinaus für die rechtzeitige und ausreichende Versorgung unseres Büros mit Büromaterialien sorgen. Herr Faul erledigte diese Aufgabe zufriedenstellend.	er sollte zwar, hat es aber nicht
Im Zuge seiner Tätigkeiten oblagen ihm die Überwachung von zwei Geschäftskonten sowie die Führung der Bürokasse, die mit äußerster Sorgfalt führen sollte. Herr Faul war ehrlich und zeichnete sich durch die strikte Einhaltung der formalen Bürovorschriften aus. Wir lernten Herrn Faul als genau arbeitenden Mitarbeiter kennen, der unter Anleitung und Kontrolle nichts Wesentliches übersieht. Er arbeitet beständig und erledigt die ihm übertragenen Aufgaben im allgemeinen ohne großen Zeitverlust.	größte Vorsicht: Unstimmigkeiten in Gelddingen ihm konnte nichts nachgewiesen werden Formalist, vor allem, wenn es um seinen Vorteil geht (z.B. pünktliches Arbeitsende) ohne Anleitung und ständige Kontrolle läuft alles schief extrem langsamer Mitarbeiter; ineffizient
Sein aufgeschlossenes und soziales Wesen und seine natürliche Ausstrahlung machten Herrn Faul für viele Mitarbeiter zu einem umgänglichen, als tolerant geltenden Kollegen. Gegenüber seinen Arbeitgebern verhielt er sich stets korrekt.	wenig gepflegte Erscheinung; (schlechte) Kundenbeziehung nicht erwähnt bei den meisten Mitarbeitern unbeliebt typisches Arbeitnehmerdenken; schwerer Brocken für Vorgesetzte
Keine Schlußformel; keine Angabe von Gründen für das Ausscheiden.	tiefgreifende Differenzen; Kündigung durch Arbeitgeber

Zeungistext	Anmerkungen
Als touristischer Leiter sollte Herr Schwach auch die Kontingente in den Zielgebieten überwachen und gegebenenfalls rechtzeitig Kapazitätsanpassungen vornehmen. ... Er hat sich stets bemüht, unseren diesbezüglichen Ansprüchen an eine Führungskraft gerecht zu werden. Unsere Mitarbeiter lernten ihn als umgänglichen Kollegen kennen, der für ihre Belange stets Verständnis zeigte. ...	er sollte zwar, hat es aber nicht keine Führungspersönlichkeit (weder fachlich noch persönlich)
... Wir lernten Herrn Schwach als gründlich und genau arbeitenden Mitarbeiter kennen, der nichts wesentliches übersieht. Er arbeitet kostenbewußt und beachtet ordnungsgemäß die betrieblichen Vorschriften. ...	guter Sachbearbeitertyp, aber eben keine Führungskraft
Herr Schwach verläßt uns vor Ablauf der Probezeit auf eigenen Wunsch. Für seine berufliche Zukunft wünschen wir ihm viel Erfolg.	man hat ihm wohl nahegelegt, zu gehen, und ist froh darüber

Positive Schlußformulierungen:

Besonders danken wir Herrn Fleißig für seinen großen Einsatz während der Aufbauphase unserer Bremer Zweigstelle. Herr Fleißig verläßt uns zum 31.3.94 auf eigenen Wunsch. Bis zu seinem letzten Arbeitstag hat er sich mit Engagement für unser Unternehmen eingesetzt. Wir bedauern daher sein Ausscheiden sehr und wünschen ihm für seine berufliche Zukunft viel Erfolg.

Eine grundlegende interne Umstrukturierung sowie die angespannte Finanzlage aufgrund des Golfkrieges zwingen uns dazu, uns zum 30.4.91 von Frau Tüchtig zu trennen. Wir bedauern ihr Ausscheiden und wünschen ihr für ihre berufliche Zukunft viel Erfolg.

Kapitel III:
Ausgewählte Probleme des Finanzmanagements von Veranstalterunternehmen

1. Strukturelle Rahmenbedingungen des Finanzmanagements bei Reiseveranstaltern
1.1. Einzelne Leistungsebenen im arbeitsteiligen Tourismussystem

Um die Problematik der Kalkulation bei Reiseveranstaltern verstehen zu können, ist es unumgänglich, einen kurzen Blick auf das **touristische Gesamtsystem** zu werfen. In der Regel ist es eine Vielzahl von Einzelorganisationen, die zum Zustandekommen des touristischen Endprodukts, beispielsweise also einer Pauschalreise, beitragen. Angesichts der Komplexität der touristischen Leistung, die letztlich von einem Endverbraucher konsumiert wird, erscheint es daher durchaus gerechtfertigt, von einer "**Tourismusindustrie**" zu sprechen.

Bei einer sehr weiten Begriffsfassung könnte man bereits die **Bauunternehmen und Immobiliengesellschaften**, die Hotel- und Appartementanlagen in den jeweiligen Reisezielgebieten erstellen, als einen Teil der Tourismusindustrie ansehen. Die so erstellten Unterkünfte bilden eine der wesentlichen touristischen Grundleistungen.

Als **touristische Grundleistungen** sollen die kleinsten einzel-konsumierbaren Einheiten verstanden werden, die von einem Glied der touristischen Wertschöpfungskette erstellt werden. Diese Glieder der Wertschöpfungskette sollen als **Leistungsträger** bezeichnet werden; sie sind diejenigen Organisationen bzw. Personen, die am Endverbraucher, also dem Reisenden, eine Leistung letztlich erbringen und können somit als die Produzenten der touristischen Einzelleistungen einer Reise gelten. Eine grundsätzliche Unterscheidung der touristischen Grundleistungen in **Kern-, Zusatz- und Randleistungen** erscheint sinnvoll, wenngleich eine allgemeingültige Einteilung von bestimmten Leistungen anhand dieser Kategorien nicht möglich ist. In der Regel lassen sich Transport, Unterkunft und Verpflegung als Kernleistungen definieren (vgl. die Beispiele in der Tabelle unten); je nach Ausgestaltung der Reise können jedoch auch Leistungen, die üblicherweise den Zusatzleistungen zuzurechnen wären, zentralen Charakter bekommen (Beispiel: spezielle Sprachreise -> Sprachkurs als zentrale Kernleistung).

Aus den Grundleistungen werden entweder vom Leistungsträger selbst oder auf einer der nachgelagerten Produktionsstufen **touristische Bausteine** erstellt. Dabei ist es durchaus üblich, daß *eine* Kernleistung einen Baustein für sich darstellt. Aus diesen Bausteinen wird schließlich ein **marktfähiges Angebot** gestaltet. In diesen beiden Stufen (Schaffung touristischer Bausteine, Gestaltung eines marktfähigen Angebots) spielen die Reiseveranstalter bereits eine zentrale Rolle. Das Ergebnis, das marktfähige Angebot, wird als **Pauschalreise** bezeichnet, wobei gängigerweise zwischen Voll- und Teilpauschalreise unterschieden wird.

Eine **Vollpauschalreise** ist ein Dienstleistungspaket, bestehend aus mindestens zwei aufeinander abgestimmten Reisedienstleistungen, das im voraus für einen noch nicht bekannten Kundenkreis erstellt wurde und geschlossen zu einem Gesamtpreis vermarktet wird, so daß die Preise der Einzelleistungen nicht mehr identifizierbar sind.[1] Von einer **Teilpauschalreise** spricht man hingegen, wenn nur eine einzelne Reisedienstleistung von einem Veranstalter angeboten wird.

Das so erstellte, marktfähige Angebot wird schließlich vermarktet. Träger dieses Prozesses sind i.d.R. die Reiseveranstalter, wobei im Rahmen der Distribution den Reisemittlern eine zentrale Rolle zukommt.[2]

Unter einem **Reisemittler** versteht man ein Unternehmen, das Leistungen von Reiseveranstaltern sowie touristische Grundleistungen (z.B. nur Beförderung durch ein Verkehrsunternehmen) verkauft, somit also einen Fremdenverkehrsbetrieb, der Leistungen Dritter zur Befriedigung des zeitweiligen Ortveränderungsbedürfnisses und damit zusammenhängender anderweitiger Bedürfnisse *vermittelt* .

Die folgende Tabelle gibt eine Übersicht über die verschiedenen Leistungs- bzw. Wertschöpfungsebenen der Tourismusindustrie. Die Beispiele sollen alleine der Verdeutlichung dienen, erheben also keinen Anspruch auf Vollständigkeit.

---

1 Vgl. Hebestreit, Touristik Marketing, S. 15. "Pauschal" sind insofern sowohl der Gesamtpreis (Pauschalpreis für mehrere Einzelleistungen) als auch die einheitliche Leistung (im Prinzip gleiche Leistung für alle Kunden einer bestimmten Pauschalreise).
2 Zur betriebswirtschaftlichen Charakterisierung des Reisebüros als Handelsunternehmen siehe Bauer, Reisebüro, S. 467 - 480.

Tabelle III.1.A.: Beispiele für verschiedene Wertschöpfungsebenen der Tourismusindustrie

Leistungsebene der Tourismusindustrie	Beispiele	Mögliche organisatorische Einheit der Leistungserstellung
Touristische Grundleistung		
Kernleistung	Verpflegung Unterkunft im Hotelzimmer Unterkunft im Privatappartement Transport über die Hauptstrecke ... etc. ...	Restaurant R Hotel H Privateigentümer P Airline A
Zusatzleistung	Transfer von/zum Hotel Reiseleitung/Reiseführer Ausflüge/Besichtigungen Kurse (Sprach-/Sportkurse) Konzertveranstaltungen ... etc. ...	Zubringerservice ZU Selbständiger Reiseleiter L Busunternehmen B Sprach-/Sportlehrer S Musikgruppe M
Randleistung	Reisefinanzierung Photomaterial Folkloristischer Dorfabend ... etc. ...	Bank B Fotogeschäft F Gemeinde G
Touristische Leistungsbausteine	Hotelaufenthalt im Doppelzimmer mit Vollpension	Hotel H
	Flug mit Bordverpflegung	Airline A
	Appartementunterkunft mit Transfer vom/zum Flughafen	Zielgebietsagentur Z Reiseveranstalter R
	Ausflüge zu kulturellen Sehenswürdigkeiten inkl. Eintrittsgelder und Reiseführer	Busunternehmer B
Gestaltung eines marktfähigen Angebots	Flugpauschalreise nach Mallorca inkl. Transfer und Halbpension im Hotel	Reiseveranstalter R
	Studienrundreise inkl. Flug, Hotelaufenthalte, Verpflegung, Besichtigungen, Reiseleitung	Reiseveranstalter R
Vermarktung des touristischen Angebots	Katalogerstellung Preiskalkulation Distribution Buchungsabwicklung	Reiseveranstalter R Reiseveranstalter R Reisebüro RB Reiseveranstalter R

Diese sehr einfachen Beispiele zeigen bereits, daß es keinesfalls eine eindeutige Arbeitsteilung innerhalb der Tourismusindustrie gibt. Bislang ist jedoch in der Praxis tendenziell die o.g. grobe Funktionsteilung vorzufinden:

Leistungsträger: erstellen Einzelleistungen und stellen diese Reiseveranstaltern zur Verfügung.
Reiseveranstalter: kombinieren Einzelleistungen zu marktfähigen Angeboten (Pauschalreisen).
Reisemittler: vertreiben die marktfähigen Angebote der Reiseveranstalter.

Daneben gibt es in den Zielgebieten vielfach sogenannte **Zielgebietsagenturen**. Diese übernehmen z.B. im Falle von Appartementanlagen für eine Reihe von Einzeleigentümern die Verwaltung und Vermietung der Appartements. Die eigentlichen Leistungsträger sind also die jeweiligen Eigentümer der Appartements, die ihre Ferienwohnung einem Endkunden für dessen Urlaub zur Verfügung stellen. Da sie sich nicht selbst um die organisatorischen Abläufe der Vermietung, die Überwachung, die Pflege, Reinigung etc. ihrer Unterkünfte kümmern können oder wollen, stellen sie ihr Appartement einer im Zielgebiet ansässigen Agentur zur Verfügung, die diese Aufgaben gegen Provision für sie übernimmt. Vielfach werden solche Zielgebietsagenturen auch von den jeweiligen Gemeindeverwaltungen selbst gegründet, um für eine bessere Vermarktung der touristischen Leistungen des betreffenden Ortes zu sorgen. Die Zielgebietsagentur, die auf diese Art über eine Vielzahl von Appartements verfügt, wendet sich ihrerseits dann Reiseveranstaltern zu, die die Unterkünfte als einen Leistungsbaustein im Rahmen der von ihnen zusammengestellten Pauschalreise nutzen.

Diese idealtypische arbeitsteilige Struktur beginnt jedoch bereits seit einigen Jahren aufzuweichen: Durch **Diversifikationsbestrebungen** übernehmen einzelne Leistungsträger Veranstalterfunktionen, Reiseveranstalter suchen verstärkt direkte, reisemittlerumgehende Vertriebswege oder kaufen Zielgebietsagenturen auf, um sich Kapazitäten zu sichern, und Reisemittler betätigen sich selbst im Rahmen der Gestaltung marktfähiger Angebote (**Funktionswandel** in der Tourismusindustrie). Darüber hinaus ist die eindeutige Zuteilung eines bestimmten Unternehmens in eine dieser Kategorien nicht immer ohne weiteres möglich. Eine der wissenschaftlichen Diskussionen in diesem Zusammenhang beschäftigt sich mit der Frage, ob Reiseveranstalter Produzentenfunktionen ausüben oder eher als (Groß-)Händler zu betrachten sind. Da diese Fragestellung weder für diese Arbeit noch für das praktische Tourismusmanagement von Bedeutung ist, soll auf sie hier nicht näher eingegangen werden.[3]

Entsprechend der aufgeführten Teilfunktionen und in Anlehnung an die Distributionswege im Konsumgüterbereich lassen sich verschiedene Formen der **Distribution von Reiseleistungen** darstellen. Die folgende Abbildung gibt einen zusammenfassenden Überblick über alternativ mögliche Distributionswege der Leistungen der wesentlichen touristischen Institutionstypen.

---

[3] Die Meinung des Verfassers geht jedoch dahin, Reiseveranstaltern durchaus eine Produzentenfunktion zuzusprechen. Dies zum einen, da Reiseveranstalter i.d.R. ähnlich den Leistungsträgern auch eigenständige touristische Leistungen am Kunden erbringen, beispielsweise durch veranstaltereigene Reiseleiter, zum anderen, da die Kombinationsleistung der Veranstalter durchaus wertschöpfenden Produktionscharakter hat.

Abbildung III.1.: Alternative Distributionswege touristischer Leistungen

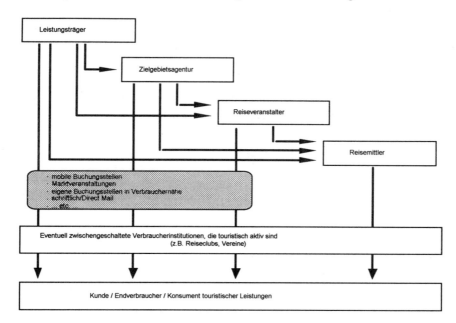

1.2. Finanzielle Rahmenbedingungen des Veranstaltergeschäfts

Je nach Reiseart kann davon ausgegangen werden, daß der **Deckungsbeitrag** aus den Touristikgeschäften für die meisten Reiseveranstalter - auch für Großveranstalter - bei **17 - 23 %** des Umsatzes liegt.[4] Von einer Million Umsatz verbleiben also durchschnittlich etwa 200.000 DM zur Deckung des unternehmerischen Aufwands. Insgesamt kann von einer **Umsatzrendite** (GuV-Ergebnis bezogen auf Gesamtumsatz) von **1 - 3 %** bei einem gesunden Unternehmen ausgegangen werden.[5] Aus einer Million Umsatz resultiert also ein Gewinn von ca. 10.000 - 30.000 DM. Der Großteil des Deckungsbeitrages (im Beispiel 200.000.-DM) wird von den Personalaufwendungen verzehrt; sie können je nach Unternehmen auf 20-30% des Deckungsbeitrages, damit also auf ca. 5% des Umsatzes, geschätzt werden. Der durchschnittliche Reisepreis pro Person hängt natürlich sehr stark von der angebotenen Reiseart (inkl.

---

4 Aus diesem Deckungsbeitrag ist die normalerweise im Reiseendpreis einkalkulierte Reisebüroprovision von i.d.R. ± 10% nicht mehr zu zahlen, d.h. der Gesamtdeckungsbeitrag für Reiseveranstalter und Reisebüros beträgt bei einer "normalen" Pauschalreise etwa ± 30%.

5 Im Geschäftsjahr 1992/93 hatte NUR Touristic beispielsweise eine Netto-Umsatzrendite von 1,9% (vgl. o.V., NUR Spitzengewinn), die TUI KG von 1,1% (vgl. Niedecken, TUI-Jahresabschluß). Es ist durchaus nicht ungewöhnlich, daß weniger gesunde Unternehmen in Krisenzeiten auf eine Rendite von nur wenig über 0 kommen. Damit ist die Rendite im Tourismus im Vergleich zu anderen Dienstleistungsbranchen extrem niedrig.

Anreiseart) ab; bei den meisten Unternehmen dürfte er zwischen 800.-DM und 1500.-DM liegen.[6] Bei einem mittleren Reisepreis von ca. 1.000.-DM müssen also für 1 Million Umsatz 1.000 Reiseteilnehmer verbucht, organisatorisch verwaltet und abgerechnet werden. Die Mehrzahl der Kleinveranstalter in der Bundesrepublik muß also mit einem Gewinn von weniger als 100.000.-DM leben.

Bereits diese einfachen Überlegungen zur finanziellen Situation zeigen, daß (mittelständische) Reiseveranstalter sich keine finanziellen Experimente oder gar Fehlkalkulationen leisten können.

1.3. Zusammenfassung und Praxisbeispiele

Fassen wir zusammen: Eine Pauschalreise ist ein marktfähiges Leistungsbündel, das letztlich aus verschiedenen touristischen Grundleistungen (Kern-, Zusatz- und evtl. Randleistungen) zusammengesetzt wurde. Im Rahmen der Tourismusindustrie sorgen verschiedene Institutionentypen (Leistungsträger, Zielgebietsagenturen, Reiseveranstalter, Reisemittler) für die Erstellung und Vermarktung dieser Leistungen. Da zahlreiche Unternehmen im Rahmen der touristischen Wertschöpfungskette an der Leistungserstellung beteiligt sind und da gerade für Reiseveranstalter der Umsatz größtenteils nur einen durchlaufenden Posten darstellt, sind die Umsatzrenditen relativ gering.

Betrachten wir abschließend noch zwei **Beispiele**, um die Rahmenbedingungen des (Finanz-) Managements bei Reiseveranstaltern zu verdeutlichen:

Bereits aus Abschnitt 1.1. des Kapitels I ist die Organisationsstruktur der **TUI** ausreichend bekannt. Wie läßt sich dieses Unternehmen nun bezüglich seiner Stellung in der gesamten Tourismusindustrie charakterisieren?

Wie bereits ausgeführt, ist die TUI Europas größter Reiseveranstalter: Im Touristikjahr 1992/93 bescherten die 3.267.900 Reiseteilnehmer der TUI KG einen Umsatz von über 3,8 Mrd. DM. Aber die TUI engagiert sich nicht nur als Reiseveranstalter. Der TUI-Konzern umfaßt, neben diversen Veranstaltertöchtern im In- und Ausland, auch diverse Hotel- und Clubgesellschaften (z.B. Robinson, Dorfhotels, RIU, Grecotel). Dadurch ist die TUI auch einer

---

6 "Ausreißer" nach oben stellen vor allem die Studien- und Fernreisespezialisten, nach unten die Ferienhausanbieter dar. Die Fachzeitschrift FVW ermittelte für das Touristikjahr 1992/93 bei ca. 50 Veranstaltern einen **Durchschnittsreisepreis** von 1.110.-DM. Der erzielte Umsatz pro Reise betrug bei einigen Studienreiseanbietern (Marco Polo, Ikarus, etc.) ca. 4.700.-DM, bei InterChalet 293.-DM. Vgl. o.V., Veranstaltermarkt 92/93, S. 6.

der größten Hoteliers (also Leistungsträger). Die TUI verfügt auch über eigene Zielgebietsagenturen. Sie stellt damit das Paradebeispiel eines stark vertikal integrierten Unternehmens der Tourismusbranche dar. Die TUI verfügt allerdings (noch) nicht über eigene Reisebüros, wenngleich über Franchise-Systeme auch eine stärkere Einflußnahme auf den Vertriebsweg versucht wird.

Der mittelständische Skireiseveranstalter **K&S-REISEN** schreibt folgende Reise in seinem Katalog aus: 2.1. - 8.1., Busfahrt ab Mainz, Mannheim, Karlsruhe; Übernachtung in EZ, DZ oder Mehrbettzimmer; Vollpension; Reiseleitung; 5 Tage Skipaß; Skikurs. Jeder Reiseteilnehmer erhält außerdem eine Info-Broschüre (Tips für Skigymnastik, Skiausrüstung, umweltorientiertes Verhalten, etc.). Welche einzelnen touristischen Grundleistungen umfaßt diese Pauschalreise? Mit welchen Marktpartnern könnte K&S-REISEN im Rahmen der Leistungserstellung kooperieren?

Die Kernleistungen umfassen hier auf jeden Fall die Busfahrt (Kooperationspartner: ein Busunternehmen, oder aber eigene Leistungserstellung, falls eigene Busse und Fahrer vorhanden sind), die Unterkunft (Kooperationspartner: Hotel, Pension, Gästehaus, ...) sowie die Verpflegung (entweder als touristischer Leistungsbaustein vom Hotel in Kombination mit der Unterbringung angeboten, oder aber z.B. durch eigenes Küchenpersonal von K&S-REISEN in einem Selbstversorgergästehaus erbracht). Auch der Skipaß prägt die (Ski-)Reise so maßgeblich, daß er als Kernleistung angesehen werden könnte (Kooperationspartner: örtliche Liftgesellschaft). Die Reiseleitung und der Skikurs stellen wohl eher Zusatzleistungen dar, wobei der K&S-eigene Reiseleiter ggf. auch gleichzeitig Skilehrer sein kann (Alternativ: Kooperation mit örtlichem Skilehrer). Mit dem Info-Heft bietet K&S-REISEN dem Kunden eine zusätzliche touristische Randleistung an.

2. Preiskalkulation und Preisgestaltung bei Reiseveranstaltern
2.1. Preistheoretische Modelle und ihre Relevanz für den Reiseveranstaltermarkt

Modelle sind vereinfachte Abbilder der Realität. Sie dienen der Darstellung wesentlicher Strukturen und Zusammenhänge. Zur Problematik der Preisbildung ist uns aus der Volkswirtschaftslehre das Modell der Marktformen bekannt. Die **Marktformenlehre** unterscheidet dabei durch Korrelation der beiden Dimensionen "Zahl der Anbieter" und "Zahl der Nachfrager" mit jeweils den drei Ausprägungen "eine", "einige/wenige" und "viele" neun Marktformen. Der **Reiseveranstaltermarkt** (Gesamtmarkt) läßt sich unter Anlehnung an dieses Modell als **Teilangebotsoligopol** charakterisieren: Vielen Nachfragern stehen wenige Großveranstalter (= Oligopol) und viele mittelständische und kleine Veranstalter gegenüber. Auf der Nachfrageseite herrscht also eine Polypolsituation.

Beschränkt man die Betrachtung auf einzelne **touristische Teilmärkte**, so findet man durchaus **auch andere Marktformen** vor (z.B. auf dem Markt für Kreuzfahrten, Skireisen, Gesundheitsurlaub; auf dem süddeutschen Markt, etc.). Insofern muß also unternehmensindividuell der **relevante Markt** festgelegt werden.

Reiseveranstalter, die in einem oligopolistischen Markt agieren, müssen - dies lehrt die mikroökonomische Theorie der Marktformen - sowohl die **Nachfrage-** als auch die **Konkurrenzsituation** bei ihren Preisentscheidungen **berücksichtigen**. Insofern finden wir bereits hier eine Begründung für die Notwendigkeit einer (auch) konkurrenzorientierten Preisbildung.

Die einfachen Marktmodelle der Volkswirtschaftslehre bauen auf einigen **idealtheoretischen Prämissen** auf:
- Homogenität der Güter / vollkommene Gütersubstituierbarkeit,
- keine Nachfragerpräferenzen (persönlich, räumlich, zeitlich),
- vollkommene Markttransparenz,
- rationales Verhalten der Marktteilnehmer (homo oeconomicus),
- unendlich hohe Reaktionsgeschwindigkeit.

Wir finden hier also die **Fiktion des vollkommenen Marktes** vor; das Preis-Leistungs-Verhältnis wird nicht berücksichtigt, so daß das Marketing-Instrumentarium des Reiseveranstalters durch eine absolute Dominanz der Preispolitik geprägt ist.

Aufgrund dieser realitätsfernen Prämissen haben die volkswirtschaftlichen Modelle der Preisbildung nur einen sehr geringen Aussagewert für die konkrete unternehmerische Preisentscheidung. Letztlich müßte sich auf einem oligopolistischen Reiseveranstaltermarkt immer ein einheitlicher Preis ergeben - die Realität lehrt uns besseres. Es bleibt also festzuhalten, daß die unrealistischen Prämissen nicht den Anforderungen an realtheoretische Modelle entsprechen. Diese müßten die **realen Voraussetzungen des unvollkommenen Marktes** berücksichtigen:

- qualitativ unterschiedliche Güter/Reiseleistungen,
- Nachfragerpräferenzen in persönlicher, räumlicher und/oder zeitlicher Hinsicht,
- eingeschränkte Markttransparenz für Reiseveranstalter, Reisemittler und Konsumenten,
- Reaktionsverzögerungen: time-lag zwischen Analyse und Aktion,
- begrenzte Angebotskapazität pro Reiseveranstalter.

Die "Unvollkommenheit" des Marktes führt dazu, daß der Reiseveranstalter gewisse **Preisspielräume** hat. In einem bestimmten reaktionsarmen (sog. **monopolistischen**) **Bereich** mit niedriger (direkter) Preiselastizität kann er Preise erhöhen, ohne eine zu große Abwanderung von Kunden zu Konkurrenten befürchten zu müssen. Bereits Gutenberg hat dieses Phänomen in Form einer **doppelgeknickten Preis-Absatz-Funktion** vereinfacht dargestellt.

Abbildung III.2.a..: Doppelgeknickte Preis-Absatz-Funktion des Oligopolisten

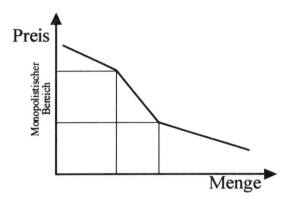

In bestimmten touristischen Teilmärkten, z.B. im Bereich der Ferienclub-Reisen, führen eine relativ große Markentreue sowie eine relativ geringe Markt-/Leistungstransparenz zu einem solchen reaktionsfreien Bereich.

Zweifelsohne bestehen große Unterschiede in der direkten Preiselastizität sowie in der Kreuzpreiselastizität je nach
- Haushaltseinkommen der Nachfrager,
- zeitlicher Gebundenheit der Nachfrager (Ferienzeiten),
- Preiskenntnis/Informationsstand der Nachfrager,
- Konkurrenzsituation
- etc.

In der Praxis stellt sich das Problem der Festlegung der Größe des monopolistischen Bereichs: Ab welchem Preisniveau sind umfangreiche Kundenabwanderungen zu befürchten? Bei der Beantwortung dieser Frage sind u.a. (psychologischen) Preisschwellen zu berücksichtigen, auf die wir weiter unten noch näher eingehen werden.

2.2. Kalkulationsstrategien - ein Überblick

"Kalkulation" kann auf zweierlei Richtungen zielen: Ex-ante geht es um die **Festlegung von Kundenendpreisen**; ex-post hingegen im Sinne einer **Nachkalkulation** um Aspekte des Controlling. In den folgenden Ausführungen soll lediglich das erste Ziel der Kalkulation, nämlich Kundenendpreise zu "errechnen", verfolgt werden.

Die ex-ante-Kalkulation im engeren Sinne kann inhaltlich gleich gesetzt werden mit der **Kostenträgerrechnung**. Demnach sind in einem ersten Schritt die relevanten Kostenarten zu ermitteln, bevor die anfallenden Kosten in einem zweiten Schritt auf die Kostenträger (= touristische Produkte) verrechnet werden. Man unterscheidet hierzu grob die Varianten der Vollkostenrechnung sowie der Teilkostenrechnung (hier insbesondere die Deckungsbeitragsrechnung, speziell diejenige auf Basis relativer Einzelkosten nach Riebel). Auf diese grundsätzlichen kostenrechnerischen Verfahren soll im folgenden nicht näher eingegangen werden.

Im weiteren Sinne läßt sich unter einer (ex-ante-) Reisepreiskalkulation folgendes fassen:

Definition Reisepreiskalkulation: Sämtliche Überlegungen, Planungen, Entscheidungen und Analysen, die dazu dienen, einen wettbewerbsfähigen Einzelreisepreis (Kundenendpreis) festzulegen bzw. diesen hinsichtlich seiner Markt- und Unternehmensadäquanz zu überprüfen.

In diesem ausreichend weit gefaßten Sinne wollen wir das Problem der Preiskalkulation durch Reiseveranstalter angehen. Hierbei sind **drei grundsätzliche Ansatzpunkte** zu berücksichtigen, die den folgenden Ausführungen ihre Struktur geben sollen:
- Kostenorientierung,
- Konkurrenzorientierung,
- Nachfrageorientierung.

Eine zentrale Besonderheit der Reiseveranstalterkalkulation besteht in der **starken Variationsbreite der kalkulierten Endpreise in Abhängigkeit von Zukunftserwartungen** (z.B. hinsichtlich Auslastungsgraden). Auf diese Problematik werden wir noch ausführlicher eingehen.

2.2.1. Kostenorientierte Preisfindung

Ausgangspunkt und **Informationsbasis** der kostenorientierten Preisfindung bilden die Daten des **Rechnungswesens** (insbesondere der Kosten-Leistungs-Rechnung/KLR). Diese Quelle liefert z.B. die Kosten der touristischen Eigenleistungen oder die Gemeinkosten. Als zweite zentrale Informationsbasis dient der **touristische Einkauf**: Die abgeschlossenen Verträge über die von den verschiedenen Leistungsträgern zur Verfügung gestellten Grundleistungen enthalten auch die erforderlichen Informationen über die Kosten dieser Reisevorleistungen.

Folgendes **Kalkulationsgrundschema** kann für die Kundenendpreisberechnung (Preis pro Person bzw. Preis pro Angebotseinheit (z.B. Fewo)) angesetzt werden:[7]

- teilkosten-/deckungsbeitragsorientiert:

    Kalkulierte Aufwendungen (Einzelkosten) für Vorleistungen
    + Kalkulierte Eigenleistungen
    + Kalkulationsaufschlag/geplanter Deckungsbeitrag

    = Kundenendpreis

    Der gemäß diesem Schema einkalkulierte **Deckungsbeitrag** muß zur Deckung sämtlicher Gemeinkosten (sowie der Reisemittlerprovision und der MwSt) ausreichen.

- vollkostenorientiert:

    Kalkulierte Aufwendungen für Vorleistungen
    + Kalkulierte Eigenleistungen
    + Vertriebskosten (Reisebüroprovisionen; sonstige)
    + Werbekosten (anteilige Kataloggemeinkosten; sonstige)
    + Kulanz-/Reklamationsaufwand
    + anteilige (Verwaltungs-)Gemeinkosten
    + Kalkulatorischer Unternehmensgewinn
    + MwSt (Margenbesteuerung beachten!)

    = Kundenendpreis

Diese vollkostenorientierte Kalkulation wirft einige **Probleme** auf:

- Ermittlung und Verteilung der anteiligen Gemeinkosten:
    - speziell bezüglich der Katalogkosten. Hier könnte der Seitenanteil eines einzelnen Angebots als Verteilungsschlüssel dienen.

---

[7] Sehr interessante Praxisbeispiele für **Reisepreiskalkulationen** finden sich bei Mundt, Reiseveranstaltung (z.B. Kalkulation einer Studienreise: S.237 - 238; Kalkulation einer Kreuzfahrt: S. 267 - 271; Incentive-Reise: S. 323 - 324).

•• bezüglich sonstiger Gemeinkosten. Hierbei handelt es sich um ein allgemeines betriebswirtschaftliches Problem der Festlegung verursachungsgerechter Kostenschlüssel. Da sich hier also keine tourismusspezifische Besonderheit zeigt, soll in der vorliegenden Arbeit auf eine Vertiefung verzichtet werden.

- Die starre Vorgabe des von einem Produkt zu tragenden Gemeinkostenanteils schränkt den preispolitischen Spielraum des Veranstalters stark ein (z.B. keine Möglichkeit eines kalkulatorischen Ausgleichs).

Aufgrund dieser Nachteile soll hier einer Betrachtung der tourismusspezifischen Kostenbestandteile als Basis einer (deckungsbeitragsorientierten) Kalkulation den Vorzug gegeben werden. Ausgehend von den touristischen Grundleistungen lassen sich die einzelnen **Kostenbestandteile eines Pauschalreiseangebots** unterscheiden.

Folgende Beispiele zeigen die Bedeutung einzelner Kostenbestandteile bei NUR und einem speziellen ITS-Angebot:

Tabelle III.2.A.: Beispiel Kostenbestandteile der Pauschalreisen der NUR Touristic (1978):

Aufwendungen für ...	Anteil am Umsatz
Beförderungsleistungen	37 %
Hotelleistungen	29 %
Serviceleistungen (inkl. Reiseleitung, Transfer)	13,5 %
Gesamt	79,5 %

Tabelle III.2.B.: Beispiel Kostenbestandteile des ITS-Angebots "Sevilla" (Sommer 1990):

Aufwendungen für ...	Anteil am Umsatz	Anteil an den gesamten Aufwendungen für Vorleistungen
Beförderungsleistungen	34 %	39,5 %
Hotelleistungen	39 %	45,8 %
Transfer	2 %	2,3 %
Extras (Leihwagen, Bierfest, Begrüßungsbrandy, Ausflüge, etc.)	2,2 %	2,7 %
Sonstige (inkl. Reiseleitung)	8 %	9,7 %
Gesamt	85,2 %	100 %

Dieser Überblick zur kostenorientierten Preisfindung soll zunächst genügen. Da dieser Ansatzpunkt der Preiskalkulation einige tourismusspezifische, besondere Probleme mit sich bringt, werden diese weiter unten (Abschnitt 2.3.) noch ausführlicher behandelt.

2.2.2. Nachfrageorientierte Preispolitik
2.2.2.1. Die Rolle des Preises im Rahmen der Reiseentscheidung

Eine Vielzahl von **Determinanten** beeinflußt die **Reiseentscheidung** eines Interessenten:
- Produktpräferenzen (Destination/Reiseziel, Unterkunftsart und -niveau, etc.),
- Veranstalterpräferenzen (Image des Reiseveranstalters, regionale Präsenz, etc.),
- Verfügbarkeit der Reiseleistung (freie Kapazität, zeitliche und räumliche Verfügbarkeit, etc.),
- Kosten (**Reisepreis** (Katalogpreis des Reiseveranstalters); Art, Umfang und Höhe der Nebenkosten am Reiseziel; Lebenshaltungskosten im Reiseziel und Wechselkurse; etc.),
- u.v.m.

Der Reisepreis laut Veranstalterkatalog ist also nur *eine* Determinante während des **Entscheidungsprozesses**. Dieser verläuft in mehreren Phasen (bekannt ist z.B. das AIDA-Modell), wobei eine allgemeingültige Reihenfolge in Bezug auf die Wichtigkeit einzelner Entscheidungsdeterminanten nicht bestimmbar ist.[8] Wenngleich es somit jeweils einer situativen Relativierung der Bedeutung der verschiedenen Bestimmungsfaktoren bedarf, kann man davon ausgehen, daß der Katalogpreis einer Pauschalreise generell im Laufe des Entscheidungsprozesses immer wichtiger wird. Anders ausgedrückt: Das Preisinteresse des Reisewilligen nimmt während des Entscheidungsprozesses zu.

Die Bedeutung des Reisepreises (im Vergleich zu anderen Determinanten) im Rahmen der Reiseentscheidung ist somit u.a. abhängig von

- dem **Preisinteresse** des Einzelnen: Dieses ist wieder, analog der Preiselastizität der Nachfrage (s.o.), von verschiedenen Faktoren abhängig.

- der **Preiskenntnis** des Einzelnen. Hierunter versteht man das in der Vergangenheit erworbene und in der aktuellen Periode noch verfügbare Wissen über Reisepreise. Eine ausreichende Preiskenntnis wird vielfach kurzfristig im Vorfeld der Buchung erworben bzw. aktualisiert.

---

8 Vgl. ausführlich zum **Reiseentscheidungsprozeß**: Kirstges, Expansionsstrategien, S. 193 - 203.

Aus der Bedeutung des Preisinteresses und der Preiskenntnis lassen sich bereits erste preisstrategische Ansatzpunkte hinsichtlich der Preisdarbietung ableiten:

- für Niedrigpreisanbieter:
  - transparente Preisdarstellung,
  - einfache Reisepreisberechnung,
  - Überschreitung von Preisschwellen vermeiden,
  - Werbung mit Preisinformationen,
  - Verbraucherinformation/-aufklärung.

- für Hochpreisanbieter:
  - wenig transparente Preisdarstellung,
  - Vermeidung einer direkten Vergleichbarkeit mit Konkurrenzangeboten.

An dieser Stelle sei auf die interessanten Erkenntnisse der "**Hedonistischen Preistheorie**" hingewiesen, gemäß der eine Reise ein Bündel objektiv wahrnehmbarer Eigenschaften darstellt. Jede Eigenschaft stiftet jeweils einen eigenen Nutzen. Diese Teilnutzenwerte lassen sich ermitteln und getrennt bewerten (bepreisen). Das Ziel des Nachfragers (und damit des Reiseveranstalters) lautet somit wie folgt:

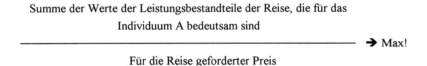

$$\frac{\text{Summe der Werte der Leistungsbestandteile der Reise, die für das Individuum A bedeutsam sind}}{\text{Für die Reise geforderter Preis}} \rightarrow \text{Max!}$$

Auf eine ausführliche Behandlung dieses Ansatzes der hedonistischen Preistheorie soll hier verzichtet werden.

Wir fassen kurz zusammen: Der Katalogpreis ist nur eine Determinante im Rahmen der Reiseentscheidung eines Interessenten. Dessen Bedeutung hängt vom Preisinteresse und von der Preiskenntnis des Einzelnen ab.

2.2.2.2. Ziele der nachfrageorientierten Preisbildung

Ziel der nachfrageorientierten Preispolitik ist es,
- ausgehend von der Preisbereitschaft der Nachfrager,
- unter Anlehnung an (vermeintlich erkennbare) Preis-Absatz-Funktionen,
- unabhängig von den eigenen Kosten und den Preisen der Konkurrenten,
- den Preis zu ermitteln, zu dem die gewinnoptimale Preis-Mengen-Kombination erreicht wird,
- wobei u.U. Kapazitäts-/Kontingentrestriktionen zu berücksichtigen sind.

Betrachten wir zur Verdeutlichung folgendes **Beispiel**:

Die Nachfrage hänge ausschließlich ab vom Katalogpreis:

Nachfrage = f (Preis)

$$f: \begin{cases} x = 800 - 0{,}8 * p & \text{für } p < 625.\text{-DM} \\ x = 0 & \text{für } p \geq 625.\text{-DM} \end{cases}$$

Verfügbare Gesamtkapazität des Veranstalters: 400 Plätze

Welchen umsatzmaximierenden, nachfrageorientierten **Angebotspreis** sollte der Reiseveranstalter setzen?

Lösung: p = 500.-DM. Der Veranstalter wird die Reise also zu 500.-DM anbieten, da er bei diesem Preis und der vorgegebenen Gesamtkapazität den größten Umsatz erzielt.

Dieses Beispiel ist jedoch alleine der Theorie entsprungen, da in der touristischen Realität die **Nachfragefunktionen unbekannt** sind. Das praktische Problem läßt sich hingegen mit folgender Fragestellung beschreiben: Welche Preisforderung für eine bestimmte Leistung wird von welchen Konsumentengruppen (noch) akzeptiert? In der Praxis kann das Ziel also nur darin bestehen, Nachfragefunktionen (Nachfrageverhalten) abzuschätzen, und zwar unter Berücksichtigung von Preisschwellen.

Verschiedene Arten von **Preisschwellen** lassen sich unterscheiden:

- **Obere** Preisschwelle, ab der aufwärts die Buchungswahrscheinlichkeit aufgrund zu hoher Reisekosten gegen Null sinkt.

- **Untere** Preisschwelle, ab der abwärts die Buchungswahrscheinlichkeit gegen Null sinkt, weil die Urlauber zu große Zweifel an der Produktqualität, der Veranstalterseriösität etc. bekommen. Diese untere Preisschwelle gewinnt regelmäßig immer dann an Bedeutung, wenn ausführlich über das Schicksal "gestrandeter" Urlauber **nach Veranstalterkonkursen** in der Presse berichtet wird.[9]

- Preisschwellen im sog. **Preis-Norm-Bereich** (zwischen oberer und unterer Preisschwelle)
  - •• Preisschwellen, deren Überschreitung zu einem sprunghaften Anstieg bzw. Rückgang der Nachfrage führt,
  - •• Preisschwellen, deren Überschreitung den Urlauber zum Veranstalterwechsel veranlaßt (Verlust von veranstaltertreuen Kunden),
  - •• Preisschwellen, deren Unterschreitung Kunden anderer Veranstalter zum Wechsel bzw. Individualkunden zur Buchung von Pauschalreisen veranlaßt,
  - •• Preisschwellen, deren Unterschreitung Interessenten dazu veranlaßt, ihr Anspruchsniveau hinsichtlich der Reisequalität zurückzuschrauben.

Folgende Möglichkeiten der **Ermittlung von Preisschwellen** bieten sich an:
- bisherige eigene Erfahrungen (Buchungsdaten der Vergangenheit).
- Konsumentenbefragungen (allerdings verbunden mit den bekannten Problemen: Validität? Ausreichende Preistransparenz? Preiskenntnis?).
- Expertenbefragungen, z.B. Befragung von Reisebüroexpedienten, die über Informationen und Erfahrungen aus den alltäglichen Kundengesprächen verfügen.
- Vergleich von Konkurrenzpreisen (s.u.: konkurrenzorientierte Preispolitik).

So konnten beispielsweise folgende oberen Preisschwellen für einen 14-tägigen Urlaub eines Singles auf Mallorca im Sommer 1990 bei Unterbringung in einer bestimmten Hotelkategorie vermutet werden:
- obere Preisschwelle Hauptsaison: 1.600.-DM,
- obere Preisschwelle Nachsaison: 1.400.-DM.

---

[9] So z.B. Ende 1993/Anfang 1994 nach den Konkursen der beiden Reiseveranstalter "MP Travel" und "Marlo".

Begründung:
- Vergleich der Preise der wichtigsten Anbieter: ca. 80% aller Reiseveranstalter verkauften ein solches Angebot unter diesem Preis.
- Empirische Untersuchung der durchschnittlichen Gesamtausgaben für einen 2-Wochen-Urlaub in Spanien (1987): 1.684.-DM pro Person (vgl. Reiseanalyse 1987).
- Empirische Untersuchung der durchschnittlichen Gesamtausgaben für einen 2-Wochen-Urlaub in Spanien (1988): 1.708.-DM pro Person (vgl. Opaschowsky, Urlaub 1989/90 - Trendwende).

In der Veranstalterpraxis stellt sich dabei folgendes Problem (oder: es bietet sich folgende Chance): Qualitätsanforderungen, Preisbereitschaft und andere Determinanten der touristischen Nachfrage sind nicht bei allen Urlaubern gleich ausgeprägt. Dies erfordert (bzw. ermöglicht) eine **Preisdifferenzierung im Rahmen einer Marktsegmentierung**!

Wir fassen kurz zusammen: Da in der Veranstalterpraxis Nachfragefunktionen nicht bekannt sind, bietet sich eine Orientierung an Preisschwellen an, um nachfrageorientiert die Katalogpreise festzusetzen. Für unterschiedliche Zielgruppen können dabei verschiedene Preisschwellen gelten, was eine Preisdifferenzierung ermöglicht.

2.2.2.3. Preisdifferenzierung im Rahmen der Strategie der Marktsegmentierung

Es würde den Rahmen dieses Buches sprengen, auf die Varianten der Marktsegmentierung im Tourismus näher einzugehen.[10] Im folgenden werden daher lediglich die Möglichkeiten einer (Mikro-)Segmentierung des Marktes nach der Preisbereitschaft der Kunden aufgezeigt.

Ursachen und Hintergründe einer **Preisdifferenzierung** können z.B. sein:
- unterschiedlich hohe Aufwendungen für Vorleistungen (Preisdifferenzierungen der Leistungsträger schlagen sich durch),
- Leistungsdifferenzierungen,
- Chancen auf höhere Deckungsbeiträge,
- Strategien des (sukzessiven) kalkulatorischen Ausgleichs.

Auf die einzelnen Formen der Preisdifferenzierung im Reiseveranstaltergeschäft soll im folgenden kurz eingegangen werden. Spätestens an dieser Stelle sollte sich der im Umgang mit Reisekatalogen wenig versierte Leser mehrere **Kataloge verschiedener Veranstalter zur Hand**

---

10 Zur **Marktsegmentierung im Tourismus** siehe ausführlich: Kirstges, Expansionsstrategien, Kapitel 6.

nehmen und darin jeweils nachvollziehen, ob und inwiefern die jeweilige Form der Preisdifferenzierung praktiziert wird!

a) Zeitliche Preisdifferenzierung:

These: Zu verschiedenen Zeiten besitzt eine identische touristische Leistung (für verschiedene Nachfrager) einen unterschiedlich hohen Wert.

Folgende Varianten der zeitlichen Preisdifferenzierung lassen sich unterscheiden:

- nach Buchungszeitpunkt: Frühbucherrabatte, last-minute

- nach Reisebeginn/Reisezeit: verschiedene Saisonzeiten

Tabelle III.2.C.: Anzahl der unterschiedenen Saisonzeiten in den Jahren 1983 bis 1989 (jeweils Sommerprogramm):

Veranstalter	1983	1984	1985	1986	1987	1988	1989
NUR	5	5	5	5	5	5	5
TUI	7	6	6	6	6	6	6
ITS	5	5	5	5	4	4	4
Hetzel	5	5	5	5	5	6	6

- nach Aufenthaltsdauer (auch als Variante der mengenmäßigen Preisdifferenzierung zu sehen):
  - •• tendenziell bei Pauschalreisen: je länger, desto günstiger (relativ pro Nacht)
  - •• Grund: aufenthaltsdauerunabhängige Leistungs-(Kosten-)bestandteile (z.B. Transport)
  - •• aber: unterschiedliche Preise sowie u.U. höhere Deckungsbeiträge für Verlängerungswochen

b) Räumliche Preisdifferenzierung:

These An verschiedenen Orten besitzt eine (ansonsten) identische touristische Leistung (für verschiedene Nachfrager) einen unterschiedlich hohen Wert.

Varianten der räumlichen Preisdifferenzierung:
- nach Zielgebieten: zum selben Zeitpunkt unterscheiden sich die Saisonzeiten/Preisniveaus in verschiedenen Destinationen
- nach Absatzmärkten: je nach Ort der Buchung (Vertriebsweg) unterschiedliche Preisniveaus
- nach Abreiseorten: je nach Abflughafen/Abfahrtsort ($\Rightarrow$ "Flughafenzuschläge")

Üblich ist eine Kombination der zeitlichen und räumlichen Preisdifferenzierung: Je nach Abflugsort bestehen zum gleichen Termin unterschiedliche Saisonzeiten.

c) Personelle Preisdifferenzierung:

These: Verschiedene Personen(typen) sind bereit, für eine identische touristische Leistung einen unterschiedlich hohen Preis zu entrichten.

Varianten der personellen Preisdifferenzierung:
- nach Alter: Kinderermäßigungen, Seniorentarife
- nach sozialen Gesichtspunkten: Behindertenermäßigungen
- etc.

d) Mengenmäßige Preisdifferenzierung:

These: Für bestimmte Nachfragemengen bieten sich unterschiedliche Konditionen an (vgl. Mengenrabatt).

Varianten der mengenmäßigen Preisdifferenzierung:
- Zahl der Reiseteilnehmer: Gruppenermäßigungen, Einzelzimmeraufschläge
- Zahl der durchgeführten Reisen: Stammkunden-/Vielbucherrabatte; Zusatzleistungen für Vielflieger

e) Preisdifferenzierung nach dem Vertriebsweg:

These: Für unterschiedliche Vertriebswege bieten sich unterschiedliche Konditionen an.

Varianten der vertriebswegorientierten Preisdifferenzierung:
- Direktbuchertarife versus Reisemittlerpreise
- unterschiedliche Provisionen je nach Reisemittlertyp
- etc.

f) Preisdifferenzierung in Verbindung mit Produktvariationen:

These: Für unterschiedliche Produktvarianten lassen sich verschiedene Preise erzielen.

Unter einer Produktvariation versteht man eine nur leichte Veränderung einer Leistung, ohne daß dadurch ein völlig neues Angebot entsteht.

Varianten der produktvariationsorientierten Preisdifferenzierung:
- Aufpreise für komfortablere Zimmer, Schiffskabinen, etc.
- separat zu zahlende Zusatzleistungen (Ausflüge etc.)
- etc.

2.2.2.4. Preislogik

Die vom Reiseveranstalter im Katalog ausgewiesene Preisstruktur muß für den Nachfrager verständlich und logisch nachvollziehbar sein!

Die daraus resultierende Forderung nach einer Preislogik muß folgende Aspekte berücksichtigen:

a) Innerhalb eines Angebots sollten verschiedene Produktvariationen zu verschiedenen Saisonzeiten in gleicher Preisrelation zueinander stehen.

Negativbeispiel (Preise jeweils in DM pro Person):

Reisezeit	Einzelzimmer	Doppelzimmer
A	899	788
B	958	839
C	999	1086
D	845	756

In diesem Beispiel sind die Preise zur Saisonzeit C unlogisch im Vergleich zu den übrigen Saisonzeiten: Warum ist das EZ hier plötzlich billiger als das DZ?

b) Innerhalb eines Angebots sollten in gleichen Saisonzeiten dieselben Preise gelten.

Negativbeispiel (Preise jeweils in DM pro Person):

Reisezeit	Einzelzimmer	Doppelzimmer
A	899	788
B	958	839
C	845	756
D	958	839
E	899	785
F	845	756

Die Preise für das DZ zu den Reisezeiten A und E (= dieselbe Saisonstufe) sind unlogisch: Warum ist das DZ zu beiden Zeiten unterschiedlich teuer, obwohl das EZ jeweils zum gleichen Preis angeboten wird?

c) Aufpreise für identische Zusatzleistungen sollten zu unterschiedlichen Saisonzeiten gleich hoch sein.

Negativbeispiel (Preise jeweils in DM pro Person):

Reisezeit	eigene Anreise	Busanreise
A	699	899
B	758	958
C	815	999
D	958	1058

Der Aufschlag für die Busanreise ist in der Saisonzeit C niedriger als zu den übrigen Reisezeiten.

Aber: Hier stellt sich andererseits die Frage, ob eine Überschreitung der Preisschwelle von 1000.-DM wegen 16.-DM Unterschied ("Preisunlogik") sinnvoll ist?

Übungsbeispiel:

Die kostenorientierte Preiskalkulation liefert folgende Kundenendpreise (in DM pro Person):

Angebot-Nr.:		A			B			C			
Appartement:		6er	4er	2er	6er	4er	2er	8er	6er	4er	2er
19.12. -	26.12.	299	319	399	369	399	539	459	469	449	668
26.12. -	2.1.	349	369	469	379	419	559	479	499	499	689
2.1. -	9.1.	289	299	359	318	339	399	369	369	379	479
9.1. -	16.1.	269	279	339	299	328	388	349	349	359	439
16.1. -	23.1.	269	279	339	319	339	417	349	349	359	439
23.1. -	30.1.	289	299	359	319	339	417	369	369	399	469
30.1. -	6.2.	289	289	359	338	349	439	369	369	399	469
6.2. -	13.2.	399	429	559	479	538	688	529	539	579	799
20.2. -	27.2.	428	459	599	479	538	688	559	569	599	849
27.2. -	6.3.	428	459	599	479	538	688	559	569	599	849
6.3. -	13.3.	399	429	579	479	538	688	499	518	549	749
13.3. -	20.3.	289	299	359	369	399	498	469	479	499	677
20.3. -	27.3.	289	299	359	359	389	489	469	479	499	677
27.3. -	3.4.	279	289	348	359	389	489	469	479	499	677
3.4. -	10.4.	279	289	348	348	379	476	479	489	509	689

Wie sollten diese Preise im Sinne einer nachfrageorientierten Preislogik korrigiert werden?

Lösungshinweise:
Die kursiv/fett markierten Preise sind "unlogisch".

Angebot-Nr.:		A			B			C			
Appartement:		6er	4er	2er	6er	4er	2er	8er	6er	4er	2er
19.12. -	26.12.	299	319	399	369	399	*539*	459	469	*449*	668
26.12. -	2.1.	349	369	469	379	419	559	479	499	499	689
2.1. -	9.1.	289	299	359	*318*	339	399	369	369	379	479
9.1. -	16.1.	269	279	339	299	328	388	349	349	359	439
16.1. -	23.1.	269	279	339	319	339	*417*	349	349	359	439
23.1. -	30.1.	289	299	359	319	339	417	369	369	*399*	*469*
30.1. -	6.2.	289	*289*	359	338	349	439	369	369	*399*	*469*
6.2. -	13.2.	399	429	*559*	479	538	688	529	539	579	799
20.2. -	27.2.	428	459	599	479	538	688	559	569	599	849
27.2. -	6.3.	428	459	599	479	538	688	559	569	599	849
6.3. -	13.3.	399	429	*579*	479	538	688	499	518	549	749
13.3. -	20.3.	289	299	359	369	399	*498*	469	479	499	677
20.3. -	27.3.	289	299	359	359	389	489	469	479	499	677
27.3. -	3.4.	279	289	348	359	389	489	469	479	499	677
3.4. -	10.4.	279	289	348	348	379	476	479	*489*	*509*	689

2.2.3. Konkurrenzorientierte Preisstellung

Ziel der konkurrenzorientierten Preisstellung ist eine Festlegung des Reisepreises dergestalt, daß die Konsumenten
- noch nicht zu Wettbewerbern abwandern,
- gerade eben zum Wechsel zum eigenen Unternehmen bewegt werden.

In diesem Zusammenhang sei nochmals an das oben dargestellte preistheoretische Modell erinnert: Es existieren eine obere und eine untere Grenze des wettbewerbsfreien, **monopolistischen Bereichs der Preis-Absatz-Funktion**.

Als **Wettbewerber** sind alle Anbieter solcher Leistungen zu betrachten, die beim Nachfrager Bestandteil des gleichen "evoked set" sind; somit besteht eine hohe Kreuzpreiselastizität zwischen den eigenen Reiseleistungen und denen der Konkurrenten. Auf die in diesem Zusammenhang auftretende Problematik der **Abgrenzung des relevanten Marktes** kann hier nur hingewiesen werden.

Eine konkurrenzorientierte Preisbildung erscheint insbesondere bei "klassischen" Standardpauschalreisen wichtig, da bezüglich der relevanten Produktfacetten kaum Unterschiede zwischen den einzelnen Veranstaltern bestehen.

2.2.3.1. Ausgewählte Aspekte der strategischen Preisfestsetzung

Preisstrategisch bieten sich einem Veranstalter **drei grundsätzliche Verhaltensweisen** gegenüber den Konkurrenten:

- unter dem Konkurrenzpreisniveau (im Sinne einer **Penetrationsstrategie**)
  = **Kampfstrategie**: Durch eine aggressive Preispolitik wird eine Erhöhung des eigenen Marktanteils angestrebt:
  - •• schnelle Marktdurchdringung ("Masse"),
  - •• sinkende Stückkosten durch Erfahrungskurveneffekte,
  - •• insbesondere durch Großveranstalter realisierbar,
  - •• für kleine Reiseveranstalter nur durch Konzentration auf bestimmte Zielgebiete möglich,
  - •• Gefahr: Einleitung von ruinösen Preiskämpfen.

- dem Konkurrenzpreisniveau entsprechend
  = wirtschaftsfriedliche **Koexistenz**: Der Veranstalter orientiert sich am Preis-Leistungs-Niveau seiner Konkurrenten. Dieses Verhalten kann zu einem "**Schlafmützenwettbewerb**", wie Schumpeter diese Situation bezeichnete, führen. Außerdem besteht für den einzelnen Veranstalter die Gefahr, daß **Deckungsbeiträge verschenkt** werden.

- über dem Konkurrenzpreisniveau (im Sinne einer **Abschöpfungsstrategie**/skimming-pricing)
  Die Abschöpfungsstrategie birgt die Gefahr einer Abwanderung von Kunden. Daher erscheint sie nur unter folgenden **Anwendungsvoraussetzungen** opportun:

  - •• Der Veranstaiter verfügt über eine starke Marktmacht (Markenkäufer; Stammkunden; Vertriebskanäle; Innovation).
  - •• Die Veranstalterstärke liegt in einer exklusiven Verfügbarkeit von Kapazitäten in den gefragten Saisonzeiten/Zielgebieten.
  - •• Die Preisdifferenzierung erfolgt in Verbindung mit einer Produktdifferenzierung im Vergleich zu den Konkurrenzangeboten.
  - •• Die Preiselastizität der Nachfrage ist - zumindest kurzfristig - niedrig.

Verfügt der Veranstalter über mehrere voneinander unabhängige Marken, so erscheint eine **Konkurrenzierung auf verschiedenen Ebenen** möglich (vgl. die Strategie des simultanen kalkulatorischen Ausgleichs). Ebenso ist ein sukzessiver kalkulatorischer Ausgleich (speziell zur Markteinführung neuartiger Reiseleistungen) vorstellbar. Ein solches **Preismanagement im Produktlebenszyklus** (PLZ) zielt auf eine Entwicklung des Preisniveaus im Zeitverlauf ab.

Abbildung III.2.b.: Beispiel 1 zum Preismanagement im PLZ

```
           Innovation
        ⇒ Skimming-pricing
                ⇩
   Habitualisierung/Entwicklung zum
            Massenmarkt
      ⇒ Senkung des Preisniveaus
                ⇩
  Markteintrittsversuche von Konkurrenten
        ⇒ penetration-pricing
```

Abbildung III.2.c.: Beispiel 2 zum Preismanagement im PLZ

PLZ-Phase	Marktanteilsziel	Preisstrategie
Einführung	aufbauen	agressiv
Wachstum	vergrößern	möglichst unter Marktpreis
Reife	halten	Preis halten oder erhöhen; für kleine Anbieter: Preis unterhalb des Marktführers
Sättigung	ernten; Elimination vorbereiten	Preis hoch lassen

Zur Verdeutlichung ein kurzes **Praxisbeispiel**: Sie kennen den Reiseveranstalter **Alltours** Flugreisen GmbH aus Kleve. Welche Preisstrategie verfolgt dieser große mittelständische Veranstalter?

Alltours (1992/93: 445.000 Pax; 525 Mio. Umsatz; ca. 12 Mio. Gewinn = ca. 2,3% Umsatzrendite) gehört zu den sehr preisaggressiven Anbietern, die den Großveranstaltern (TUI, NUR, etc.) ein Dorn im Auge sind. Alltours versucht also (mit Erfolg), über eine Penetrationsstrategie Marktanteile zu gewinnen. Mitte 1993 kam es daher zu Versuchen der Großveranstalter, Alltours dadurch aus bestimmten (Ziel-)Märkten zu verdrängen, daß mit wichtigen Hotels in den Zielgebieten Ausschließlichkeitsverträge (gegen Alltours und andere Wettbewerber) abgeschlossen wurden.

2.2.3.2. Grundzüge einer informatorischen Basis

Um konkurrenzorientiert die eigenen Preise gestalten zu können, bedarf es den Aufbaus eines **Informationssystems** hinsichtlich der relevanten Wettbewerber.

Zentrale **Informationsfelder** sind z.B. die folgenden:
- Ziele der Wettbewerber,
- Preispolitik und Preis-Leistungs-Niveau der Konkurrenten,
- Kostenstruktur,
- Einsatzspektrum der Marketinginstrumente,
- vorhandene Kapazität (Flug, Unterkunft je Zielgebiet, etc.),
- etc.

Auf Basis dieser Informationen lassen sich (produktbezogene) **Stärken-Schwächen-Analysen** erstellen.

Folgende Vorgehensweisen bieten sich im Rahmen der Informationsgewinnung an:
- Preis-Leistungs-Vergleiche mittels (Vorjahres-)Reisekatalogen,
- Auswertung von Presseinformationen,
- Beobachtung des allgemeinen Markt-/Marketingverhaltens,
- Abschätzung mittels Indikatoren
  (z.B. Mitarbeiterzahl als Indikator der Kostenstruktur)
- etc.

Im Zuge der Informationsverarbeitung und -speicherung kommt den Management- bzw. Marketing-Informationssystemen (**MIS / MAIS**), auf die an dieser Stelle jedoch nicht weiter eingegangen werden kann, eine zentrale Bedeutung zu.

2.2.4. Das Zusammenspiel von kosten-, konkurrenz- und nachfrageorientierter Preiskalkulation

Kosten-, Konkurrenz- und Nachfrageorientierung bilden ein "magisches Dreieck" der Preiskalkulation. Jeder dieser drei Aspekte muß bei der Preisbildung und -darstellung durch Reiseveranstalterunternehmen hinreichend Berücksichtigung finden.

Abbildung III.2.d.: Die "3-K" als "magisches Dreieck" der Reisepreiskalkulation

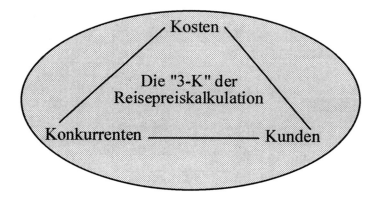

Die **Kosten** bilden die Basis für eine Minimalkalkulation; sie stellen somit eine notwendige Bedingung der Preisberechnung dar. Die **Kunden** dienen der Optimalkalkulation für nachfrageorientierte, vom Markt akzeptierte Preise. Diese können durchaus über der kostenorientierten Minimalkalkulation liegen. Liegen sie hingegen darunter, sollten - im Sinne eines target costing - die Kosten auf das im Markt durchsetzbare Niveau gesenkt werden. Die **Konkurrenten** schließlich dienen als Orientierungsmaßstab und bilden ggf. eine Restriktion, die die Durchsetzung (höherer) nachfrageorientierter Preise verhindert. Die folgende Abbildung soll abschließend die Zusammenhänge verdeutlichen:

Abbildung III.2.e.:
Modell der Preiskalkulation unter Berücksichtigung von Kosten, Kunden und Konkurrenten

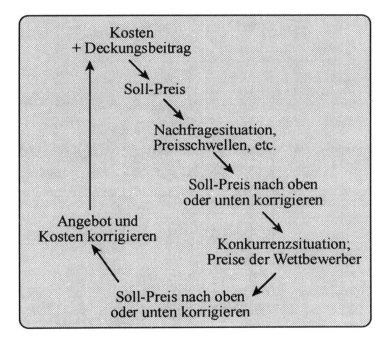

Nachdem nun ein Überblick über die Problematik der Reisepreiskalkulation gegeben wurde, sollen im folgenden einige spezifische Probleme der kostenorientierten Preisfindung durch Reiseveranstalter vertieft werden.

2.3. Vertiefung ausgewählter Aspekte der kostenorientierten Preisfindung
2.3.1. Fixe versus variable Leistungskosten und Währungsrisiken

Hier soll es nicht um die allgemeine Problematik der Gemeinkostenverrechnung gehen (z.B. anteilige Werbekosten, Bürokosten, Personalkosten, etc.), sondern um die spezifischen **Einzelkosten der touristischen Leistung**.

Als **variable Kosten** sollen solche bezeichnet werden, die abhängig von der effektiven Zahl der Reiseteilnehmer sind. **Fixe Kosten** fallen dementsprechend unabhängig von der Pax-Zahl an. Bei den Fixkosten gewinnt daher der Auslastungsgrad an Bedeutung (siehe Abschnitt 2.3.2.).

Als variable Kostenbestandteile fallen im Rahmen einer Reiseleistung z.B. die folgenden an:
- Unterkunfts-/Hotelleistungen auf Optionsbasis,
- Transfers bei Abrechnung pro Pax,
- Versicherungsschutz,
- Zusatzleistungen/Extras pro Pax,
- etc.

Variable Kosten unterliegen zwar nicht der Auslastungsproblematik; doch auch für sie (ebenso wie für Fixkosten) können **Währungsschwankungen** von Bedeutung sein. Folgendes Beispiel soll die Problematik von Währungsschwankungen verdeutlichen:

Im Rahmen der Kalkulation seines Appartementangebots für Frankreich geht ein Veranstalter von folgenden Daten aus:

- Preis pro Appartement pro Woche: 4.000.-FF
- Kalkulationskurs: 1 FF = 0,29 DM
    - $\Rightarrow$ Appartementkosten = 1.160.-DM
    - $\Rightarrow$ bei 2.000 App. $\Rightarrow$ 2.320.000.-DM kalkulierte Kosten

Als schließlich, nach der Saison, die Rechnung des Appartementleistungsträgers kommt, hat sich der Franc-Kurs wie folgt geändert:
- effektiver Kurs bei Eingang der Leistungsträger-Rechnung: 1 FF = 0,30 DM

Welche Auswirkungen hat dies auf die Ergebnissituation des Veranstalters?

- effektiver Kurs bei Eingang der Leistungsträger-Rechnung: 1 FF = 0,30 DM
    - $\Rightarrow$ effektive Appartementkosten = 1.200.-DM

⇒ Differenz im Vergleich zur Kalkulation:
40.-DM Mehrkosten pro verbuchtem Appartement

- bei Vollauslastung der 2.000 Appartements
  ⇒ 2.400.000.-DM effektive Kosten
  ⇒ 80.000.-DM Mehrkosten aufgrund einer Wechselkursänderung

Die Wechselkursänderung von 3,4% schlägt sich also in Form einer Kostenerhöhung in voller Höhe auf die variablen Leistungskosten durch.

Der Geschäftserfolg eines (auf ausländischen Zielmärkten engagierten) Reiseveranstalters kann also wesentlich davon abhängen, auf welcher Wechselkursbasis er seine Katalogpreise berechnet hat und wie sich demgegenüber der tatsächliche Kurs zum Zahlungstermin verhält. Die Ursachen für Kursänderungen sind unterschiedlicher Natur: Die gesamtwirtschaftliche Entwicklung, Leitzinsänderungen der Nationalbanken oder Veränderungen der Arbeitslosenquoten können ebenso wie Gerüchte und Mutmaßungen an den Finanzmärkten den Devisenmarkt ins Wanken bringen.

Insbesondere für Reiseveranstalter, die Zielgebiete im außereuropäischen Ausland anbieten, ist daher ein **Management der Währungsrisiken** von Bedeutung. Wenn die Kundenpreise kalkuliert werden, ist der spätere Wechselkurs, zu dem die Leistungsträger im Ausland gezahlt werden müssen, noch nicht bekannt. Größere Schwankungen können schnell zu erheblichen Verlusten führen.

Auf die sich im Rahmen eines **Cash-Management** bietenden Lösungsmöglichkeiten wird weiter unten, im Abschnitt 3.4., näher eingegangen. Fassen wir an dieser Stelle daher nur kurz die Bedeutung von Währungsschwankungen für die kostenorientierte Preiskalkulation zusammen: Das Währungsrisiko besteht in der Abweichung des Devisenkurses von seinem Erwartungswert, der der Kundenpreiskalkulation zugrunde gelegt wird. Durch ein Währungsmanagement kann man dieses Risiko reduzieren.

2.3.2. Bedeutung der Auslastung bei der Verteilung fixer Leistungskosten und deren Auswirkung auf das Preisniveau

Die **Problematik dieser Fixkosten** stellt sich wie folgt dar: Die Kosten fallen in einer bestimmten Höhe an, unabhängig davon, wieviele Reisende diese (Teil-)Leistung tatsächlich in Anspruch nehmen werden. Die Höhe dieser Kosten steht vor Buchungseingang und Reisebeginn fest bzw. muß vom Reiseveranstalter festgeschrieben werden. Die Kostenanteile je Kunde müssen für die Preisfestsetzung vorab festgelegt werden. Dazu ist abzuschätzen, auf wieviele Personen sich die Gesamtkosten verteilen werden (Abschätzung des Auslastungsgrades). Bei späterer Nicht-Auslastung entstehen **Leerkosten**.

Der **Auslastungsgrad** soll als der Anteil der tatsächlich genutzten Plätze (Flug, Hotel, Kurs, etc.) an dem zur Verfügung stehenden Platzpotential (für das Kosten in fixer Höhe anfallen) definiert werden.

In welchen Leistungsbereichen des Veranstaltergeschäfts fallen nun **Fixkosten** an?

Fixkosten (= Kosten, die unabhängig von der tatsächlichen Auslastung sind) fallen im Veranstaltergeschäft z.B. in folgenden Leistungsbereichen an:
- Charterflüge/Charterflugketten,
- Bustransporte/Busketten,
- eigenveranstaltete Kurse (Sprach-, Sportkurse),
- fest angestellte Reiseleiter/Reiseführer,
- eigene Beherbergungsbetriebe,
- etc.

Folgende **Beispiele** sollen die **Bedeutung des Auslastungsgrades** verdeutlichen:

Beispiel 1: Charterkette

- Kosten eines Charterflugs (**Charterkette** mit 8 Hin- und Rückflügen = 16 mal die Einzelstrecke; DC-8 mit 249 Flugsitzen) von Frankfurt nach Rio de Janeiro:
  - • 232.000.-DM pro Rundflug (1 x vollbesetzt Hin und 1 x vollbesetzt Rück) mit Passagieren
  - • 174.000.-DM im Falle eines integrierten Leerfluges (ohne Passagiere; am Anfang bzw. am Ende der Charterkette)
- Prognostizierter Auslastungsgrad: 85%

Errechnen Sie den Flugkostenanteil pro Person!

Lösung zur Berechnung des Flugkostenanteils pro Person:

Kosten für die gesamte Charterkette:
6 x 232.000.-DM + 2 x 174.000.-DM = 1.740.000.-DM

maximale Fluggastkapazität:
7 (Hin-)Flüge à 249 Sitzplätze = 1.743 Personen

angenommener Auslastungsgrad zur Kalkulation:
85% x 1.743 Personen = 1.482 Personen

Kostenanteil des Fluges im Rahmen der Pauschalreise:
1.740.000.-DM : 1.482 Personen = 1.174.-DM pro Person

Der Veranstalter gestaltet daraufhin folgende Pauschalreise:

- fünf qualitativ und/oder zeitlich verschiedenen Varianten (A bis E)
- jeweils verschiedene variable Kosten (z.B. Hotelaufenthaltskosten)
- unterschiedliche Teilnehmererwartung

Gemäß der folgenden Tabelle läßt sich eine **Saisonpreiskalkulation** durchführen:

Tabelle III.2.D.: Beispiel Vorkalkulation

Pauschalreise und Teilnehmerprognose	Flugkosten in DM	Variable Kosten in DM	Gesamtkosten in DM	Verkaufspreis in DM	kalkulierter Deckungsbeitrag pro Reise	Deckungsbeitrag total in DM
A = 10% 148 Passagiere	1.174	295	1.469	1.469	0	0
B = 20% 296 Passagiere	1.174	530	1.704	1.856	152	44.992
C = 30% 445 Passagiere	1.174	870	2.044	2.226	182	80.990
D = 30% 445 Passagiere	1.174	1.060	2.234	2.516	282	125.490
E = 10% 148 Passagiere	1.174	1.890	3.094	3.396	332	49.136
1.482 Passagiere	durchschnittlicher Deckungsbeitrag pro Fluggast:				203	
	Deckungsbeitrag total:					**300.608**

Am Ende der Saison stellt der Veranstalter fest, daß der **tatsächliche durchschnittliche Auslastungsgrad nur 80%** betrug. Auf welche Höhe belaufen sich - eine gleichmäßige Verteilung der Passagiere auf die einzelnen Flüge angenommen - die durchschnittlichen tatsächlichen Flugkosten je Passagier?

Die **Nachkalkulation** der Saison ergibt folgendes Bild:

- 80% faktische Auslastung = 1.394 Personen
- durchschnittliche Flugkosten pro Passagier
  = 1.740.000.-DM : 1.394 Personen = 1.248.-DM

Tabelle III.2.E.: Beispiel Nachkalkulation

Pauschalreise und realisierte Teilnehmerzahl	Flugkosten in DM	Variable Kosten in DM	Gesamtkosten in DM	Verkaufspreis in DM	realisierter Deckungsbeitrag pro Reise	Deckungsbeitrag total in DM
A = 10% 139 Passagiere	1.248	295	1.543	1.469	- 74	- 10.286
B = 20% 279 Passagiere	1.248	530	1.778	1.856	78	21.762
C = 30% 418 Passagiere	1.248	870	2.118	2.226	108	45.144
D = 30% 418 Passagiere	1.248	1.060	2.308	2.516	208	86.944
E = 10% 140 Passagiere	1.248	1.890	3.138	3.396	258	36.120
1.394 Passagiere	durchschnittlicher Deckungsbeitrag pro Fluggast:				129	
	Deckungsbeitrag total:					**179.684**

Durch den nur um **5%** geringeren Auslastungsgrad sinkt der **Gesamtdeckungsbeitrag** von prognostizierten 300.608.-DM auf realisierte 179.684.-DM, also um mehr als **40%**!

Beispiel 2: Buspreiskalkulation

Eine Busfahrt für maximal 50 Personen von Frankfurt nach Wien koste 5.000.-DM. An variablen Kosten und Deckungsbeitrag fallen je Kunde 200.-DM an.

1. Schritt: Preiskalkulation auf Basis alternativer Auslastungsprognosen (Tabelle III.2.F.)

kalkulierte Auslastung		anteil. Fixkosten in DM	variable Kosten + Soll-Marge in DM	kalkulierte Gesamtkosten = Preis in DM 5000/Ausl. + 200
in Personen	in %			
50	100	100	200	300
45	90	111	200	311
40	80	125	200	325
35	70	143	200	343
30	60	167	200	367
25	50	200	200	400
20	40	250	200	450
10	20	500	200	700
1	2	5000	200	5200

Ginge man von einer Vollauslastung aus, könnte man die Reise also für 300.-DM pro Person anbieten. Würden - im anderen Extrem - nur 10 Teilnehmer mitfahren, müßte jeder von ihnen 700.-DM zahlen.

2. Schritt:
Zahl der Buchungen/Kunden auf Basis einer (nicht bekannten) Preis-Absatz-Funktion

Dem Busreiseveranstalter ist jedoch nicht bekannt, wie sich Nachfrage - in Abhängigkeit von dem gesetzten Preis - verhalten wird. Gehen wir hier - zur Verdeutlichung - von folgender Nachfragefunktion aus:

$$\text{Nachfrage} = 200 - 0{,}45 * \text{Preis}$$

Damit würde sich - bei den oben kalkulierten Alternativpreisen - folgende Nachfrage ergeben (Tabelle III.2.G.):

Preis in DM (laut obiger Kalkulation)	Nachfrage = tatsächliche Auslastung in Personen = 200-0,45*P
300	65
311	60
325	54
343	46
367	35
400	*20*
450	*-3 = 0*
700	*-115 = 0*
5200	*-2140 = 0*

3. Schritt: Ergebnisermittlung

Wir wollen hier keine mathematische Optimierung anstreben (die einzelnen Funktionen ließen sich optimieren), sondern greifen nur exemplarisch die Nachfrage- (= Auslastungs-)Daten von oben auf. Die Kapazitätsrestriktion des Busses beträgt nach wie vor 50 Plätze.

Tabelle III.2.H.: Ergebnisermittlung in Abhängigkeit von der tatsächlichen Busauslastung

maximal mögliche (tatsächliche) Auslastung	tatsächlicher Fixkostenanteil = 5000/Ausl.	variable Kosten	tatsächliche Gesamtkosten	Umsatzerlös p.Pers.	DB pro Pers.	Reisende (Pax)	DB gesamt
65 (50)	77 (100)	200	277 (300)	300	23 (0)	50	1150 (0)
60 (50)	83 (100)	200	283 (300)	311	28 (11)	50	1400 (550)
54 (50)	93 (100)	200	293 (300)	325	32 (25)	50	1600 (1250)
46	109	200	309	*343*	34	*46*	*1564*
35	143	200	343	367	24	35	840
20	250	200	450	400	-50	20	-1000
1/0	5000	200	5200	450	-4750	0	0

Es zeigt sich, daß ein Preis von 343.-DM zu einer Nachfrage von 46 Personen führt, die alle als Reiseteilnehmer akzeptiert werden können; dadurch ergibt sich der größtmögliche Gesamtdeckungsbeitrag.

Die Beispiele verdeutlichen folgende **Probleme einer auslastungsorientierten Preiskalkulation**:

1. Ein Reiseveranstalter, der mit einer hoher Auslastung von z.B. 90% (= 45 Plätze) kalkuliert hat und seine Reise zum Preis von 311.-DM anbietet, verschenkt Deckungsbeiträge, da er auch zu einem höheren Preis voll ausgelastet wäre. Da aber in der Praxis die Nachfragefunktionen (Nachfragereaktionen) nicht bekannt sind, stellt sich die Frage, wie weit die Preise erhöht werden können, ohne Leerkosten zu riskieren.

2. Ein Reiseveranstalter, der mit einer Auslastung von 50% (= 25 Plätze) kalkuliert hat und seine Reise zum Preis von 400.-DM anbietet, verbucht nur 20 Plätze und erwirtschaftet einen negativen DB. Als (falsche) Konsequenz wäre hier (z.B. in der nächsten Saison) eine Erhöhung des Reisepreises möglich. Dadurch würden jedoch die Nachfrage (und damit die reale Auslastung) noch weiter sinken und die Verluste steigen.

Insofern kann man von einer **"self-fulfilling prophecy" einer niedrigen Auslastung** sprechen: Die Kalkulation mit niedrigen Auslastungsgraden führt zu hohen Angebotspreisen und damit zu einem tatsächlich niedrigen Auslastungsgrad! Die folgende Abbildung faßt diese Überlegungen zusammen.

Abbildung III.2.f.: Zusammenhang zwischen kalkuliertem Auslastungsgrad und tatsächlicher Auslastung

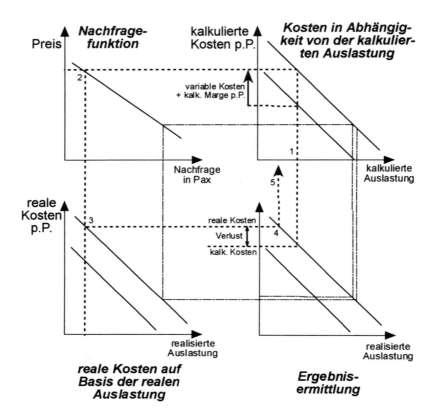

Ausgehend von einer kalkulierten Auslastung (Punkt 1 in der Abbildung) ergibt sich ein bestimmter Angebotspreis, der (siehe Punkt 2. im 2. Quadrant der Abbildung) gemäß einer - in der Praxis nicht bekannten - Nachfragefunktion zu einer entsprechenden Nachfrage führt. Diese entspricht der realen Auslastung, die die tatsächlichen anteiligen Fixkosten determiniert (siehe Punkt 3. im 3. Quadranten). Liegt diese realisierte Auslastung nun unter der kalkulierten, ergibt sich ein Verlust, da die realen Kosten die kalkulierten übersteigen (siehe 4. Quadrant). Würde man nun - angesichts der zu geringen Nachfrage, die die anteiligen Fixkosten steigen ließ - bei einer Folgekalkulation den prognostizierten Auslastungsgrad senken und somit den Reisepreis erhöhen, würde sich die Situation spiralenförmig verschlimmern (siehe Punkt 5.). Die dünn gestrichelte Linie zeigt im Gegenzug, daß ein in der Preiskalkulation hoch angesetzter Auslastungsgrad tatsächlich zu einer großen Nachfrage führt.

2.3.3. Varianten des Kalkulationsaufschlags und deren Auswirkung auf das Preisniveau

Abschließend sollen die verschiedenen Möglichkeiten, einen unternehmerischen Kalkulationsaufschlag zu berechnen, problematisiert werden. Die in der Veranstalterpraxis übliche Variante ist die eines festen **Prozentaufschlags**. Dies wird sowohl für die Reiseveranstaltermarge (x % auf die kalkulierten Kosten) als auch für die Reisemittlerprovision (x % des Bruttoumsatzes; ggf. in Verbindung mit umsatzabhängigen Staffelprovisionen) praktiziert.

Das Problem dieser Praxis besteht jedoch darin, daß **Hochsaisonpreise (noch) höher werden** und in der **Nebensaison nur geringe Deckungsbeiträge** (bei vergleichbarem Leistungsaufwand) erwirtschaftet werden. So kann davon ausgegangen werden, daß der Beratungsaufwand für einen Reisemittler unabhängig davon, ob der Kunde in der Hauptsaison für 1.500.-DM (= z.B. 150.-DM Provision) oder in der Nebensaison für 700.- DM (= 70.-DM Provision) verreisen will, gleich groß ist.

Daher sollten folgende **Alternativen** diskutiert werden:
- Margen/Provisionen in absoluten Spannen je Person,
- Margen/Provisionen in absoluten Spannen je Buchung,
- reisezeit- oder auslastungsabhängige Provisionsvariationen,
- etc.

Absolute, vom Reisepreis unabhängige Provisionssätze haben einen **reisepreisnivellierender Effekt**, der durchaus sinnvoll und erwünscht sein kann.

Folgendes Beispiel verdeutlicht den unterschiedlichen Effekt verschiedener Varianten des Kalkulationsaufschlags (Deckungsbeitrag/DB) bei Reiseveranstaltern:

Tabelle III.2.I.: Auswirkung unterschiedlicher Kalkulationsaufschläge auf den Reispreis

Reise-zeit	Gesamt-kosten	DB-Kalk. in %		Endpreis bei DB-Aufschlag von 80.-DM pro Person		
		10% DB	Endpreis	Endpreis	= in % der Kosten	= in % des Umsatzes
A	500	50	550	580	16%	14%
B	700	70	770	780	11%	10%
C	900	90	990	980	9%	8%
D	1200	120	1320	1280	7%	6%

2.4. Zusammenfassung

Im arbeitsteiligen Tourismussystem lassen sich verschiedene Leistungsebenen unterscheiden, die - ausgehend von den touristischen Grundleistungen i.S.v. kleinsten einzel-konsumierbaren Einheiten - zum Zustandekommen und zur Vermarktung einer Pauschalreise beitragen. Da zahlreiche Unternehmen im Rahmen der touristischen Wertschöpfungskette an der Leistungserstellung beteiligt sind und da gerade für Reiseveranstalter der Umsatz größtenteils nur einen durchlaufenden Posten darstellt, sind die Umsatzrenditen relativ gering.

Die Leistungserstellung und Preiskalkulation im Tourismus muß im Hinblick auf bestimmte Marktsegmente erfolgen. Der Veranstaltermarkt in der Bundesrepublik läßt sich als Teilangebotsoligopol kennzeichnen. Für die praktische Preiskalkulation und Preisgestaltung bei Reiseveranstaltern liefern die preistheoretischen Modelle aufgrund ihrer realitätsfernen Prämissen allerdings nur sehr bedingt Ansatzpunkte. Die Reisepreiskalkulation des Veranstalters sollte daher sämtliche Überlegungen, Planungen, Entscheidungen und Analysen umfassen, die dazu dienen, einen wettbewerbsfähigen Einzelreisepreis (Kundenendpreis) festzulegen bzw. diesen hinsichtlich seiner Markt- und Unternehmensadäquanz zu überprüfen. Hierzu sind drei grundsätzliche Ansatzpunkte zu berücksichtigen:

- Kostenorientierung,
- Konkurrenzorientierung,
- Nachfrageorientierung.

Für die kostenorientierte Preiskalkulation kann auf die bekannten Kalkulationsschemata (teilkosten-/deckungsbeitragsorientiert oder vollkostenorientiert) zurückgegriffen werden, wobei folgende, für den Tourismus besonders relevante Spezifika zu berücksichtigen sind:

- Währungsschwankungen: Das Währungsrisiko besteht in der Abweichung des Devisenkurses von seinem Erwartungswert, der der Kundenpreiskalkulation zugrunde gelegt wird. Durch ein Währungsmanagement kann man dieses Risiko reduzieren.

- Auslastungsgrad: Die kalkulierte (bzw. die tatsächliche) Auslastung hat bei der Verteilung fixer Leistungskosten enorme Auswirkung auf das Preisniveau (bzw. auf das wirtschaftliche Ergebnis des Veranstalters).

Die Problematik einer auslastungsorientierten Preiskalkulation liegt in einer Art "self-fulfilling prophecy" einer niedrigen Auslastung: Die Kalkulation mit niedrigen Auslastungsgraden führt zu hohen Angebotspreisen und damit zu einem tatsächlich niedrigen Auslastungsgrad! Zwischen kalkuliertem Auslastungsgrad und tatsächlicher Auslastung besteht also ein unmittelbarer Zusammenhang.

- Verschiedene Varianten des Kalkulationsaufschlags haben große Auswirkungen auf das Reisepreisniveau der verschiedenen Saisonzeiten.

Die nachfrageorientierte Preispolitik trägt dem Umstand Rechnung, daß der Katalogpreis eine zentrale Determinante im Rahmen des Entscheidungsprozesses eines Reisewilligen darstellt. Die Bedeutung des Reisepreises (im Vergleich zu anderen Determinanten) ist dabei abhängig von dem Preisinteresse und der Preiskenntnis des Einzelnen. Da in der Veranstalterpraxis Nachfragefunktionen nicht bekannt sind, bietet sich eine Orientierung an Preisschwellen an, um nachfrageorientiert die Katalogpreise festzusetzen. Für unterschiedliche Zielgruppen können dabei verschiedene Preisschwellen gelten, was eine Preisdifferenzierung ermöglicht. Für eine solche Preisdifferenzierung bieten sich im Veranstaltergeschäft verschiedene Ansatzpunkte:
a) Zeitliche Preisdifferenzierung,
b) Räumliche Preisdifferenzierung,
c) Personelle Preisdifferenzierung,
d) Mengenmäßige Preisdifferenzierung,
e) Preisdifferenzierung nach dem Vertriebsweg,
f) Preisdifferenzierung in Verbindung mit Produktvariationen.

Schließlich verlangt eine nachfrageorientierte Preisgestaltung, daß die vom Reiseveranstalter im Katalog ausgewiesene Preisstruktur für den Nachfrager verständlich und logisch nachvollziehbar ist.

Ziel der konkurrenzorientierten Preisstellung ist eine Festlegung des Reisepreises dergestalt, daß die Konsumenten
- noch nicht zu Wettbewerbern abwandern und/oder
- gerade eben zum Wechsel zum eigenen Unternehmen bewegt werden.

Preisstrategisch bieten sich einem Veranstalter drei grundsätzliche Verhaltensweisen gegenüber den Konkurrenten:
- unter dem Konkurrenzpreisniveau (im Sinne einer Penetrationsstrategie),
- dem Konkurrenzpreisniveau entsprechend,
- über dem Konkurrenzpreisniveau (im Sinne einer Abschöpfungsstrategie/skimmingpricing).

Dabei kann es sinnvoll sein, während des Produktlebenszyklus die Preisstrategie zu ändern.

Um konkurrenzorientiert die eigenen Preise gestalten zu können, bedarf es den Aufbaus eines Informationssystems hinsichtlich der relevanten Wettbewerber.

Kosten-, Konkurrenz- und Nachfrageorientierung bilden ein "magisches Dreieck" der Preiskalkulation. Jeder dieser drei Aspekte muß bei der Preisbildung und -darstellung durch Reiseveranstalterunternehmen hinreichend Berücksichtigung finden.

3. Cash-Management
3.1. Zahlenspielereien: Die Cash-Illusion

Jeder Touristiker kennt sie, die nach wie vor aktuelle Diskussion um die Möglichkeiten der Absicherung von **Kundengeldern**. Die Forderungen der Verbraucherschützer erscheinen im Grundsatz nicht ungerechtfertigt, wenn man bedenkt, daß Reiseveranstalter und Reisemittler wie kein anderes Dienstleistungsunternehmen mit dem Geld Anderer, nämlich dem ihrer Kunden, jonglieren können. Es ist keinesfalls ungewöhnlich, daß das **Fremdkapital** von Touristikunternehmen, vor allem eben in Form von **erhaltenen Kundenanzahlungen**[11], deren Eigenkapital um ein Vielfaches übersteigt. Auf dem Bankkonto häufen sich die Millionen, der **extrem positive Cash-Flow**[12] täuscht ein gesundes Unternehmen vor, auch größere Investitionen lassen sich scheinbar "aus der Portokasse" tätigen - bis irgendwann der Cash-Zufluß einen Rückschlag erlebt und das Unternehmen wegen Zahlungsunfähigkeit oder gar Überschuldung Konkurs anmelden muß.[13] Erschwerend kommt hinzu, daß aufgrund der starken **Saisonalität des touristischen Geschäfts** grundsätzlich **hohe Schwankungen in der Liquidität** auftreten.

---

11 **Erhaltene Kundenanzahlungen** müssen bis zum Zeitpunkt der Realisierung des Umsatzes in der Finanzbuchhaltung als Verbindlichkeiten gegenüber den Kunden erfaßt werden. Hinsichtlich des richtigen Zeitpunkts der Umsatzrealisierung gibt es in Literatur und Praxis verschiedene Auffassungen; den Grundsätzen einer ordnungsgemäßen, d.h. auch vorsichtigen Buchführung entsprechend erscheint der Tag des Reiseendes der geeignete Realisierungszeitpunkt zu sein, zu dem aus den erhaltenen Anzahlungen (bzw. den an Leistungsträger geleisteten Anzahlungen) Umsätze (bzw. Aufwendungen für Vorleistungen) werden.
12 Als **Cash-Flow** wird der finanzwirtschaftliche Überschuß, also die Differenz zwischen Einzahlungen und Auszahlungen, verstanden.
13 Man denke nur an die Konkurswelle, die der Golfkrieg seinerzeit verursachte.

Beispiel:

Tabelle III.3.A.: **Entwicklung des Cash-Flows eines mittelständischen Reiseveranstalters**

Monat	Einzahlungen aus verkauften Reisen	Auszahlungen an Leistungsträger für verkaufte Reisen	Cash-Flow aus Reiseleistungen pro Periode	Cash-Flow aus Reiseleistungen kummuliert
Januar	358.000	80.100	277.900	277.900
Februar	203.500	76.500	127.000	404.900
März	258.000	311.400	-53.400	351.500
April	183.000	177.000	6.000	357.500
Mai	230.000	224.000	6.000	363.500
Juni	650.000	159.000	491.000	854.500
Juli	932.000	200.000	732.000	1.586.500
August	565.000	450.000	115.000	1.701.500
September	140.000	910.000	-770.000	931.500
Oktober	108.000	330.000	-222.000	709.500
November	89.000	122.000	-33.000	676.500
Dezember	85.000	94.000	-9.000	667.500
Summe:	3.801.500	3.134.000	667.500	

Abbildung III.3.a.: Entwicklung des Cash-Flows eines mittelständischen Reiseveranstalters

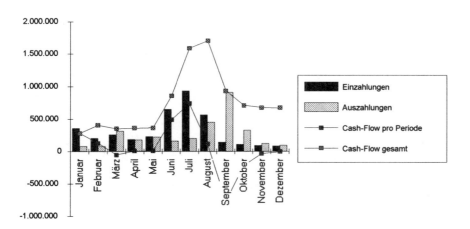

Dieses einfache Beispiel zeigt, wie stark die **Liquidität eines Reiseveranstalters im Zeitverlauf schwankt**. Ausgehend davon, daß der Veranstalter die Kundengelder vor Reisebeginn vereinnahmt, die Mehrzahl seiner Leistungsträger jedoch erst nach Reiseende bezahlen muß, ergibt sich ein besonders hoher Cash-Überschuß in den Monaten Juni bis August.

Mittels eines einfachen **Zahlenbeispiels** läßt sich leicht zeigen, wie schnell ein Touristikunternehmen dabei der Gefahr einer **Cash-Illusion** erliegen kann. Die folgende Rechnung geht von neun Buchungen aus, an denen das Unternehmen insgesamt nichts verdient; der Deckungsbeitrag[14] einer jeden verkauften Reise beträgt also Null. Die Kundenanzahlungen fließen jeweils einige Zeit bevor die Leistungsträger vom Unternehmen bezahlt werden müssen (die Zeitpunkte t_1 bis t_9 könnten z.B. Wochen darstellen). Dadurch ergibt sich bis in die siebte Periode hinein ein ansehnlicher Cash-Flow, der aufgrund der starken Zunahme sogar den Eindruck eines enormen Unternehmenswachstums vermittelt. Erst in den letzten beiden Perioden zeigt sich das gesamte Ausmaß der Cash-Illusion, da plötzlich der Buchungseingang beendet ist. Zusätzliche, kontinuierlich eingehende Buchungen vorausgesetzt, ließe sich das Cash-Wachstum weiter fortspielen - das tätsächliche, insbesondere durch die Fixkosten verursachte "Loch" würde jedoch immer größer. Dieses Phänomen, das die **Expansion sich solange selbst trägt, bis die Wachstumsraten zurückgehen**, erinnert an die bekannten Kettenbriefe und Schneeballsysteme. Durch eine Multiplikation dieser Beispielzahlen mit 1.000 oder 10.000 ergibt sich bereits die realistische Größenordnung eines mittelständischen Reiseveranstalters.

Beispiel:

Tabelle III.3.B.: **Positiver Cash-Flow trotz negativem Geschäftsergebnis**

Reise	t_1	t_2	t_3	t_4	t_5	t_6	t_7	t_8	t_9	Summe
A	100				400	-500				0
B		200				800		-1000		0
C		150	-200	900					-850	0
D			200				800	-1000		0
E			100		400	-500				0
F	200						800		-1000	0
G			250				500	-750		0
H		200					600		-800	0
I			300			900		-1200		0
Cash flow der Periode aus Buchungen	300	550	650	1300	700	1200	900	-2950	-2650	0
Kummulierter Cash aus Buchungen	300	850	1500	2800	3500	4700	5600	2650	0	0
Auszahlungen für Fixkosten	500	500	500	500	500	500	500	500	500	4500
Kummulierter Gesamtcash	-200	-150	0	800	1000	1700	2100	-1350	-4500	-4500

---

14 Als **Deckungsbeitrag** bezeichnet man den Überschuß der Umsatzerlöse über die variablen Kosten, hier also über die Aufwendungen für Reisevorleistungen der Leistungsträger.

Abbildung III.3.b.: Positiver Cash-Flow trotz negativem Geschäftsergebnis

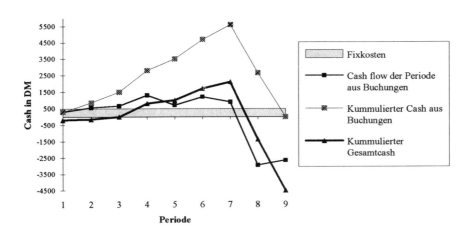

Zwar ist kaum davon auszugehen, daß Touristikunternehmen über längere Zeiträume hinweg Buchungen ohne jeglichen Deckungsbeitrag realisieren. Durchaus denkbar und in der Realität oft genug zu beobachten ist jedoch, daß ein **starkes Unternehmenswachstum**, definiert als Zunahme der Buchungs-, Pax- und Umsatzzahlen, zu so **hohen Fixkosten** führt, daß die zu geringen Gewinnmargen zu deren Deckung nicht ausreichen. Der Effekt der hohen Kundenanzahlungen bewirkt, daß dieses Wachstum zunächst problemlos zu finanzieren ist. Fatal wirken sich in einer solchen Situation plötzliche Umsatzeinbrüche aus. Nur wer **langfristig vorausplant, was er wann zu bezahlen hat**, ist vor bösen Überraschungen gefeit und kann die **benötigte Liquidität zu optimalen Konditionen beschaffen**.

Dieser Gefahr steht natürlich andererseits die große **Chance** gegenüber, die verwalteten Kundengelder zu guten Konditionen am Kapitalmarkt anzulegen, um **Zinserträge** zu erwirtschaften. Nur wer den Überblick über seine freien Mittel behält, schafft sich die Möglichkeit, Finanzmittel zinsoptimal anzulegen. **Ziel des Cash-Managements** ist es daher, den **Liquiditäts- bzw. Anlagebedarf rechtzeitig zu erkennen** und gleichzeitig die **optimalen Lösungen im Sinne von Geldbeschaffungs- oder Geldanlagestrategien zu finden**.[15]

---

15 Vgl. auch Hofmann, Crux, S. 172.

3.2. Der kurzfristige Liquiditätsplan als Ausgangspunkt eines effizienten Cash-Managements

Um der Gefahr der Cash-Illusion zu begegnen und gleichzeitig die Chancen des hohen Cash-Flows zu nutzen, bedarf es eines effizienten Cash-Managements. Als wesentliches Instrument hierzu dient der kurzfristige Finanzplan, aus dem sich die Liquiditätserfordernisse ebenso wie die zur Anlage am Kapitalmarkt verfügbaren Mittel ersehen lassen.

Als zweckmäßig erweist sich für Reiseveranstalter und Reisemittler folgender Aufbau:

Abbildung III.3.c.: **Aufbau eines kurzfristigen Finanzplans für Touristikunternehmen**

Cash-Position	Zeit (z.B. Wochen)					
	1	2	3	4	5	etc.
Aktueller Cash-Bestand	25000					
Einzahlungen						
aus Reiseleistungen	95000	63000	56000	82000	77000	
sonstige	6000	3000	4000	4000	6000	
Summe:	**101000**	**66000**	**60000**	**86000**	**83000**	
Auszahlungen						
an Leistungsträger für Reisevorleistungen	67000	50000	45000	70000	85000	
sonstige laufende Auszahlungen (Kostenarten)						
Miete u. Nebenkosten	0	0	9500	0	780	
Löhne u. Nebenkosten	0	0	48600	2680	0	
Tel./Kommunikation	450	0	0	2600	0	
Werbung	0	0	0	4300	0	
...etc....						
einmalige Auszahlungen (für Investitionen)	0	0	0	0	0	
Summe:	**67450**	**50000**	**103100**	**79580**	**85780**	
Cash-flow der Periode	33550	16000	-43100	6420	-2780	
Kummulierter Cash-Bestand	58550	74550	31450	37870	35090	

Ausgangspunkt bildet immer der **zum Planungszeitpunkt aktuelle Cash-Bestand**, der sich aus der Summe der auf den einzelnen Liquiditätskonten (Girokonten, Kassen, etc.) des Unternehmens vorhandenen finanziellen Mittel ergibt. Den **Einzahlungen**, die vornehmlich aus verbuchten Reiseleistungen, daneben jedoch auch aus sonstigen Liquiditätszugängen (z.B. auch aufgrund fälliger Termingelder) resultieren, werden die **Auszahlungen gegenübergestellt**.

Diese ergeben sich zum einen ebenfalls aus den Reisebuchungen, zum anderen aus den davon unabhängigen Fixkosten. Die hier zu berücksichtigenden Posten können sich an den im Unternehmen anfallenden Kostenarten orientieren.

Die Cash-Analyse umfaßt jeweils **mehrere Perioden**. Je kleiner die einzelne Periode definiert wird, desto genauer, aber auch desto aufwendiger ist die Planung. So wird es gerade in mittelständischen Unternehmungen nicht möglich sein, **täglich** den **Liquiditätsstatus** aufzustellen. Hier genügt i.d.R. eine **wochenweise**, dekaden-/10-Tages-weise oder monatliche Planung. Der **Prognosezeitraum** sollte ausreichend lang gewählt werden (z.B. drei Monate oder eine Saison), um auch die mittelfristige Liquiditätssituation abschätzen zu können. Dabei tritt jedoch das Problem auf, daß **mit zunehmendem Planungshorizont Eintritt und Höhe der Zahlungsströme immer unsicherer** werden. So ist heute noch nicht bekannt, wieviel Cash aus Reisebuchungen in einem Jahr eingehen wird, da die Mehrzahl dieser Reisen heute noch nicht eingebucht ist. Um Scheingenauigkeiten zu vermeiden, sollte die **Periodeneinteilung mit zunehmendem Zeithorizont** daher **grober** werden.

Abbildung III.3.d.:
Beispiel zum **Aufbau der Zeitachse** eines kurz- und mittelfristigen Liquiditätsplans

Cash-Position	Zeit (Planungszeitraum, gerechnet ab heute)														
	Tage						Wochen				Monate		Quartale		etc.
	1	2	3	4	5	6	2	3	4	5	2	3	2	3	4	.
Einzahlungen aus Reiseleistungen etc.																

Im Sinne einer **rollierenden Planung** sollte die Übersicht gemäß der kleinsten gewählten Periodisierung aktualisiert werden, bei tageweiser Übersicht also möglichst täglich, bei wochenweiser einmal pro Woche. Darüber hinaus ist es natürlich erforderlich, eine **langfristige Kapitalbedarfsplanung** für einen Zeitraum von bis zu fünf Jahren auf Basis aggregierter Werte aufzustellen, um das **strukturelle Finanzgleichgewicht des Unternehmens zu garantieren** und der Gefahr der langfristigen Cash-Illusion vorzubeugen.

Die **praktische Durchführung** einer solchen Planung sollte heute unbedingt **EDV-gestützt** erfolgen. Nur so ist eine effiziente Erstellung und rasche Aktualisierung der Übersichten möglich. Es verwundert daher sehr, daß - gemäß einer Umfrage bei deutschen Industrieunternehmen - bislang adäquate Software kaum Verbreitung gefunden hat.[16] Im einfachsten Fall genügt

---

16 Vgl. auch Hofmann, Crux, S. 172.

bereits ein modernes **Tabellenkalkulationsprogramm** (Excel, Lotus, Multiplan, o.ä.), um ein unternehmensindividuelles Finanzplanungsraster zu erstellen. Wer über ein größeres Software-Budget verfügt, kann sich **spezielle Finanzplanungsprogramme** zulegen; die Preise schwanken hier zwischen 4.000.-DM und 70.000.-DM. Für Touristikunternehmen besonders sinnvoll sind entsprechende **Zusatzmodule**, die auf das vorhandene Buchungs- und **Reservierungssystem** des Reiseveranstalters oder Reisemittlers zurückgreifen. Eines der zentralen praktischen Probleme besteht vielfach darin, die (neue) Finanzplanungssoftware mit den bereits installierten Reservierungs-, Buchhaltungs- und Kostenrechnungsprogrammen zu verbinden. Hier gilt es, entsprechende EDV-Schnittstellen zu schaffen.

Das für die Planung erforderliche **Datenmaterial** ergibt sich

- aus dem **Inhouse-Reservierungssystem** des Unternehmens: Gute Reservierungssysteme, die der Verwaltung der eigenen Reisebuchungen dienen, sollten in der Lage sein, die für die einzelnen Reservierungen zu erwartenden Ein- und Auszahlungen aggregiert für einzelne Perioden zu ermitteln.
- aus **Erfahrungswerten** der Vergangenheit (z.B. Telefonaufwendungen),
- aus festen **Verträgen** (z.B. Mietverträge),
- aus geplanten/festgelegten **Budgets** (z.B. Werbebudget),
- sowie "zur Not" auf Basis von qualifizierten **Schätzungen**.

Im Rahmen der Datenermittlung sollten u.U. geeignete **Prognoseverfahren** genutzt werden, um die künftigen Veränderungen besser berücksichtigen zu können (z.B. Trendextrapolationen).

Doch zurück zu unserem Beispiel: Hier zeigt sich für die ersten beiden Perioden ein Cash-Überschuß. Diese Beträge sollten - abzüglich einer "Liquiditätsreserve" für unverhersehbare Ausgaben und/oder Planungsfehler - gewinnbringend am Kapitalmarkt angelegt werden. Für die dritte Periode wird hingegen ein Cash-Bedarf prognostiziert, für dessen Deckung rechtzeitig gesorgt werden muß. Denkbare Anlagestrategien ab der Periode 1 könnten daher sein:

- 58.550.-DM für zwei Perioden (Wochen) anlegen, 16.000.-DM ab der nächsten Periode für eine Periode anlegen; dann die verbleibenden 31.500.-DM erneut anlegen. Diese Möglichkeit dürfte angesichts mangelnder Anlagemöglichkeiten (wochenweise) jedoch kaum zu realisieren sein.

• 31.450.-DM für vier Perioden anlegen; die verbleibende Liquidität, die in Periode drei benötigt wird, bleibt vorerst ohne Zinserträge zu erwirtschaften auf dem Girokonto.

Diverse weitere Dispositionsalternativen sind vorstellbar. In der Praxis stellt sich nun die Frage, welche Möglichkeiten der Anlage von kurzfristig überschüssigen Finanzmitteln sich bieten.[17]

3.3. Anlagealternativen für kurzfristige Finanzüberschüsse

Beginnen wir auch hier mit einem einfachen Rechenbeispiel, um die Bedeutung der richtigen Kapitalanlage zu verdeutlichen: Der Cash-Flow betrage am Ende von neun Perioden (Monaten) wieder Null, sei in den einzelnen Perioden zunächst jedoch durchaus positiv. Dieser Finanzüberschuß wird zu 9% Jahreszinsen am Kapitalmarkt angelegt.

Tabelle III.3.C.:
Beispiel für die Erzielung eines Zinsertrags trotz eines Gesamt-Cash-flow von Null

	Zeitpunkt									
	t1	t2	t3	t4	t5	t6	t7	t8	t9	Summe
Veränderung der Anlage zu 9% p.a.	+ 300	+ 550	+ 650	+ 1300	+ 700	+ 1200	+ 900	- 2950	- 2650	
Kummulierte Geldanlage	300	850	1500	2800	3500	4700	5600	2650	0	
Zinsen am Monatsende (9% auf Gesamtanlage * 1/12)	2,25	6,38	11,25	21,00	26,25	35,25	42,00	19,88	0,00	164,25

Es ergibt sich ein **Zinsgewinn** von 164,25 DM (Zinseszinsen unberücksichtigt) aus Geld, das dem Touristikunternehmen kostenlos von seinen Kunden zur Verfügung gestellt wurde. Hätte das Unternehmen kein Cash-Management betrieben (Motto: Das Geld wird ja später sowieso wieder voll benötigt), so wäre es nach t_9 um 164,25 DM ärmer (auch hier führt eine Multiplikation mit 1.000 oder 10.000 zu realistischen Größenordnungen).

Welche konkreten Anlagemöglichkeiten bestehen nun? Jede Form der **Kapitalanlage** hat ihre **spezifischen Vor- und Nachteile**. Dabei konkurrieren grundsätzlich **drei Ziele** miteinander:

- **Rentabilität** der Anlageform, i.d.R. durch einen Zinssatz oder durch die Differenz zwischen Ankauf/Auszahlung und Verkauf/Einzahlung ausgedrückt,

---

[17] Daneben steht natürlich die Frage, welche Finanzierungsquellen sich im Falle einer Unterdeckung bieten. Dies soll jedoch nicht Thema dieses Beitrags sein.

- **Liquidität**, als Maß der zeitlichen Verfügbarkeit, i.d.R. durch den Kapitalbindungszeitraum definiert,

- **Sicherheit** der Anlage, gemessen an der Wahrscheinlichkeit eines Verlusts des angelegten Geldes.

Abbildung III.3.e.: **Das "magische Dreieck" der Geldanlage**

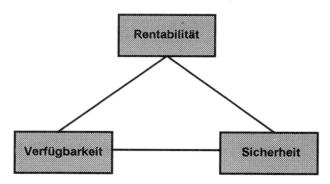

Diese drei Ziele, die jeder Anleger gerne erreicht sehen möchte, stehen im **Konflikt** zueinander. Es läßt sich keine Anlage finden, die alle drei Anforderungen optimal erfüllt. Höhere Renditen erhält in der Regel derjenige, der hinsichtlich der zeitlichen Verfügbarkeit oder der Sicherheit zu Risiken bereit ist. Dies macht die Wahl der richtigen Anlageform auch für Tourismusunternehmen so schwierig. Gewiß ist nur, daß das Ansammeln von Cash-Bergen auf dem Girokonto die schlechteste Alternative darstellt.

Oberstes Gebot beim Umgang mit **verwalteten Kundengeldern** muß die **Anlagesicherheit** sein. Aus erhaltenen Anzahlungen resultierende Cash-Überschüsse einer Periode sollten daher so angelegt werden, daß sich der prognostizierte Cash-Bedarf späterer Zeiträume (z.B. aufgrund von Zahlungsverpflichtungen gegenüber den Leistungsträgern) auf jeden Fall befriedigen läßt. Insofern kommen also nur solche Anlageformen in Betracht, die sich durch eine hohe Sicherheit und eine plangemäße zeitliche Verfügbarkeit auszeichnen. Favorit unter den Anlagemöglichkeiten, die diese Anforderungen erfüllen, ist das **Festgeld**. Auf Termin (i.d.R. 30, 60 oder 90 Tage) läßt sich eine feste Summe (i.d.R. ab 10.000.-DM) bei der Bank anlegen. Zum vereinbarten Fälligkeitstermin fließt der Anlagebetrag nebst Zinsen auf das Girokonto zurück, sofern das Festgeld nicht verlängert wird.

Bei der **Vereinbarung der Festgeldkonditionen** mit einer Bank sollte folgendes beachtet werden:

- Die **Zinsen variieren** zum Teil erheblich, und zwar nicht nur gemäß der **Anlagedauer** (30, 60 oder 90 Tage), sondern auch **von Ort zu Ort** (so lagen zum gleichen Zeitpunkt die Festgeldzinsen bei der Sparkasse Mannheim bei 7,75%, bei der Sparkasse Wilhelmshaven bei 8,15%) und **von Kreditinstitut zu Kreditinstitut** (z.B.: Sparkasse: 7,75%; Commerzbank: 8%). Vergleiche und Verhandlungen lohnen also! Auch kann es sinnvoll sein, bei verschiedenen Banken Festgelder zu parken, um diese gegeneinander "ausspielen" zu können. Aber Achtung: Die Verhandlungsmacht aufgrund des großen Volumens (s.u.) könnte durch eine Splittung verloren gehen.

- Banken geben Zinssenkungen am Markt direkt an ihre Festgeldkunden weiter. **Zinssteigerungen** lassen diesen Automatismus hingegen vermissen. Ein einmal mit der Bank vereinbarten Zinsniveau sollte daher regelmäßig auf seine Aktualität, sprich: Marktadäquanz, hin überprüft werden, um ggf. rechtzeitig **Nachverhandlungen** führen zu können.

- Je **mehr Geld** angelegt wird, desto **höhere Zinsen** lassen sich aushandeln. Bereits 50.000.- DM erwirtschaften i.d.R. bessere Renditen als 10.000.-DM (z.B. 8% zu 8,2%), und ab 100.000.-DM oder 500.000.-DM werden viele Banken nochmals hellhörig.

- Sind mindestens 10.000.-DM angelegt, so kann dasselbe Festgeld auch um **"krumme" Beträge** (also z.B. 3000.-DM) zum jeweiligen Fälligkeitstermin erhöht oder reduziert werden. Auch lassen sich i.d.R. **beliebige Laufzeit** ab 30 Tagen (also z.B. 35, 44, etc.) vereinbaren. Dadurch können bei einem heutigen hohen Cash-Überschuß die **Fälligkeitstermine gleichmäßig verteilt** werden, um die spätere Liquidität in zeitlicher Hinsicht zu erhöhen (Beispiel: 120.000.-DM heute verfügbar; davon jeweils 40.000.-DM auf 30, 40 und 50 Tage anlegen, so daß - nach Ablauf eines Monats - jeweils alle 10 Tage ein Festgeld zur Disposition steht).

Trotz dieser Vorteile gibt es zum Festgeld einige gute **Alternativen**: **Geldmarktfonds** sollten ebenso wie **DM-Floater** oder die neueste Erscheinung am Finanzmarkt, die **"Bulis"**, ins Kalkül gezogen werden. Die Tabelle unten zeigt die Spezifika dieser relativ sicheren Anlageformen auf.

Finanzmittel, die auch **auf längere Sicht als Cash zur Verfügung** stehen, können hingegen in solche Anlagen investiert werden, die hinsichtlich ihrer späteren Liquidierung zeitlich oder - bei entsprechender Risikofreude des Verantwortlichen - grundsätzlich bezüglich der Rückzahlungshöhe als **weniger sicher** bekannt sind, dafür aber **höhere Renditen** versprechen.

Auch hier bietet sich eine Reihe von Alternativen. Die folgende Übersicht soll, ohne Anspruch auf Vollständigkeit, als erste Orientierung dienen.

Tabelle III.3.D.: **Übersicht über Anlageformen**

Anlageform	Beurteilungskriterien		
	Rentabilität	Liquidität/Verfügbarkeit	Sicherheit
Kasse/Barmittel	Null	sofort verfügbar	gering (Gefahr von Diebstahl und sonstigem Untergang)
Sparbuch mit gesetzlicher (dreimonatiger) Kündigungsfrist	gering (2 bis 4 % p.a.)	eingeschränkt: direkte Verfügbarkeit i.d.R. nur bis zu einem bestimmten Betrag (z.B. 2000.-DM); darüber hinaus entweder Vorschußzinsen (i.d.R. ein Viertel des Sparbuch-Zinssatzes) oder rechtzeitige Kündigung; ansonsten keine Transaktionskosten	sehr hoch (bei "normalen" = seriösen Kreditinstituten)
Festgelder/ Termingelder	gut (Verhandlungsspielraum bei größeren Anlagebeträgen; zusätzlicher Zinseszinseffekt bei Verlängerung)	gut, je nach Anlagedauer kurzfristig verfügbar (i.d.R. 30, 60 oder 90 Tage Laufzeit); Stückelung: i.d.R. ab 10.000.-DM; keine Transaktionskosten	sehr hoch (bei "normalen" = seriösen Kreditinstituten)
Sparbriefe	gut	sehr eingeschränkt: i.d.R. mehrjährige Laufzeiten (bis zu 6 Jahren); Vorteil: geringe Stückelung (ab 100.-DM)	hoch
Sparobligationen	gut	sehr eingeschränkt: i.d.R. mehrjährige Laufzeiten (bis zu 10 Jahren); Vorteil: geringe Stückelung (ab 1.000.-DM)	hoch
Bundesschatzbriefe	mittel bis gut	eingeschränkt: i.d.R. mehrjährige Laufzeiten (bis zu 7 Jahren); nach einem Zinslaufjahr i.d.R. bis zu 10.000.-DM monatlich wieder verfügbar; Vorteil: geringe Stückelung (ab 1.000.-DM)	sehr hoch
Finanzierungsschätze des Bundes	gut	eingeschränkt: i.d.R. Laufzeiten zwischen einem und zwei Jahren; keine vorzeitige Rückgabe; Vorteil: geringe Stückelung (ab 1.000.-DM)	sehr hoch
festverzinsliche Wertpapiere (Pfandbriefe, Kommunalobligationen, Anleihen der öffentlichen Hand, Industrieanleihen, Auslandsanleihen)	abhängig von der individuellen Anlage und der Laufzeit; neben Zinssatz Ausgabekurs zu berücksichtigen; i.d.R. gut	i.d.R. eingeschränkt; abhängig von der individuellen Anlage und der Laufzeit, Transaktionskosten	abhängig von der individuellen Anlage; i.d.R. hoch

Fortsetzung	**Beurteilungskriterien**		
Anlageform	**Rentabilität**	**Liquidität/Verfügbarkeit**	**Sicherheit**
"DM-Floater" (Anleihen mit variablem Zinssatz)	gut (Koppelung der Floater-Zinsen an einen Durchschnittszinssatz, den sich die Banken wechselseitig für Festgeld geben)	gut (ca. 3 Tage), da Verkauf über die Börse jederzeit möglich (nahezu ohne Kursrisiko); Stückelung: i.d.R. ab 10.000.-DM; Nachteil: Transaktionskosten für An- und Verkauf über die Börse (ca. 0,7%), daher im Vergleich zum Festgeld bei eher längerfristiger Anlageabsicht (ein Jahr) rentabel	sehr sicher, da i.d.R. von öffentlichen Kreditinstituten (z.B. Staatsbank Berlin) emittiert
"Umkehr-Floater" (Anleihen mit variablem Zinssatz)	ungewiß; Rentabilität steht im umgekehrten Verhältnis zum "normalen" Zinsniveau	eingeschränkt, da i.d.R. längere Laufzeiten (5 - 10 Jahre); allerdings über Sekundärmarkt verkäuflich	relativ riskant: Umkehr-Floater stellen quasi eine Wette auf niedrige Geldmarkt-Zinssätze dar: Je niedriger der Geldmarktzins, desto höher ist die Rentabilität des Umkehr-Floaters
"Bulis" (neuartige Bundesbank-Liquiditätspapiere; erstmals im März 1993)	ungewiß, da "Quasi-Versteigerung" durch die Bundesbank unter den Interessenten; i.d.R. etwas höher als "normale" Termingelder	gut, je nach Anlagedauer kurzfristig verfügbar (i.d.R. 30, 60 oder 90 Tage Laufzeit), ggf. zusätzlich über Sekundärmarkt verkäuflich; Stückelung: ab 100.000.-DM;	sehr sicher, da von Bundesbank emittiert
Aktie	abhängig von der individuellen Anlage; nicht vorhersehbar aufgrund Kursschwankungen	eingeschränkt: jederzeitiger Verkauf zwar möglich, u.U. aber zum Zeitpunkt des Finanzbedarfs aufgrund einer Aktienbaisse nicht sinnvoll; hohe Transaktionskosten	riskant durch Kursschwankungen und unsichere Dividenden
Investment-Zertifikate (Anteilsscheine am Fonds einer Investmentgesellschaft)	abhängig von der individuellen Anlage; i.d.R. hoch trotz möglicher Kursschwankungen	eingeschränkt	abhängig von der individuellen Anlage, insbesondere der Zusammensetzung/Mischung des Fonds aus Aktien oder Renten; i.d.R. riskant aufgrund möglicher Kursschwankungen
Geldmarktfonds auf DM-Basis (geldmarktnahe Investmentfonds aus einer Mischung von Floatern, Termingeldern etc.)	gut (bei geschickt gewählter Anlagezeit sogar einkommenssteuerfreie Kursgewinne)	gut; durch vergleichsweise hohe Rendite bei niedrigem Ausgabeaufschlag als Kurzzeitanlage interessant	abhängig von der individuellen Anlage; i.d.R. hoch

Bei der Rentabilität ist zu beachten, daß es sich hierbei um eine nominale Größe handelt, die **Inflationsrate** also unberücksichtigt bleibt. Touristikunternehmen, die erhaltene Kundengelder zu 2% auf ein Sparbuch legen und sich einer Inflationsrate von 4% gegenübersehen, sparen sich aufgrund des **negativen Realzinses** ärmer!

Angesichts der Chancen auf ansehnliche Zinserträge aus den kostenlos zur Verfügung gestellten Kundenanzahlungen erscheint **für Reisemittler** die Abrechnungspraxis der Reiseveranstalter, die über **Direktinkasso** die Kundengelder selbst vereinnahmen und dem Reisebüro nachträglich die Provision erstatten, unter Liquiditätsaspekten **besonders ärgerlich**. Folgendes Beispiel, das auf realen Zahlen basiert, verdeutlicht das Ausmaß des **entgangenen Zinsgewinns für das Reisebüro**.

Ein mittelständisches Reisebüro hatte im Monat Oktober u.a. folgende Reisen beim Veranstalter Jet Reisen:

Tabelle III.3.E.: Beispiel Vermittlerumsatz und Vermittlungsprovision

Reisedatum	Umsatz in DM	Provision in DM		
02.10.1993	1019			92,93
05.10.1993	617			56,27
09.10.1993	1298			118,38
13.10.1993	1298			118,38
16.10.1993	249			22,71
16.10.1993	747			68,13
23.10.1993	978			89,19
23.10.1993	1298			118,38
Summe:	7504	600,32	= 8% Provision	684,36
		84,04	= 14% MwSt auf Provision	
		684,36	erh. am 12.11.93	

Am 12.11. erhielt das Reisebüro die ihm zustehende Provision (inkl. MwSt) in Höhe von 684,36 DM auf seinem Konto gutgeschrieben. Dies bedeutet eine "Verspätung" von teilweise mehr als einem Monat. Hätte das Reisebüro die Kundengelder selbst vereinnahmt und den fälligen Betrag an Jet Reisen überwiesen, wäre seine Liquidität insgesamt wesentlich besser und eine Anlage der freien Mittel ertragssteigernd möglich gewesen. Es läßt sich leicht ausrechnen, wie groß der Zinsverlust für die Reisebüros aus der Zusammenarbeit mti Direkt-Inkasso-Veranstaltern ist: pro Million Umsatz summiert er sich - je nach Zinssatz - schnell auf mehrere Tausend DM.[18]

---

18 Dem muß natürlich eine eventuelle Ersparnis an Verwaltungsaufwand (z.B. keine Kundenmahnungen) gegenübergestellt werden.

3.4. Absicherung des Devisenbedarfs

Insbesondere für Reiseveranstalter, die Zielgebiete im außereuropäischen Ausland anbieten, ist ein **Management der Währungsrisiken** von Bedeutung.[19] Wenn die Kundenpreise kalkuliert werden, ist der spätere Wechselkurs, zu dem die Leistungsträger im Ausland gezahlt werden müssen, noch nicht bekannt. Größere Schwankungen können schnell zu erheblichen Verlusten führen. Das **Währungsrisiko** besteht also in der Abweichung des Devisenkurses von seinem Erwartungswert, der der Kundenpreiskalkulation zugrunde gelegt wird. Lösungsmöglichkeiten werden hier in sog. **finanziellen Hedge-Instrumenten** gesehen, zu denen beispielsweise Gegenkredit- und Gegenanlagegeschäfte, Devisentermingeschäfte oder Devisenoptionen bzw. -forwards zählen.[20]

Von Reiseveranstaltern wird vielfach das **Devisentermingeschäft** zur Kurssicherung genutzt. Dieses ist insbesondere dann sinnvoll, wann der Veranstalter die künftig benötigten Devisen in Höhe und zeitlichem Anfall genau vorhersehen kann (z.B. aufgrund der Zahlungsvereinbarungen mit ausländischen Leistungsträgern). Beim Devisentermingeschäft wird der Wechselkurs sofort mit der Bank vereinbart, der Kauf der Devisen erfolgt jedoch erst zu einem späteren Termin. Die Bank trägt somit das Risiko eines ungünstigeren Kassakurses zum (späteren) Zeitpunkt des Cash-Bedarfs. Inwieweit der (künftige) **Termin-** vom (heutigen bzw. künftigen) **Kassakurs** abweicht, hängt vor allem vom unterschiedlichen Zinsniveau der Währungen am internationalen Geldmarkt ab. Daher wird die Bank des Veranstalters die Zinsdifferenz, den sog. **Swap-Satz**, entsprechend der Laufzeit des Termingeschäfts auf den geltenden Tageskurs aufschlagen. Der heute zu vereinbarende Terminkurs, zu dem der Reiseveranstalter später von der Bank die benötigten Devisen erhalten wird, setzt sich dementsprechend aus Kassakurs plus Swap-Satz zusammen.[21]

Beispiel:
Der Reiseveranstalter vereinbart am 4.10.93 mit seiner Bank folgendes Devisentermingeschäft:

1 US-Dollar kostet per 4.10.93:	1,6340 DM	= Kassakurs zum 4.10.93
Report für sechs Monate:	0,0255 DM	= Swap-Satz
Der Reiseveranstalter erhält am 5.4.94 seine US-Dollar zu folgendem Kurs: 1 US-Dollar =	1,6595 DM	= Terminkurs

---

19 Vgl. auch die Darstellung der Währungsproblematik in Abschnitt 2.3.1.
20 Vgl. z.B. Menichetti, Währungsmanagement, S. 166 - 167.
21 Nimmt die Bank einen Aufschlag, so spricht man von "Report". Ein Abschlag wird als "Deport" bezeichnet. Zur Devisenabsicherung bei Reiseveranstaltern siehe auch o.V., Devisenbedarf absichern.

Mit diesem vereinbarten Kurs hat der Veranstalter eine **feste Kalkulationsbasis**, da er am vereinbarten Fälligkeitstag auf jeden Fall (nur) den vereinbarten Terminkurs zahlen muß. Steigt der Dollar, so hat er Glück gehabt. Sinkt der Dollar, so sind ihm zwar potentielle Wechselkursgewinne entgangen, doch dafür hatte er ja den Sicherheitsvorteil.

Beim **Devisenoptionsgeschäft** erwirbt der Kunde - gegen Zahlung einer bei Vertragsabschluß fälligen Prämie - das Recht zum Kauf oder Verkauf einer bestimmten Summe von Devisen zu einem vorab festgelegten Kurs.[22] Somit hat er also - anders als beim Devisentermingeschäft - zum Optionstermin die Wahl, ob er den Devisentausch vornimmt oder nicht. Sollte der Kurs zum Optionstermin drastisch gesunken sein und somit die Option wertlos machen, so verzichtet der Veranstalter besser auf die Ausübung und kauft günstiger zum Tageskurs ein. Als Kostenfaktor bleibt ihm jedoch die bezahlte Prämie. Devisenoptionsgeschäfte sind aufgrund ihrer erhöhten Flexibilität für den Kunden i.d.R. teurer als Devisentermingeschäfte. Sie sind insbesondere dann sinnvoll, wenn man starke Währungsschwankungen erwartet.

Aufgrund der möglichen Buchungsschwankungen im touristischen Geschäft empfiehlt es sich jedoch nicht, den gesamten voraussichtlichen Devisenbedarf auf diese Art abzusichern. Verkauft sich ein Reiseland schlechter als geplant, so bliebe man bei einer hundertprozentigen Absicherung auf den relativ teuer eingekauften Devisen sitzen. Einen gewissen Grad an Flexibilität sollte sich also jeder Reiseveranstalter erhalten. Bei Studiosus beispielsweise werden i.d.R. maximal 80% der voraussichtlich erforderlichen Devisen mit einem Termingeschäft abgesichert.[23]

Devisentermingeschäfte und -optionsgeschäfte können nur Wechselkursänderungen im kurz- und mittelfristigen Bereich ausgleichen. Längerfristige Optionen könnten wegen zu großer Unsicherheit über die künftige Kursentwicklung i.d.R. nicht angeboten bzw. nicht bezahlt werden. Bei entsprechend großem Geschäftsvolumen sind daher auch **strategische Hedge-Maßnahmen** zu prüfen.[24] Eine solche Strategie des langfristigen Währungsausgleichs verfolgt das Ziel einer dauerhaften Absicherung der Kalkulation und damit der Gewinnmargen in den Absatzmärkten. Dazu bedient sich diese Strategie der **Verflechtung von Touristenströmen** zwischen verschiedenen Ländermärkten in einem **ausgeglichenen Quellmarkt- und Reisezielportfolio**, um diese gezielt zur Kompensation von kursbedingten Nachfrageeinbrüchen auszunützen.

Am **Beispiel** der Pauschalreisemärkte **USA und Europa** soll dies verdeutlicht werden. Beide Regionen gehören zu den wichtigsten Entsende- und Zielgebieten der Welt. Sie sind durch be-

---

22 Zum Devisenoptionsmanagement für Reiseveranstalter siehe auch Franck, Kurssicherung.
23 Vgl. o.V., Devisenbedarf absichern, S. 23.
24 Vgl. zu den folgenden Überlegungen ausführlich: Kirstges/Seidl, Basisstrategien, S. 33 - 41.

deutende Touristenströme, deren Volumen jedoch stark vom jeweiligen Dollarkurs beeinflußt wird, miteinander verflochten.[25] Grundsätzlich sind nun zwei Kompensationssituationen denkbar:

1. Aufgrund eines **fallenden Dollars** sinkt die Neigung der Amerikaner, nach Europa zu reisen, so daß der in den USA anbietende Reiseveranstalter seine europäischen Ziele schlechter oder gar nicht mehr verkaufen kann. Für Amerikaner wird die Wahl näher liegender Reiseziele attraktiver, so daß Reiseziel-Substitutionseffekte auftreten, Amerikaner also tendenziell mehr Inlandsziele (Binnentourismus) nachfragen bzw. eher in angrenzende Staaten (Kanada oder Mexiko) reisen. Selbst wenn diese Staaten als Absatzmärkte nicht in Betracht kommen, erweisen sie sich als Beschaffungsmärkte beim Währungsausgleich u.U. als unverzichtbar. Vor allem für amerikanische Veranstalter sind Reiseziele in angrenzenden Ländern als Domäne anzusehen, deren Nutzwert sich vor allem in Zeiten eines schwachen Dollars bestätigt. Darüber hinaus besteht die Möglichkeit, den kursbedingten Preisanstieg für europäische Destinationen zu dämpfen: Der niedrige Dollar läßt die Touristenströme von Europa in die USA anschwellen. Mit den hierdurch erwirtschafteten europäischen Devisen könnte in den USA im Sinne eines simultanen kalkulatorischen Ausgleichs eine Politik der stabilen Preise unterstützt werden, um so die für amerikanische Touristen eingeplante Kapazität in europäischen Reisezielen auszulasten. Ein solcher kalkulatorischer Ausgleich bleibt aber, bei großen Geschäftsvolumen, für den gesamten amerikanischen Markt wirtschaftlich untragbar. Eine Lösung bietet sich daher durch die zusätzliche Bearbeitung solcher Entsendeländer an, die sich ebenfalls durch bedeutende Touristenströme in die USA auszeichnen, um so die Ausgleichsfunktion Europas zu unterstützen.[26]

2. Infolge eines **steigenden Dollars** Dollars dämpft sich die europäische Nachfrage nach amerikanischen Reisezielen. Analog dem ersten Fall kann sich hier ein ausgeglichenes strategisches Portfolio an Quellmärkten und Reisezielländern als nützlich erweisen. Nach Maßgabe der Bedeutung von kompensationsstrategischen Aktivitäten kann die Bearbeitung jeweils solcher Entsende-/Reisezielland-Paare intensiviert werden, die sich durch ein starkes Wechselkursgefälle auszeichnen. So kann durch eine Mischkalkulation verhindert werden, daß bei steigendem Dollar das outgoing-Geschäft zum Erliegen kommt und kontrahierte oder gar erworbene Kapazität unausgelastet bleibt.

Derartige Strategien bedingen ein auf internationalen Absatzmärkten agierendes Tourismusunternehmen. Da Mittelständler hierzu in den seltensten Fällen in der Lage sein werden, beschränken sich diese strategischen Maßnahmen des Ausgleichs von Währungsrisiken auf die international tätigen Großveranstalter.

---

25 Vgl. o.V., Urlauberströme.
26 Hierbei wäre z.B. an Mexiko zu denken, das ein fast ebenso großes Aufkommen in die USA hat wie ganz Westeuropa.

3.5. Weitere Aufgaben des Cash-Managements

Eine Reiher weiterer Aufgaben eines umfassenden Cash-Managements wären auszuführen, um der großen Bedeutung dieses betrieblichen Funktionsbereichs Rechnung zu tragen. Auf eine ausführliche Behandlung soll an dieser Stelle jedoch verzichtet werden.[27]

So gilt es, analog zu den Anlagealternativen **Kapitalbeschaffungsmöglichkeiten** zu prüfen, zu bewerten und schließlich auszuwählen. Ziel hierbei ist die **Minimierung der Geldkosten**, also der für die Inanspruchnahme von Krediten zu zahlenden Zinsen.

Last, but not least hat das Cash-Management die Aufgabe, die Chancen des **Electronic Banking** effizient zu nutzen. Hierbei geht es um die diversen Angebote der Kreditinstitute, online Kontenstände abrufen, liquide Mittel auf Sammelkonten poolen, Überweisungen, Daueraufträge etc. selbst zu tätigen, u.v.m., um so aktuellere Informationen zu haben und die Kosten des Geldtransfers zu reduzieren.[28] So sollte ein gutes Cash-Management-System in der Lage sein, fällige Zahlungsverpflichtungen auf Basis der Daten aus dem Reservierungs- oder Finanzbuchhaltungssystem automatisch, d.h. in der richtigen Höhe und zum richtigen Zeitpunkt, zu erkennen. Die Zahlungsanweisungen werden dann - je nachdem, in welcher Form der Zahlungsempfänger, also z.B. der touristische Leistungsträger, sein Geld erhalten möchte (Überweisung, Verrechnungsscheck, Euroscheck, Bankscheck etc.) - automatisch erstellt und z.B. via **Datenträgeraustausch** (DTA) an die Hausbank übermittelt. Für den Inlands-DTA hat sich mittlerweile ein bundesweit einheitliches Datenformat durchgesetzt, der DTA für Zahlungen ins Ausland ist bislang noch "unterentwickelter", so daß hier eine genauere Abstimmung mit der Hausbank erforderlich ist.

---

27 Vgl. hierzu Pausenberger/Glaum, Electronic-Banking, S. 43 - 44.
28 Vgl. z.B. Jobst, Cash Management.

Kapitel IV:
Übertragung neuerer Managementansätze auf Tourismusunternehmen

1. **Leistungspolitische Strategieansätze sowie deren preis- und distributionspolitische Konsequenzen - ein Überblick**

1.1. **Qualitätsstrategie versus Standardangebot-Strategie als alternative strategische Stoßrichtungen**

Haben mittelständische Reiseveranstalter in der sich abzeichnenden künftigen Marktsituation überhaupt noch eine Chance? Können Kleinunternehmen noch wachsen, oder werden sie zwischen den Großen der Branche zerrieben? Fragen, die man nicht nur regelmäßig in der touristischen Fachpresse findet, sondern die sich auch jeder selbständige Unternehmer immer wieder stellen muß.

Direkt- und speziell Automatenvertrieb, Baukastensysteme, Lean-Management und Yield Management - dies sind die Schlagworte, die den mittelständischen Reiseveranstalter in diesem Zusammenhang beängstigen, vielleicht aber auch ermutigen können. Die folgenden Ausführungen sollen versuchen, eine Systematik in das Wirrwarr der Begriffe, Strategien und Handlungsansätze zu bringen, um somit letztlich auch dem Mittelständler eine bessere **Orientierung** hinsichtlich absehbarer Risiken sowie möglicher Chancen zu geben.[29] Den Schwerpunkt der Ausführungen bilden dabei das Yield Management sowie Überlegungen zum Lean-Management bei Tourismusunternehmen. Auf eine ausführliche Behandlung der übrigen, im ersten Teil dieses Kapitels genannten Ansätze (beispielsweise TQM, Baukastensysteme, skimming pricing, u.a.) wird daher bewußt verzichtet.

"Sag´ mir, was/wie du ..., und ich sag´dir, wer du bist!" Ebenso wie eine Person läßt sich auch jeder Sachverhalt aus verschiedenen Perspektiven heraus betrachten. Jeder Ansatzpunkt führt zu einer eigenen Struktur desselben Analysegegenstandes. Als **Ausgangspunkt zur Analyse von Strategiealternativen** soll hier die **Leistungspolitik** gewählt werden. Demnach bieten sich einem Reiseveranstalter grundsätzlich zwei Alternativen an:
- Die Qualitätsstrategie, *oder*
- Die Standardangebot-Strategie.

Eine **Qualitätsstrategie** eignet sich vor allem für solche Produkte (Reisen), die aus individueller Kundensicht relativ **selten gekauft** werden, so daß
- das **Informationsbedürfnis hoch** ist, und

---

[29] Zu den Besonderheiten mittelständischer Reiseveranstalter siehe ausführlich Kirstges, Expansionsstrategien, S. 82 - 94.

- der (zeitliche) **Beschaffungsaufwand**
  - entweder **groß** sein darf: der Kunde wünscht das "Kauferlebnis", oder aber
  - dank externer, persönlicher Hilfte (z.B. durch einen Reisebüroexpedienten) **gering** ist.

Die **primäre Stoßrichtung** der Expansion liegt in diesem Fall in einer (qualitativen) **Erhöhung der Wertschöpfung**. Das **Selbstverständnis** des Veranstalters ist dadurch geprägt, daß er sich als echter **"Dienstleister"** sieht.

Dem gegenüber eignet sich die **Standardangebot-Strategie** m.E. für solche Leistungen, die aus individueller Kundensicht **häufiger** oder **regelmäßig** gekauft werden, so daß
- das **Informationsbedürfnis gering** ist, und
- der (zeitliche) **Beschaffungsaufwand niedrig** sein soll.

Die **primäre Stoßrichtung** der Expansion liegt hier im **Teilnehmerwachstum**. Der Veranstalter sieht sich als **"industrieller Produzent"**, der eine möglichst weit standardisierte Ware zu möglichst günstigen Kosten herstellt.

Jeder mittelständische Reiseveranstalter sollte sich für eine **eindeutige Positionierung** entscheiden, denn nur diese beiden Extremstrategien bieten, konsequent verfolgt, ein Wachstumspotential. Wer sich "zwischen die Stühle" setzt, also "ein bißchen" Qualität und "ein bißchen" Standard anbieten möchte, wird langfristig im hart umkämpften Reisemarkt nicht überleben können.

1.2. Anforderungen hinsichtlich der Leistungsgestaltung

Worin bestehen nun die konkreten Anforderungen dieser beiden Strategiepole an das Veranstaltermarketing? Zunächst unterscheiden sie sich hinsichtlich der **Leistungsgestaltung**. Die Qualitätsstrategie fordert den Aufbau von "echten" **Veranstaltermarken**, die im Bewußtsein des (potentiellen) Kunden präsent sind und mit denen er sich identifizieren kann. Qualität äußert sich in **Individualisierung** und **Flexibilisierung**, und zwar hinsichtlich sowohl der Leistungskombination als auch der zeitlichen Gestaltung einer Reise (Abflugtermine; flexible Reisedauer). Mehr und mehr Veranstalter verwirklichen diesen Anspruch in Form von **Baukastensystemen**: Der Kunde kann sich aus einzelnen, im Reisekatalog angebotenen Reisebausteinen individuell seine Pauschalreise zusammenstellen. Dies ist natürlich komplizierter als die Buchung eine Standardreise; das Informationsbedürfnis ist also höher und der zeitliche Beschaffungsaufwand entweder relativ groß, aber angenehm ("Kauferlebnis"), oder aber - trotz der Kompliziertheit - gering, da vom Veranstalter eine intensive, unterstützende Beratung gewährleistet wird. Solche Bausteinsysteme erscheinen vor allem für Reisen im **gehobenen Segment** sowie bei **Fern- und Studienreisen** sinnvoll zu sein. Schließlich muß die Leistungsoptimierung im Rahmen der Qualitätsstrategie durch ein umfassendes Qualitätsmanagement (Total Quality Management - **TQM**) gesichert werden.

Die **Standardangebot-Strategie** stellt demgegenüber ganz andere Anforderungen an die Leistungsgestaltung. Ziel ist hier eine weitgehende **Standardisierung** von **Leistungsprogrammen** (wenige Flug-, Unterkunfts- und damit Preiskategorien; geringe zeitliche Flexibilisierung; etc.) sowie **Marketingprozessen** (Planung und Realisation von (neuen) Reiseangeboten; unternehmensinterne Entscheidungsprozesse; etc.). Über ein strenges **Kostenmanagement** soll möglichst eine Kostenführerschaft erreicht werden.

1.3. Implikationen für die Entgeltpolitik

Jede der beiden genannten Stoßrichtungen impliziert eine spezifische Ausrichtung der Entgeltpolitik. Die Qualitätsstrategie nutzt den durch empirische Untersuchungen mehrfach belegten Umstand, daß der **Preis** auch **als Qualitätsindikator** dient ("was teuer ist, muß ja wohl auch gut sein"). Gerade bei der Einführung neuartiger Angebote (z.B. neue Zielgebiete oder Reisearten) lassen sich über eine **Abschöpfungsstrategie** ("skimming pricing") diejenigen Käuferschichten ansprechen, die bereit sind, für hohe Qualität und guten Service auch einen angemessenen Preis zu zahlen. Somit bietet die Qualitätsstrategie, verbunden mit einer aktiven Marktsegmentierung, Chancen auf **höhere Margen** (Deckungsbeiträge). Gerade Bausteinsysteme und eine hohe zeitliche Flexibilisierung können dazu führen, daß die **Preisgestaltung und -berechnung relativ kompliziert** werden. Dies ist jedoch insofern nicht nachteilig, als ein guter (Beratungs-) Service zwingend zur Qualitätsstrategie gehört. Auch dient der Preis nicht primär als USP, muß also nicht so transparent sein, wie dies die **Standardangebot-Strategie** erfordert.

Hier nämlich müssen **Preisdarstellung** und -berechnung möglichst **einfach** und **transparent** erfolgen, denn der (direkt erkennbare, niedrige) Preis ist das **zentrale Verkaufsargument**. Erfolgreich ist der Standardangebotsveranstalter nur dann, wenn es ihm gelingt, die **Preisführerschaft** zu erreichen (bzw. mit nur wenigen anderen Konkurrenten zu teilen). Hierzu bedarf es, wie oben erwähnt, **niedriger Kosten** - und zwar im touristischen Bereich (Hoteleinkauf etc.) sowie in allgemeinen administrativen Bereichen. Letztlich ausschlaggebend sind im Falle von Charterketten (Flug-, Buscharter) die **Auslastungsgrade**. Um hier eine optimale Auslastung zu erhalten, bedarf es bestimmter Techniken, die im zweiten Teil dieses Kapitels unter dem Stichwort "**Yield Management**" ausführlicher behandelt werden sollen. Die Standardangebot-Strategie ist somit, soll sie erfolgreich sein, zwangsläufig mit einem **penetration pricing** verbunden, das auf hohe Marktanteile (im relevanten Markt) und damit auf Erfahrungskurveneffekte abzielht.

1.4. Anforderungen an die Distributionspolitik

Bereits in den achtziger Jahren tauchten in der Handelswelt die polaren Bezeichnungen "Erlebnishandel" und "Versorgungshandel" auf. Heute scheint auch die Reisebürobranche vor diesem Scheideweg zu stehen. Reiseveranstalter, die eine **Qualitätsstrategie** verfolgen, müssen den **Erlebnishandel nutzen**. Dies impliziert den Vertrieb über **emotional ansprechende und erklärende Distributionsformen**. Solche finden sich in der Tourismuslandschaft heute nahezu ausschließlich im **Fachhandel**, also dem klassischen, qualitäts- und **beratungsorientierten Reisebüro**. Hier gewinnen die **Ladengestaltung** und -atmosphäre, die **Service-Qualität** der Mitarbeiter im Verkauf und neue **Bildmedien** (Bildplatten, Eurotop, etc.) auf Reisemittlerseite sowie der narrativ-ästhetisch gestaltete **Farbkatalog** auf Reiseveranstalterseite eine zentrale Bedeutung.[30] Der Verkaufsmitarbeiter im Reisebüro-Erlebnishandel muß sich als "Verkaufs- und **Urlaubsanimateur**" verstehen.

Die **Standardangebot-Strategie** baut auf anderen Erfolgsfaktoren des Vertriebs auf. Hier gilt es, den **Versorgungshandel** zu nutzen: Neben den klassischen Reisemittlern gewinnen **einfache, schnelle Distributionsformen** an Bedeutung. Als solche sind u.a. zu nennen:
- telefonischer **Direktvertrieb**,
- **Automatenvertrieb** (START-Automaten; Automaten an ARAL-Tankstellen; etc.),
- **Home-Shopping** / Tele-Shopping,
- **Handels-/Cover-Marken** für den Vertrieb über Handelshäuser und sonstige branchenfremde Verkaufsstellen.

Der Verkaufsmitarbeiter, am Counter oder am Telefon, muß sich hier als "**Informations-Broker**" und "**Urlaubstechniker**" verstehen, der an der "Reisebörse" mittels modernster EDV- und Kommunikationstechnologien in kürzester Zeit das günstigste Angebot für den erfahrenen Kunden herausfindet.

---

30 Zum ästhetisch-narrativen Reisekatalog vgl. Kirstges, Expansionsstrategien, S. 218 - 221.

1.5. Fazit: Eignung der jeweiligen strategischen Positionierung für mittelständische Reiseveranstalter

Welche der beiden strategischen Stoßrichtungen soll ein mittelständischer Veranstalter nun verfolgen? Auf diese Frage kann es keine eindeutige Antwort geben, denn - wie so oft - kommt es d'rauf an:[31]

- auf die spezifische Situation des relevanten Marktes,
- auf die unternehmensspezifischen Stärken und Schwächen,
- auf die unternehmerischen Ziele.

Auf jeden Fall können mittelständische Reiseveranstalter m.E. nur in **Marktnischen** erfolgreich expandieren. Soll eine Qualitätsstrategie verfolgt werden, so empfiehlt sich eine **zielgruppenspezifische Definition** dieser Nischen. Zielgruppenorientiert (z.B. nach Sozio-Demographika oder **Lebensphasen**)[32] sollte der Markt aktiv segmentiert werden, um sich auf ein Segment oder allenfalls einige wenige Nischen zu konzentrieren. Diese Form der Marktsegmentierung nutzen mehr und mehr auch Großveranstalter; so bearbeiten DERTour oder der Club Med beispielsweise solche, nach Zielgruppenkriterien definierte Marktsegmente. Während Großveranstalter aber alle oder zumindest mehrere Segmente parallel besetzen können, müssen sich Mittelständler auf ausgewählte Nischen konzentrieren.

Auch eine Standardangebot-Strategie kann für mittelständische Reiseveranstalter opportun sein, wenn sie sich auf Nischen beschränkt. Besonders geeignet erscheint in diesem Fall jedoch eine regionale Marktbegrenzung: Durch Konzentration auf bestimmte, **geographisch begrenzte Quell- und/oder Zielmärkte** kann hier eine "relative Größe" erreicht werden. So ist Hetzel zwar bundesweit gesehen relativ klein (im Vergleich zur TUI), bezogen auf den Stuttgarter Raum aber sehr groß. So bietet der mittelständische Skireiseveranstalter K&S-REISEN zwar nur ausgewählte Skigebiete in Frankreich an, ist aber dort einer der größten Abnehmer und kann so günstiger als TUI oder andere Großveranstalter touristische Vorleistungen einkaufen. Nur Großveranstaltern (wie z.B. NUR) kann es hingegen gelingen, auf allen Gebieten des Tourismus eine Kostenführerschaft zu erreichen und somit eine Abdeckung des Gesamtmarktes durch Standardangebote zu erreichen.

---

[31] Siehe ausführlich zur Problematik der Strategienauswahl Kirstges, Expansionsstrategien, S. 318 - 330.
[32] Vgl. zur lebensphasenorientierten Marktsegmentierung Kirstges, Expansionsstrategien, S. 203 - 210.

2. Yield Management im Veranstaltergeschäft

2.1. Der Grundgedanke des Yield Management

Für viele Dienstleistungsunternehmen ist eine regelmäßige **optimale Auslastung der vorhandenen Kapazität** eine conditio sine qua non für die Unternehmensexpansion. Wird die vorhandene Kapazität nicht in ausreichendem Maße in Dienstleistungen verwandelt, d.h. auf dem Markt verkauft, so werden einerseits potentielle Deckungsbeiträge verschenkt. Andererseits drücken auch die eventuell entstehenden Leerkosten das Unternehmensergebnis.

In Kapitel III, Abschnitt 2.3.2., wurde ein durchaus realitätsnahes **Beispiel** zur **Bedeutung des Auslastungsgrades** entwickelt (Flugreise auf Basis einer Charterkette mit 8 Hin- bzw. Rückflügen von Frankfurt nach Rio de Janeiro). Bitte betrachten Sie dieses Beispiel nochmals zur Verdeutlichung der Auslastungsproblematik.

Daß diese Problematik **besonders für Dienstleistungsunternehmen** von Bedeutung ist, ergibt sich aus den konstitutiven Merkmalen der Dienstleistung:

- Die im wesentlichen aus der Immaterialität und dem sogenannten Uno-actu-Prinzip (Produktion und Konsum der touristischen Dienstleistung erfolgen gleichzeitig, "in einem Akt") resultierende Nicht-Lagerfähigkeit von Dienstleistungen bewirkt, daß **nicht genutzte Kapazität verfällt**, also zu keinem späteren Zeitpunkt mehr gewinnbringend genutzt werden kann.[33]

- Das Uno-actu-Prinzip hat zur Folge, daß eine **Nachlieferung nicht möglich** ist. Eine nicht befriedigte Nachfrage kann i.d.R. nicht durch nachträgliche Lieferung ausgeglichen werden.[34]

Um Leerkapazität zu vermeiden, werden in der Tourismusbranche vielfach die Auslastungsquoten quasi um jeden Preis, d.h. meist auf Kosten des Preisniveaus, zu erhöhen versucht.[35] Daß damit u.U geringere Deckungsbeiträge einhergehen, wird oftmals nicht erkannt. So ist zwar frühzeitig die Kapazität - zu niedrigen Preisen - ausgebucht, doch spätere Nachfrager, die auch einen höheren Preis bezahlt hätten, können dann aber nicht mehr befriedigt werden.

Das folgende einfache **Beispiel** mag diese Problematik verdeutlichen. Gegeben sei eine Kapazität von 100 Flugsitzen und 100 Hotelbetten, die ein Veranstalter, jeweils kombiniert, für eine Pauschalreise zur Verfügung hat. In Abhängigkeit vom Angebotspreis wird die Nachfrage wie folgt prognostiziert:

---

[33] Vgl. auch Zehle, Yield-Management, S. 5.
[34] Nachlieferung wäre nur dann möglich, wenn der Nachfrager "warten" würde. Da vielfach der Bedarf seitens des Kunden zu einem späteren Zeitpunkt nicht mehr besteht oder die Nachfrage inzwischen von einem Wettbewerber befriedigt wurde, führen Kapazitätsengpässe i.d.R. zu Nachfrageausfällen.
[35] Vgl. Zehle, Yield-Management, S. 3. Vgl. in diesem Zusammenhang auch Dockner/Feichtinger, Preismanagement.

Tabelle IV.2.A.: Beispiel Yield Management: Nachfragesituation

Preis pro Person in DM	prognostizierte Nachfrage in Personen	Umsatz (=Preis x Pers.) in DM
800	70	56.000
1000	50	50.000
1200	30	36.000

Insgesamt könnten also für dieses Angebot bei verschiedenen Preisen 150 Personen verbucht werden. Da die verfügbare Kapazität aber nur 100 Plätze beträgt, wäre die ideale Buchungssituation bei folgender Konstellation erreicht:

Tabelle IV.2.B.: Beispiel Yield Management: Ideale Buchungssituation

Preis pro Person in DM	verbuchte Personen	Umsatz (=Preis x Pers.) in DM
800	20	16.000
1000	50	50.000
1200	30	36.000
Summe:	100	102.000

Ideal wäre es also, wenn die Umsätze der **"Hochpreiskunden"** abgeschöpft und die "Niedrigpreiskunden" nur zu einem Teil befriedigt würden. Sofern die Hochpreiskunden früher buchen als die Niedrigpreiskunden, kann dieses Ziel ohne großes Risiko erreicht werden: Es bleiben nur noch 20 Plätze für die spätbuchenden Niedrigpreiskunden übrig. **Problematisch** wird der Sachverhalt jedoch für den Fall, daß die **Niedrigpreiskunden früher (oder gleichzeitig) buchen als (wie) die Hochpreiskunden**. Behält man die Kapazität (hier 30 bzw. 50 + 30 Plätze) zurück und weist die frühe, aber preisbewußte Nachfrage zurück, so riskiert man Leerkapazität, falls die erwartete Hochpreisnachfrage doch nicht im geplanten Umfang eintritt.

Oder, um auf obiges Beispiel der Charterflugkette zurückzukommen: Angenommen, für die niedrigpreisigen Pauschalreisearten A und B zeichnet sich eine frühe, den anvisierten 30%-Anteil weit übersteigende Nachfrage ab. Soll der Veranstalter angesichts des großen Auslastungsrisikos diese befriedigen oder soll er seine Kapazität für die - voraussichtlich später buchenden - Kunden der Pauschalreisearten C bis E freihalten?

Ein letztes Beispiel mag die Problematik, wie sie auch bei Kleinveranstaltern vorherrscht, verdeutlichen: Ein Veranstalter bietet eine **Appartementunterkunft** (fixes Kontingent, z.B. 50 Appartements) wahlweise mit **Busanreise oder mit Eigenanreise** an. Die potentiellen Gewinnmargen bei der Busreise sind wesentlich höher als bei der reinen Unterkunftsvermittlung; Busreisekunden buchen jedoch i.d.R. später als Selbstfahrer. Soll der Veranstalter nun bei einer starken, frühen Nachfrage nach reinen Appartementunterkünften diese weggeben, oder soll er - und wenn ja in welchem Umfang - auf die höheren Deckungsbeiträge durch die eventuell später buchenden Buspauschalreisenden hoffen und Kapazität freihalten?

Einen Ausweg aus diesem **Dilemma zwischen Auslastungs-/Leerkostenrisiko** einerseits **und Umsatz-/Deckungsbeitragsmaximierung** andererseits versprechen die Strategien des Yield Management.

Yield (engl.: Verb "to yield": (Ertrag) abwerfen, hervorbringen; Substantiv "yield": Ertrag, Ergebnis, Ausbeute) wird als Kennzahl im Luftverkehr verwandt und bedeutet dort soviel wie "Durchschnittserlös je Mengeneinheit" oder "Erlös je Zahlgast".[36] Yield umfaßt dabei aber auch eine qualitative Komponente, im Sinne von "Qualität des Umsatzes/Erlöses". Dies deutet den Bezug zwischen einer bestimmten Maßnahme (z.B. Leistungsdifferenzierung/-qualität, Rabattpolitik) und den dadurch realisierten Preisen an. Unter **Yield Management** versteht man eine Strategie der **auslastungsabhängigen Konditionengestaltung**, die im wesentlichen auf eine umsatz- bzw. ertragsorientierte Produkt- und Preisdifferenzierung hinausläuft. Integrierte Informationstechnologie ermöglicht eine dynamische, zeitbezogene Preis-/Mengensteuerung, die zu einer gewinnoptimalen Nutzung der vorhandenen Kapazität führt.[37] Durch eine bestmögliche Auslastung der kurzfristig nicht veränderbaren Kapazität (und der damit einhergehenden Fixkosten) im Zuge einer situationsspezifischen Preis-Mengen-Optimierung sollen die Erlöse gesteigert werden.[38] Im anglo-amerikanischen Raum wird synonym von Revenue Management oder Inventory Management gesprochen.

Ziel des Yield Management ist es,
- für eine vorgegebene Kapazität
- unter Berücksichtigung
  - •• der Nachfragestruktur,
  - •• von Preis-Nachfrage-Funktionen und
  - •• sonstigen externen Rahmenbedingungen[39]
- einen maximalen Ertrag zu erreichen.

Eine der wesentlichen **Voraussetzungen** für die Anwendung von Yield Management - Strategien besteht also darin, daß eine Auslastungssteuerung über die Preisstruktur möglich ist, sich somit eine **ausreichende Preiselastizität** vorfinden läßt. Grundprämisse ist ferner eine über einen Zeitraum **verteilt auftretende Nachfrage**, so, daß ein Dienstleistungsprodukt zu unterschiedlichen Zeiten oder für verschiedene Kunden einen unterschiedlichen Wert aufweist. Neben den oben genannten dienstleistungsspezifischen Besonderheiten prädestinieren große Fixkostenblöcke sowie eine unsichere, häufig schwankende Nachfrage den Einsatz des Yield

---

36 Vgl. Stein, Erfolg unter Yield, S. 35. Die Lufthansa erzielte beispielsweise 1988 einen Yield von 1,40 DM je Tonnenkilometer; vgl. ebenda, S. 36.
37 Vgl. Krüger,Yield Management, S. 241.
38 Vgl. Bertsch, Wunderwaffe Yield, S. 14.
39 Das Verhalten der Konkurrenten, politische Einflüsse, das Wetter, Katastrophen etc. bilden solche externen Rahmenbedingungen.

Management.⁴⁰ Mittels diesem wird versucht, in Hinblick auf ihre Wirkung optimale Werte für bestimmte Aktionsparameter, so z.B. den Preis, die Nutzungsdauer, die Nutzungsfrequenz, den Nutzungszeitpunkt einer Kapazität u. dgl., festzulegen.

Yield Management erfordert insofern ein Umdenken hinsichtlich der Kapazitätsauslastung, als keine möglichst frühe Auslastungsmaximierung, sondern eine **terminierte Auslastungsoptimierung** anzustreben ist. Nicht die zu einem bestimmten Zeitpunkt noch offene Leerkapazität (und die Möglichkeiten ihrer baldmöglichen Beseitigung) steht im Mittelpunkt der Betrachtung, sondern vielmehr das noch ausstehende Nachfragepotential, für das ggf. Kapazität vorzusehen ist.⁴¹ Nur so kann das **Ziel eines gewinnoptimalen Verhältnisses von Voll- und Minderzahlern** erreicht werden.

Erste Yield Management-Systeme wurden bereits Anfang der achtziger Jahre in den USA implementiert.⁴² Sie waren für **amerikanische Fluggesellschaften** eine der besten Antworten auf die Deregulierung des Luftverkehrs. Mit ihnen wurde der bereits in den siebziger Jahren entwickelte Gedanke des selektiven Verkaufs mit Hilfe neuer EDV-Technologie perfektioniert.⁴³

Bei **Airlines** liegen die Voraussetzungen für den Einsatz des Yield Management quasi in Reinform vor.⁴⁴ Konkret stellt sich für sie das Problem so dar, daß die Kunden, die hohe Deckungsbeiträge einbringen (Geschäftsreisende), erst relativ spät buchen, während die Niedrigpreiskunden (Touristen) eher früh reservieren. Werden nun im frühen Buchungsstadium zu viele Plätze zu Sondertarifen verkauft, so müssen später Vollzahler abgewiesen werden. Werden hingegen zu viele Plätze für die spät buchenden Vollzahler freigehalten, so entstehen u.U. Deckungsbeitragseinbußen durch nicht genutzte Kapazität. Ähnlich gelagert ist die Problematik bei Luftfrachttransportleistungen sowie bei Eisenbahnen.⁴⁵

Gelingt es großen Airlines beispielsweise, nur einen Sitz mehr pro Flug an einen Vollzahler zu verkaufen, so macht dies im Jahr einen Mehrumsatz von mehreren Millionen DM aus.⁴⁶ Unter Berücksichtigung der relativ geringen Investitionen für Airline-orientierte Systeme zeigt sich das enorme Potential des Yield Management.⁴⁷ Heute bietet die IATA Airlines ein Yield Management-System an, das in Zusammenarbeit mit der Softwarefirma Control Data Corporation entwickelt wurde.⁴⁸

---

40 Vgl. Enzweiler, Preise laufen lernen, S. 248.
41 Vgl. Zehle, Yield-Management, S.11.
42 Vgl. das Beispiel von American Airlines bei Enzweiler, Preise laufen lernen, S. 250.
43 Vgl. Brunotte, Ertragsmanagement, S. 21.
44 Vgl. die ausführliche Darstellung bei Krüger, Yield Management, S. 245 - 247.
45 Vgl. hierzu die ausführliche Darstellung bei Bertsch, Preisuntergrenzen, S. 244 - 252, das anschauliche Beispiel der Swissair bei Enzweiler, Preise laufen lernen, S. 252, sowie o.V., Amtrak.
46 Delta Airlines schätzt den zusätzlichen Umsatz in diesem Fall auf 50 Mio. $; vgl. Belobaba, Yield Management, S. 63. Für die wesentlich kleinere America West - Airline werden 1,4 Mio. $ genannt; vgl. Hoppe, Profitability, S. 19.
47 Insgesamt kann mit Investitionen in Höhe von 300.000.-DM - 500.000.-DM (Software und Hardware) gerechnet werden. Vgl. Holt, Yield Management, S. 8.
48 Vgl. Smeathers, Managing yield, S. 9.

2.2. Ansatzpunkte eines Yield Managements für Reiseveranstalter
2.2.1. Das Yield Management als Strategie der kurzfristigen Wachstumssicherung

Yield Management ist zunächst ein kurzfristig orientiertes Hilfsmittel zur Deckungsbeitragssteigerung. Kurzfristig wird von weitgehend **fixen Kosten** ausgegangen, so daß sich eine Gewinnsteigerung nur über eine Umsatz- und damit Deckungsbeitragssteigerung[49] erreichen läßt. Somit erzeugt Yield Management in der kurzfristigen Perspektive nicht unbedingt zusätzliche Nachfrage, sondern dient lediglich als Instrument zur Lenkung derselben.

Nur wenige Unternehmen der deutschen Reisebranche haben die neue Managementtechnik in ihre Umsatzplanung eingebaut.[50] Dem Verfasser ist kein deutscher Reiseveranstalter bekannt, der mit einem expliziten Yield Management-System arbeitet. Dabei ist der Einsatz von Yield Management nicht nur auf Großunternehmen beschränkt; gerade **auch für mittelständische Unternehmen** erweist es sich als effizienter Lösungsansatz.[51] So können Yield Management-Systeme bei geringerem Datenvolumen in einem lokalen PC-Netz oder auf einem kleinen Datenbankrechner installiert werden.[52]

Ohne sich dessen bewußt zu sein, nutzen viele deutsche Veranstalter das Gedankengut des Yield Management, wenn sie ihre freie Restkapazität zu "**last-minute**"-Preisen abgeben.[53] Diese Maßnahme resultiert jedoch i.d.R. nicht aus einer ganzheitlichen und kontinuierlichen Auslastungsplanung; die Möglichkeiten der Aufbereitung von Informationen aus mehreren Quellen über EDV zur Entscheidungsvorbereitung, die "echte" Yield Management-Systeme kennzeichnen, werden dabei kaum genutzt. Echte Yield Management-Systeme bieten nicht nur eine systematischere Analyse- und Entscheidungstechnik, sondern fällen auch Routineentscheidungen autonom und mit der Güte eines durchschnittlichen menschlichen Experten. Im folgenden kann nicht auf die mathematische und EDV-technische Ausgestaltung von Yield Management - Systemen eingegangen werden.[54] Statt dessen sollen ausgewählte Strategieansätze, die für deutsche Reiseveranstalter fruchtbar gemacht werden könnten, erarbeitet werden.

---

49 Dies gilt natürlich nur unter der Prämisse, daß mit dem Umsatz *positive* Deckungsbeiträge verbunden sind.
50 So z.B. die Deutsche Lufthansa, die Dorint-Hotelkette oder Steigenberger. Vgl. Enzweiler, Preise laufen lernen, S. 248, sowie das Beispiel des Yield Management-Systems der Lufthansa bei Brunotte, Ertragsmanagement, S. 22 - 24.
51 Vgl. Krüger, Yield Management, S. 241; Enzweiler, Preise laufen lernen, S. 250.
52 Vgl. Bertsch, Wunderwaffe Yield, S. 15. Vgl. in diesem Zusammenhang auch Stahlknecht, Leitfaden, S. 191 - 220.
53 **Last-Minute-Reisen** sind Pauschalreisenangebote, die an kurz entschlossene Urlauber billiger als zum Katalogpreis abgegeben werden. Es handelt sich hierbei um freie Plätze, deren Verkauf als "last-minute" für eine bessere Auslastung sorgen soll.
54 Der interessierte Leser sei z.B. verwiesen auf Belobaba, Yield Management, S. 68 - 71.

2.2.1.1. Der Buchungsverlauf als Planungsansatz

Die einfachste Methode zur Vorbereitung von Yield Management-Aktivitäten ist ein systematischer und kontinuierlicher Vergleich der aktuellen **Buchungskurve** mit der auf Basis von Vergangenheitsdaten und zeitraumspezifischen Korrekturen ermittelten Soll-Kurve.

Die Buchungskurve spiegelt die realisierte Nachfrage im Zeitverlauf wider. Sie gibt an, welcher Anteil an der Gesamtkapazität zu einem Zeitpunkt x vor dem Kapazitätsnutzungstermin, also dem Reisebeginn, bereits verkauft ist.

In folgenden Schritten kann Yield Management auf der Basis von Buchungskurven realisiert werden:

1. Schritt: Definition der zu betrachtenden Buchungseinheiten

Wesentlich für ein effizientes Yield Management ist eine geeignete Definition der einer Buchungskurve zugrundeliegenden touristischen Einheiten. Für eine gezielte Maßnahmenplanung viel zu grob wäre eine Betrachtung der gesamten Buchungen eines Reiseveranstalters für eine Saison. Daher muß der **Buchungsverlauf jeweils für bestimmte Teilsegmente** betrachtet werden. Als Strukturkriterien bieten sich im Veranstalterbereich an:
- Reisewochen (Reisebeginn),
- Reiseziele (Reiseländer/Reiseorte),
- Abflughäfen,
- Unterkunftskategorien (Hotels, Appartements).

Je feiner die Strukturierung, desto gezielter lassen sich Yield Management-Maßnahmen einleiten, desto größer ist jedoch auch die Informationsflut.[55]

2. Schritt: Analyse von Vergangenheitswerten und Erstellung eines Soll-Buchungsverlaufs

Auf der Basis von Verlaufsdaten vergangener Saisonzeiten läßt sich unter Berücksichtigung saisonspezifischer Besonderheiten (z.B. verschobene Ferientermine; Lage von Feiertagen) und sonstiger Rahmenbedingungen (z.B. Reisezieltrends; politische und ökologische Entwicklung

---

55 Wenn für nur 10 Termine der Sommersaison und 10 Reiseziele mit jeweils zwei möglichen Unterkunftstypen der Buchungsverlauf betrachtet werden soll, so ergeben sich bereits 200 Buchungskurven, die erstellt, analysiert, miteinander verglichen und hinsichtlich möglicher Maßnahmen bewertet werden müssen.

in bestimmten Zielgebieten) eine **Prognose über den Buchungsverlauf** in der aktuellen Saison erstellen. Diese Prognose kann in Form einer **Bandbreite** erfolgen, innerhalb derer Werte als normal angesehen werden. Diese Bandbreite wird als Soll festgesetzt.

3. Schritt: Kontinuierliche Ermittlung des Buchungsverlaufs und Soll-Ist-Vergleich

Der Buchungsverlauf wird mit der vorgegebenen Soll-Bandbreite verglichen. Weicht der tatsächliche Verlauf von den Vorgaben ab, so muß entsprechend eingegriffen werden, um die Buchungskurve zu beeinflussen.

Die folgende Abbildung IV.2.a. zeigt modellhaft ein solches Diagramm zur Steuerung der Buchungskurve.

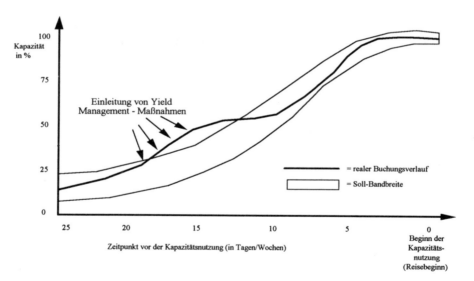

Um die praktische Handhabung zu gewährleisten, müssen Yield Management - Systeme auf EDV-Basis solche Buchungskurven, Soll-Ist-Abweichungen und Maßnahmenalternativen ohne graphische Darstellungen aufgrund von Kennzahlen ermitteln. Hierzu werden die Systeme mit einer Fülle von Informationen gespeist, die es ermöglichen, zu jedem Zeitpunkt eine (revidierte) Prognose über die zu erwartende Nachfrage und deren Struktur zu erstellen.[56] Die Prognosedaten werden mit den jeweils für ein Teilsegment erzielbaren Preisen bewertet, um so in einem Optimierungsverfahren die jeweils optimale Verteilung der Kapazität auf einzelne Teilsegmente zu ermöglichen.

2.2.1.2. Zielgruppenorientierte Kapazitätsstückelung

Da Yield Management mit der Prämisse arbeitet, daß verschiedene Personen zu unterschiedlichen Zeitpunkten Kapazität zu verschiedenen Preisen nachfragen, muß gewährleistet sein, daß **die jeweils einer Personengruppe zugeordnete Teilkapazität auch für diese freigehalten** wird. Um dies zu erreichen, bedarf es zunächst einer Verteilung der Gesamtkapazität auf die Teilsegmente, die sich durch ein unterschiedliches Nachfrageverhalten (hinsichtlich Zeit und Preisbereitschaft) auszeichnen.

Für Reiseveranstalter könnte dies bedeuten, daß nur ein festes Kontingent für bestimmte Zielgruppen und/oder Sonderangebote zur Verfügung gestellt wird. Hierzu gehören beispielsweise:
- Familien, die Kinderermäßigung in Anspruch nehmen können,
- Frühbucherrabatte,
- Sondertarife wie "Drei Wochen zum Zwei-Wochen-Preis",
- Preisnachlässe für bestimmte Hin-/Rückflugtermine.

Greifen wir zur Verdeutlichung das Beispiel der **Kinderermäßigung** auf. Vielfach ist es so, daß Familien weitaus früher buchen als Paare oder Singles. Gleichzeitig profitieren Familien von umfangreichen Kinderermäßigungen. Ohne Yield Management kann nun der Fall eintreten, daß die Familien zu viele Plätze "wegbuchen", so daß für die spätbuchenden (und vollzahlenden) Paare oder Singles keine ausreichende Kapazität (z.B. an Flugzeugplätzen) mehr vorhanden ist. Mit Hilfe des Yield Management würde hingegen nur eine bestimmte Anzahl an Plätzen für Familien freigehalten. Sind diese verbucht, ist eine Kinderermäßigung nicht mehr möglich. Erst wenn sich im Buchungsverlauf herausstellt, daß die Nachfrage durch vollzahlende Reisende nicht in der erwarteten Höhe eintrifft, würden wieder "Familienplätze" freigegeben. Es bedarf also eines ständigen Abschätzungs- und Optimierungsprozesses, um das ertragsmaximale Verhältnis zwischen Vollzahlern und Nicht-Vollzahlern zu erreichen.

Bei einer solchen Zuordnung von Kontingenten zu Preiskategorien kann grundsätzlich immer dasselbe Produkt angeboten werden; lediglich der Zeitpunkt des Vertragsschlusses (Buchung), der Zeitpunkt der Nutzung (Reisebeginn) und eventuell die Art der Nutzung oder des Nutzers variieren. Insofern handelt es sich bei Yield Management um eine **kontingentierte Preis-**

---

56 Neben internen **Informationsquellen** spielen auch externe Quellen (Wetterprognosen; Zielgebietsinformationen, etc.) eine Rolle. Vgl. zu möglichen Informationsquellen bei Airline-Systemen: Zehle, Yield-Management, S. 19. Vgl. auch Link, Früherkennungssystem, S. 777; Kaspar, Frühwarnsysteme.

differenzierung, der eine Produktdifferenzierung zugrunde liegen kann, aber nicht muß.[57] Durch die Kontingentierung tritt unter Umständen ein sekundärer, umsatz- und ertragssteigernder Effekt ein, der in Anlehnung an die Luftverkehrssprache als "**Up-Sell**" bezeichnet werden soll.[58] Up-Sell-Strategien nutzen die Tatsache, daß durch günstige Angebote zunächst einmal zusätzliche Nachfrage stimuliert wird. Kann diese dann aufgrund der beschränkten Kontingentierung nicht zu dem niedrigen Preis befriedigt werden, so sind Interessenten vielfach bereit, eine entsprechende Leistung auch zum nächsthöheren Preis zu kaufen. Hierdurch wird im Zusammenwirken mit anderen Marketingmaßnahmen durch Yield Management nicht nur Nachfrage umgelenkt, sondern in begrenztem Umfang auch erzeugt. Up-Sells sind unter dem Aspekt der Ertragsoptimierung sehr erwünscht. Ihre Realisierungschance hängt vor allem von der Verfügbarkeit alternativer Kapazität, dem dafür geforderten Aufpreis sowie von der Preiselastizität der Nachfrage ab.

Für deutsche Reiseveranstalter heute noch visionär mutet das im Bereich der Airlines bereits praktizierte **Angebot zu Tagespreisen** an. Aufgrund des Vorherrschens des Trägermediums Reisekatalog, in dem notwendigerweise auch die Reisepreise abgedruckt sind, können Tagespreise heute nur in Ausnahmefällen ausreichend verbreitet werden. Für die Zukunft denkbar ist jedoch ein System von im Katalog angegebenen Preisspannen als erste Orientierung für den Kunden. Die tatsächlichen Preise würde er tagesgenau über ein On-line-System des anbietenden Veranstalters (beispielsweise mittels BTX, PC-Modem o.ä.) erfahren. Für den Reisemittlerbereich sind derartige "Tagespreislisten" bereits heute technisch realisierbar. Im Zuge der allgemeinen Technologisierung der privaten Haushalte wäre ein solches System in weiterer Zukunft durchaus auch gegenüber dem Endverbraucher vorstellbar. Reiseveranstalter könnten dann tatsächlich auslastungsbezogene Tagespreise gestalten.

Doch ein effektives Yield Management muß nicht bis dahin auf sich warten lassen: Bereits Anfang der neunziger Jahre praktikabel ist eine **auslastungsabhängige Reisebüroprovisionsgestaltung**. Aufgrund der überragenden Bedeutung des Vertriebswegs Reisebüro liegt es nahe, über die vorhandenen On-line-Verbindungen (START, AMADEUS, etc.) Reisebüros für bestimmte Angebote auslastungsabhängig und tages-, ja stundengenau, für bestimmte Teilkapazitäten erhöhte Sonderprovisionen anzubieten.[59]

---

57 Eine solche Differenzierung ist z.B. über zusätzliche Serviceleistungen möglich.
58 Von einem "**Up-Sell**" spricht man hier, wenn der primäre Buchungswunsch eines Kunden nicht erfüllt werden kann, dieser aber eine Buchung im gleichen Flugzeug zu einem höheren Tarif akzeptiert.
59 Vgl. auch Hymas, Travel Services, S. 118.

2.2.1.3. Überbuchungsstrategien zur Auslastungsoptimierung

Eines der größten Probleme bei der Auslastungsoptimierung ist die **Rate der No-Shows** und der (kurzfristigen) **Stornierungen**.[60] Würde man diese kennen, so könnte man generell die vorhandene Kapazität um diese Rate überbuchen, d.h. einen entsprechenden Anteil an Kapazität zuviel verkaufen, ohne damit zum Zeitpunkt der Kapazitätsnutzung eine faktische Überbuchung vorliegen zu haben.

Folgendes Beispiel (Abbildung IV.2.b.) zeigt den Buchungsverlauf bei Zulassung von Überbuchung:

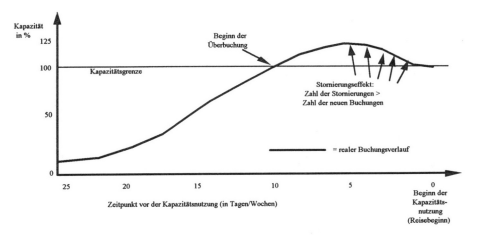

Ohne Berücksichtigung von (künftigen) Stornierungen hätten ab dem Zeitpunkt 10 (z.B. 10 Tage vor Reisebeginn) keine Buchungen mehr angenommen werden dürfen; die abgelehnte Nachfrage wäre u.U. zu Konkurrenten abgewandert. Aufgrund der dann eintretenden Stornierungen wäre die vorhandene Kapazität zum Zeitpunkt 0 jedoch nicht voll ausgelastet gewesen.

Nun sind in der Praxis die künftigen Stornierungs- und No-Show-Raten nicht mit letzter Sicherheit bekannt. Aufgrund von Erfahrung lassen sich indessen mehr oder weniger genaue Prognosen erstellen. Bei jeder Überbuchung läuft der Anbieter Gefahr, daß die erwarteten Stornierungen nicht im geplanten Umfang eintreten. Zum Ausgleich der bei Reisebeginn noch bestehenden Überbuchungen entstehen für den Veranstalter i.d.R. hohe Zusatzkosten, und die betroffenen Kunden sind vielfach so verärgert, daß sie für immer verloren sind.[61] Bewertet

---
60 Von einem **No-show** spricht man, wenn ein Kunde nicht wie geplant anreist, also einfach nicht erscheint. Es handelt sich also um eine Art konkludente Stornierung ohne Storno-Vorlaufzeit.
61 Zusatzkosten entstehen z.B. durch ein sog. **Upgrading** von vereinbarten Leistungen mit niedrigem Wert zu höherwertigen, wenn im Kontingent der höheren Preisgruppe noch Kapazität verfügbar ist (Beispiel: Kunde hatte ein 2-Sterne-Hotel gebucht und wird nun in ein 4-Sterne-Hotel "upgegradet"). Die Fluggesellschaft SAS zahlt zurückgewiesenen Passagieren einen Betrag zwischen 100 und 500 $. Passagiere mit weniger starken Terminbindungen sind vielfach bereit, für einen solchen Betrag einen späteren Flug zu nehmen. Vgl. Zehle, Yield-Management, S. 14; Krüger, Yield Management, S. 246.

man die potentiellen Nachteile (finanzieller Art; Goodwill-Verlust[62] etc.) richtig, so kann man mit Hilfe von Yield Management-Systemen leicht die **optimale Überbuchungsrate ermitteln**, zu der die Summe aus Leerkosten (ungenutzte Kapazität) und Fehlmengenkosten (fehlende Kapazität aufgrund von Überbuchungen) minimiert ist.

2.2.1.4. Die Steuerung kombinierter Reisebaustein-Kapazitäten

Anders als für einzelne Leistungsträger stellt sich für Reiseveranstalter das Problem, daß sie eine Vielzahl verschiedener Einzelleistungen als Kontingent zur Verfügung haben und aus diesen ihre Pauschalreisen kombinieren. Dadurch gilt es, die Kombination verschiedener Einzelleistungen zu optimieren.[63] Abgesehen davon, daß damit rein (EDV-) technisch die erforderlichen Yield Management - Programme noch komplexer werden, bieten sich hier zwei besondere Ansatzpunkte der auslastungsorientierten Konditionengestaltung.

1. Gesamtleistungsorientierte Kontingentfreigabe

Die Vergabe von knapper Kapazität (z.B. noch freie Flugsitze) kann sich danach richten, welche zusätzlichen Leistungen (z.B. Unterkunftsniveau; kostenpflichtige Nebenleistungen vor Ort etc.) im Rahmen der vom Kunden geplanten Pauschalreise gebucht würden. So könnten die eingehenden Buchungsanfragen über das veranstaltereigene Reservierungssystem im Hinblick auf die benötigte (knappe) Kapazität und die realisierbaren zusätzlichen Deckungsbeiträge ausgewertet und - je nach "Gesamtwert" der Buchung - zugelassen oder abgelehnt werden. Eventuell ist es sogar möglich, zeitweise nur solche Buchungen zuzulassen, die wahrscheinliche Engpässe nicht zusätzlich verstärken. Durch diese **engpaßbezogene Kapazitätensteuerung** würde eine optimale Auslastung aller Kapazitätsarten erreicht.

In anderen Dienstleistungsbranchen (z.B. Luftfracht) wird darüber hinaus auch der "**Kundenwert**" berücksichtigt. Gute, regelmäßige Kunden werden so z.B. eher bzw. besser bedient als "Gelegenheitskunden". Ein solches Vorgehen ist im Reiseveranstalterbereich allenfalls für bestimmte Großkunden (z.B. Firmenkunden; Gruppen) realisierbar.

---

62 Auf die mit der Erfassung und Bewertung von mit nicht unmittelbar monetären Nachteilen (z.B. Goodwill-Verlust) verbundenen Schwierigkeiten kann hier nicht näher eingegangen werden.
63 So kann es vorkommen, daß ein Veranstalter zwar noch freie Zimmerkontingente und Reiseleiterkapazität in einem Zielgebiet hat, aber über keine Flüge dorthin mehr verfügt.

2. Vermarktung von Einzelbausteinen

Gelingt es trotzdem nicht, die verschiedenen Kapazitätsarten gleichmäßig auszulasten, so kann es sich anbieten, touristische Einzelleistungen direkt zu vermarkten. Die Pauschalreise wird quasi dekomponiert, und die noch vorhandene Restkapazität wird als buchbare Leistungsteile z.B. den Reisemittlern zur Vermarktung angeboten. Auch hier ist wieder das o.g. System von Tagespreisen denkbar.

2.2.2. Langfristige Strategieimplikationen des Yield Management

Yield Management in der bisher dargestellten Form hat, wie erwähnt, vorwiegend kurzfristigen Charakter. Es gibt aber durchaus auch mittel- und langfristige Effekte, auf die im folgenden kurz eingegangen werden soll.

Wenngleich die vorhandene Kapazität kurzfristig festgelegt ist und allenfalls in geringem Umfang variiert werden kann,[64] ermöglichen die aus dem Yield Management - System resultierenden Informationen eine mittel- und **langfristige Kapazitätsplanung**. Yield Management ermöglicht Kapazitätssteuerung in einem kurzfristig bedeutenden, langfristig gesehen aber doch nur relativ geringen Umfang, so daß auf Basis der gewonnenen Informationen eine **Anpassung der Kapazitätsstruktur** erfolgen muß.[65]

Eine der leidvollsten Erfahrungen, die viele englische Reiseveranstalter ebenso wie europäische Airlines machen mußten, ist die, daß **Überkapazität** auf dem Markt aufgrund der oligopolartigen Marktstruktur unweigerlich **zu Preiskämpfen führt**.[66] Gerade lang anhaltende Wachstumsphasen, wie sie im deutschen Reiseveranstaltermarkt gegeben waren, sind häufig Anlaß für Überkapazität. Dabei gilt es insbesondere als strategischer Vorteil, die Kapazität früher als die Konkurrenten aufzubauen. Um einen Verdrängungswettbewerb über den Preis zu vermeiden, erscheint dann eine Rücknahme der Kapazität am Ende einer Marktwachstumsphase erforderlich. Insofern bildet eine rechtzeitige Anpassung der

---

64 Eine Variation ist z.B. durch rechtzeitige Kapazitätsaufstockung oder durch Änderung der Nutzungsart (z.B. Doppelzimmer als Einzelzimmer vergeben) vorstellbar.
65 Vgl. in diesem Zusammenhang auch Dockner/Feichtinger, Preismanagement.
66 Vgl. z.B. Hymas, Travel Services, S. 115, sowie zur theoretischen Begründung mit Hilfe des Erfahrungskurvenkonzepts: Albach, Überkapazitäten.

Kapazitätsstruktur sowie der Gesamtkapazität auch für deutsche Reiseveranstalter eine wesentliche Erfolgsdeterminante.

Langfristig kann es - z.B. durch Angebotsverknappung in bestimmten Kategorien - gelingen, die Preis-Absatz-Funktion zu verändern, indem z.B. bei einem gegebenen Preis eine größere Nachfrage erzeugt wird. Auch ist eine langfristige Beeinflussung der Nachfrageströme im Zeitverlauf vorstellbar.

Die Einführung eines Yield Management-Systems bei Reiseveranstaltern hat auch insofern strategische Bedeutung, als dadurch Wettbewerbsregeln langfristig neu definiert werden (vgl. z.B. oben: Tagespreise statt langfristig festgelegter Katalogpreise). Die Einbindung einer Yield Management - Software in ein bestehendes Informationssystem erfordert i.d.R. eine Reihe von organisatorischen Anpassungsprozessen, da vor- und nachgelagerte Systeme nicht über eine passende Schnittstelle verfügen.

Die folgende Abbildung gibt einen Überblick über die mögliche strategische Einbindung eines Yield Management in ein Reiseveranstalterunternehmen. Dieses Modell zeigt die starken Verflechtungen zwischen Yield Management - System, Reiseveranstalter-Reservierungssystem, unternehmerischen Gesamtstrategien und den beiden operativen Teilfunktionen "Verkauf" und "touristischer Einkauf". Insbesondere der ständige Informationsaustausch zwischen Reservierungs- und Yield Management - System ist für deren Einsatz als "strategische Waffe" unerläßlich.

Abbildung IV.2.c.:

Strategische Einbindung eines Yield Management in ein Reiseveranstalterunternehmen

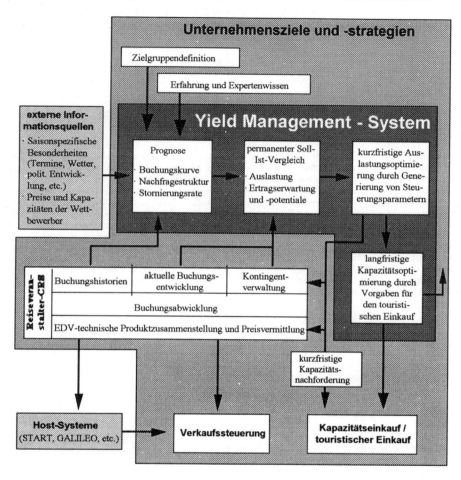

3. Lean Management

Durch **organisatorische Veränderungen** mit **weniger Kosten und Personal** schneller, besser und billiger produzieren - dies ist in knappen Worten die faszinierende Botschaft des sogenannten Lean Management. Überlange Entscheidungswege, verkrustete Verwaltungsstrukturen und unflexible Systeme sollen "schlankeren" Formen weichen. Lean Management bedeutet also keinesfalls nur den Abbau von Hierarchien, um zu einer flacheren Struktur zu gelangen (hiervon sind besonders das mittlere Management und Stabsstellen betroffen). Es umfaßt vielmehr eine Vielzahl von Einzelmaßnahmen, die als solche keinesfalls völlig neu sind.[67]

Ihren **Ursprung** hat die "Zauberformel Lean Management" in Fernost. Hinter diesem Begriff verbarg sich eine Methode der Entscheidungs- und Produktionssteuerung, die **japanische Industrieunternehmen** in den vergangenen zehn Jahren so zielstrebig weiterentwickelt haben, daß sie sich zunächst in beeindruckenden Zahlen niederschlug. Brauchten deutsche **Automobilhersteller** für die Produktion eines Pkw durchschnittlich 36,2 Arbeitsstunden, so schafften dies die Japaner in 16,8 Stunden. "Schlanke Produktion" bedeutet nicht nur, daß die sogenannte Fertigungstiefe des Produkts bis zur Endmontage am Fließband verringert wird, d.h. die teure Herstellung von Einzelteilen weitgehend Zulieferen überlassen wird. Mit weniger Personal, Zulieferern, Produkten auszukommen und überflüssige Arbeitsgänge abzuspecken, ist **"lean production"**. Aber erst ein umfassendes **"lean management"** aller Stufen, von der Entwicklung und Planung bis zur Montage unter Verzicht auf starre, unflexible Unternehmenshierarchien, machte die Japaner so erfolgreich - und deutsche Manager selbstkritisch. Der radikale Wandel der Strukturen im Produktionsbereich macht auch vor den Dienstleistern nicht halt. **"Lean Service"** liefert den Schlüssel zur Frage, wie beste Dienstleistungsqualität mit möglichst niedrigem Aufwand erreichbar ist.[68]

Für Reiseveranstalter sind z.B. die folgenden Grundpfeiler dieses Ansatzes **relevant**:[69]

- **Reduktion** der Zahl nicht unmittelbar wertschöpfender **Verwaltungsstellen**.

- Verzicht auf Stabsstellen.

- **Dezentralisierung** der Organisation durch **Erweiterung der Entscheidungskompetenz** nachgeordneter Stellen. Zuordnung der Entscheidungs- zur Fachkompetenz.

- **Erhöhung der Leitungsspannen** (= Zahl der einer Führungskraft unterstellten Mitarbeiter).

- Schaffung von **Team-Strukturen** (jeweils 8 bis 15 Mitarbeiter) entlang der unternehmerischen Wertschöpfungskette, wobei jedes Team als geschlossene Einheit eine große Eigenverantwortung trägt. Dadurch wird die **Arbeitsteilung** bei der Leistungserstellung **verrin-**

---

[67] Insofern sehen Kritiker Lean Management lediglich als "alten Wein in neuen Schläuchen". Einen praxisorientierten Überblick über Lean Management geben z.B. Bösenberg/Metzen, Lean Management.
[68] Vgl. ausführlich Biehal, Lean Service.
[69] Vgl. z.B. Pompl, Lean-Management; Brodisch, Schlüssel zum Erfolg.

gert, Mehrfachqualifikationen und **soziale Kompetenz** werden gefordert und gefördert. Die Teams werden als eigentliche Know-how-Träger im Unternehmen angesehen. Bei der Personalauswahl wird entsprechend Wert auf die **Teamfähigkeit** der potentiellen Mitarbeiter gelegt ("Team-/Führungsfähigkeit geht vor Fachqualität").

- **Verkürzung der Kommunikationswege**, insbesondere durch intensivere persönliche Kommunikation. Statt Abteilungsbesprechungen, Vormerkungen, Arbeitsmeetings, Aktennotizen und Rundschreiben kann gerade in kleineren Unternehmungen ein "Management by walk around" praktiziert werden.

- **Offene Informationspolitik** gegenüber den Mitarbeitern, insbesondere Transparenz der Unternehmensziele.

- Förderung der Bereitschaft der Mitarbeiter zum **lebenslangen Lernen**. Die Mitarbeiter sollen "neu-gierig" werden. Als "rerum novarum cupidus" - gierig nach Neuem - hat ein römischer Dichter den Menschen beschrieben. "Karriere" darf nicht Aufstieg auf einer fiktiven Leiter bedeuten, sondern sie muß als **Entwicklung der fachlichen, methodischen, sozialen** und **Persönlichkeitskompetenz** verstanden werden. Karriere darf nicht zur reinen Wissensverwaltung nach Abschluß einer Ausbildung führen. Karriere soll der neu-gierige, nicht der hab-gierige Mitarbeiter machen. Die Unternehmensphilosophie muß dem Mitarbeiter auch Fehler zugestehen, damit das Team Erfahrungen sammeln kann.

- **Outsourcing**: Verringerung der Wertschöpfung dank mehr "buy" (d.h. Zukauf von Leistungen) statt "make" (d.h. Eigenerstellung) zur **Dynamisierung fixer Kosten** sowie zur Qualitätssteigerung aufgrund höherer (externer) Fachkompetenz; insbesondere Verringerung der nicht wertschöpfenden Tätigkeiten.

- **Abschaffung von unnötigem Ballast und Leerlauf**: In jeder Minute müssen 60 Sekunden zur Wertschöpfung genutzt werden. Insbesondere muß der Tendenz zur "Selbstrechtfertigung" bei Führungskräften entgegengewirkt werden: Oftmals nutzen Manager einen Großteil ihrer Arbeitszeit ausschließlich zum gegenseitigen Informationsaustausch in Arbeitssitzungen etc., ohne daß hierbei eine unmittelbare Wertschöpfung zu erkennen wäre. **Versteckte Reibungsverluste** müssen aufgedeckt und **beseitigt** werden.

- Verbesserung der Dienstleistungsqualität (Stichwort: **Total Quality Management**).[70] (Dienstleistungs-) Qualität muß als zentraler strategischer Erfolgsfaktor einer Tourismusunternehmung erkannt und in den Unternehmenszielen verankert werden. Nicht eine "Qualitätskontrollabteilung", sondern jeder einzelne Mitarbeiter hat die Qualitätssicherung zu

---

70 Vgl. ausführlich zum TQM z.B. Bösenberg/Metzen, Lean Management, S. 153 - 166.

gewährleisten. Die Qualität muß aus Kundensicht betrachtet werden, sie ist somit subjektiv und relativ. Kundenforderungen müssen die Leitlinie der Dienstleistungserstellung sein. Mögliche Quellen für Fehler und Mängel müssen im voraus erkannt und beseitigt werden.

- Stärkung der **Prozeßkontrolle**, möglichst in Form einer Selbstkontrolle. Festeingefahrene Abläufe werden ständig kritisch untersucht und mit Blick auf die optimale Wertschöpfung neu geordnet. Im Massengeschäft der Reiseveranstaltung gibt es kaum Einzelfehler, sondern die Fehler reproduzieren sich (wenngleich sie nicht immer offensichtlich werden). Statt nur die Symptome abzustellen sind Fehler daher an der Wurzel zu beseitigen

- **Automatisierung** durch den verstärkten Einsatz von Informationstechniken.

- Schaffung einer ausgeprägten Dienstleistungsmentalität innerhalb der Unternehmung: Aufbau eines **unternehmeninternen Kunden-Lieferanten-Verhältnisses**, indem jede Abteilung sich selbst als Lieferant für andere Abteilungen sieht.

- **Einbeziehung der gesamten Wertkette**, von den Leistungsträgern/Lieferanten bis zum Kunden als externen Faktor.

Lean Management darf **jedoch nicht** darauf hinauslaufen,
- Hierarchieebenen blindwütig wegzustreichen,
- wichtige zentrale Unternehmensfunktionen zu schwächen,
- alle Macht den Mitarbeitern zu geben, oder
- planlos Teams und Arbeitsgruppen zu bilden.

Somit schließt sich der Themenkreis dieses Buches, denn Lean Management kann einerseits als einer der Gründe gesehen werden, warum die in Kapitel I vorgestellten organisatorischen Strukturen deutscher Reiseveranstalter einem ständigen Wandel unterliegen. Andererseits muß jemand in den Unternehmen Lean Management "machen", initiieren, vorantreiben - und dadurch kann letztlich auch dieser Ansatz der (Selbst-) Rechtfertigung mancher Stellen dienen, die in den Organigrammen der Großveranstalter scheinbar unauslöschbar festgeschrieben sind.

Verzeichnis der verwendeten Literatur:

Albach, Horst, (Überkapazitäten), Unternehmensstrategien bei Überkapazitäten, in: Albach, Horst (Hrsg.), ZfB-Ergänzungsheft, 57. Jg., Nr. 2/1987, Erfahrungskurve und Unternehmensstrategie, Wiesbaden 1987, S. 71 - 93

Bauer, Karl M., (Reisebüro), Das Reisebüro als Betrieb des Dienstleistungshandels, in: ZfbF, 42. Jg., Nr. 6/1990, S. 467 - 480

Belobaba, Peter P., (Yield Management), Airline Yield Management, An Overview of Seat Inventory Control, in: Transportation Science, Vol. 21, No. 2/1987 vom 2.5.87, S. 63 - 73

Bertsch, Ludwig H., (Preisuntergrenzen), Kostenbasierte Bestimmung situativer Preisuntergrenzen für Luftfrachttransportleistungen, in: Zeitschrift für Verkehrswissenschaft, 61. Jg., Nr. 4/1990, S. 237 - 253

Bertsch, Ludwig H., (Wunderwaffe Yield), Yield-Management-System, "Wunderwaffe" in Form ..., in: Deutsche Verkehrs-Zeitung DVZ, Nr. 126/1990 vom 20.10.90, S. 14 - 16

Betriebsw. Ausschuß des Verbandes der Chem. Industrie e.V., (Gesellschaft), Das Unternehmen in der Gesellschaft, in: Der Betrieb, 28. Jg., Nr.5/1975, S. 161 - 173

Biehal, Franz (Hrsg.) (Lean Service), Lean Service - Dienstleistungsmanagement der Zukunft für Unternehmen und Non-Profit-Organisationen, Bern/Stuttgart 1993

Bisani, Fritz, (Personalführung), Personalführung, Wiesbaden, neueste Auflage

Bösenberg, Dirk / Metzen, Heinz, (Lean Management), Lean Management, Vorsprung durch schlanke Konzepte, Landsberg am Lech 1992

Brodisch, Karin, (Schlüssel zum Erfolg), Schlüssel zum Erfolg? Lean Production: Beispiele aus der Automobilindustrie, in: IHK-Magazin Oldenburgische Wirtschaft, Heft 12/93, S. 30 - 34

Brümmershoff, Dieter, (Rechnungswesen), Gesamtwirtschaftliches Rechnungswesen, Köln 1975

Brunotte, Sigrid, (Ertragsmanagement), Ertragsmanagement, in: Leitwerk, Hauszeitschrift der Deutschen Lufthansa AG, Nr. 3/1990, S. 21 - 24

Bülow, Dieter, (Reisen im Netzwerk), Reisen im Netzwerk, Wie die Werbemittel-Produktion bei Jahn-Reisen im totalen Datenverbund realisiert wird, in: w&v, Nr. 11/93 vom 19.3.93, S. 73 - 75

Coenenberg, Adolf Gerhard, (Jahresabschluß), Jahresabschluß und Jahresabschlußanalyse, 13. Auflage, München 1991

Demmer, Christine / Messinger, Anke, (Synergien), Eins + eins = drei, in: manager magazin, 19. Jg., Nr. 1/1989, S. 109

Dockner, Engelbert J. / Feichtinger, Gustav, (Preismanagement), Oligopolistisches Preismanagement bei Lerneffekten und Überkapazitäten, in: ZfB, 60. Jg., Nr. 1/1990, S. 7 - 19

Dundler, Franz, (Singles), Singles - vernachlässigte Zielgruppe?, in: Touristik Report, Nr. 1/1985 vom 11.1.85, S. 10 - 12

Enderle, Norbert, (Konzentration), Entwicklung und Messung der wirtschaftlichen Konzentration, Dissertation, Basel 1971

Enzweiler, Tasso, (Preise laufen lernen), Wo die Preise laufen lernen, in: manager magazin, 20. Jg., Nr. 3/1990, S. 247 - 253

Franck, Christian, (Kurssicherung), Kurssicherung mit Gewinnchance, in: touristik management, Heft 1/1988, S. 79 - 80

Frings, Katharina, (Mitarbeitersuche), Wer bin ich? Die Suche nach einem neuen Mitarbeiter, in: touristik management, Nr. 1-2/1994, S. 12 - 20

Füth, Günter / Walter, Erich, Buchführung für Reiseverkehrsunternehmen, Frankfurt 1991 (hrsg. vom DRV)

Garvin, David A., (Produktqualität), Die acht Dimensionen der Produktqualität, in: Harvard Manager, 18. Jg., Nr. 3/1988, S. 66 - 74

Gaugler, Eduard, (Erfolgsbeteiligung), Erfolgsbeteiligung, in: HWP, S. 794 - 808

Gaugler, Eduard, (Mitarbeiterbeteiligung), Mitarbeiterbeteiligung in wirtschaftlich schwierigen Zeiten, in: Personal, Heft 2/83, S. 49 - 52

Gaugler, Eduard, (Tarifpolitik), Tarifpolitik - Lohn plus Erfolgsbeteiligung?, in: Der Arbeitgeber, Nr. 1822/1970, S. 770 - 773

Gayler, Brigitte, (Junge Leute), Urlaubserwartungen, Urlaubsverhalten und Urlaubswünsche junger Leute, Repräsentativ-Untersuchung zum Thema Jugendtourismus, Jahrbuch für Jugendreisen und internationalen Jugendaustausch 1973, Bonn 1973

Haedrich, Günther, (Teilprojekt RV), Zweiter Zwischenbericht für den FPS, Strategische Unternehmens- und Marketingplanung mit Hilfe des Verfahrens Analytical Hierarchy Process (AHP), Berlin 1988

Haedrich, Günther / Kaspar, Claude / Kleinert, Horst / Klemm, K., (Tourismus-Management), Tourismus-Management, Tourismus-Marketing und Fremdenverkehrsplanung, Berlin/New York 1983

Hässel, Günter, (Besteuerung), Die Besteuerung und Buchführung der Reisebüros, Hinweise - Empfehlungen - Erfahrungen, München 1988

Hentschel, Bert, (SERVQUAL), Die Messung wahrgenommener Dienstleistungsqualität mit SERVQUAL - eine kritische Auseinandersetzung, Diskussionsbeiträge der wirtschaftswissenschaftlichen Fakultät Ingolstadt, Nr. 3 (o.J.),

Hentze, Joachim, (Personalwirtschaftslehre), Personalwirtschaftslehre Band I und II, Bern/Stuttgart, neueste Auflage

Hölzel, Rolf-Dieter, (Reiseveranstalter), Aufgaben und Leistungen der Reiseveranstalter, in: Haedrich, Günther / Kaspar, Claude / Kleinert, Horst / Klemm, Kristiane (Hrsg.), Tourismus-Management, Tourismus-Marketing und Fremdenverkehrsplanung, Berlin/New York 1983, S. 115 - 130

Hofmann, Norbert, Die Crux mit den Prognosen, Finanzplanung per Computer, in: Top-Business, Nr. 5/1992, S. 172 - 167

Hofmann, Wolfgang, (Flugpauschalreise), Die Flugpauschalreise, in: Mundt, Jörn (Hrsg.), Reiseveranstaltung, München/Wien 1993, S. 111 - 140

Holt, Philip A., (Yield Management), Yield Management: Systems for the Smaller Carrier, in: The Avmark Aviation Economist, Vol. 6, Nr. 10/1989, S. 7 - 9

Hoppe, Marilyn, (Profitability), Communication to Profitability, in: IATA Review, Nr. 7/1990, S. 18 - 20

Hymas, Roger, (Travel Services), Marketing Business Travel Services, in: Hodgson, Adele (Hrsg.), The Travel and Tourism Industry, Strategies for the Future, Oxford/New York 1987, S. 107 - 133

Institut für Arbeitsmarkt- und Berufsforschung der Bundesanstalt für Arbeit (IAB) (Hrsg.), (Arbeitszeit), Arbeitszeit und flexible Altersgrenze, Aspekte und Fakten zur aktuellen Diskussion, Nürnberg 1986

Jobst, Peter, Cash Management, Kurze Wege für "Gestreßte", Die Kontenverwaltung mit dem Heimcomputer, in: SZ Nr. 68 vom 23.3.93, S. XIII

Jobst, Peter, Am sinkenden Zins verdienen, Umkehr-Floater gefragt, Alternativen zur Festgeldanalge, in: SZ Nr. 45 vom 24.2.93, S. 29

Kaspar, Claude, (Frühwarnsysteme), Frühwarnsysteme in der Touristik, in: Touristik Management, Nr. 6/1986, S. 75 - 79

Keller, Manfred, (Wertschöpfung), Betriebliche Wertschöpfung, in: Der Betrieb, 26. Jg., Nr. 6/1973, S. 289 - 291

Kirstges, Torsten, (Einheitsprodukt), Reiseveranstalter-Marketing der Zukunft: Kampf dem Einheitsprodukt, in: touristik management, Nr. 11/1990, S. 89 - 91

Kirstges, Torsten, (Expansionsstrategien), Expansionsstrategien im Tourismus, Wiesbaden 1992

Kirstges, Torsten, (Fünf bis sechs Große), Fünf bis sechs Große bis Ende der 90er Jahre?, in: FVW Nr. 24/1990, S. 24

Kirstges, Torsten, (Kleinvieh), Strukturwandel auf dem deutschen Veranstaltermarkt: Kleinvieh macht auch Mist, in: touristik management, Nr. 7-8/1991, S. 13 - 17

Kirstges, Torsten, (Sanfter Tourismus), Chancen und Probleme der Realisierung eines ökologieorientierten und sozialverträglichen Tourismus durch deutsche Reiseveranstalter, München/Wien 1992

Kirstges, Torsten, (Zeugnis-Codes), Zeugnis-Codes, Interpretation und richtige Verwendung, in: Personal, Mensch und Arbeit im Betrieb, Heft 11/92, S. 2030 - 2034

Kirstges, Torsten / Mayer, Rainer, (Tourismus 2005), Tourismus 2005 - Ein anwendungsbezogener Leitfaden für einen branchenspezifischen Einsatz der Szenariotechnik, dargestellt am Beispiel des Tourismusmarktes, Arbeitspapier Nr. 86 des Institut für Marketing, Mannheim 1991

Kirstges, Torsten / Seidl, Daniel, (Basisstrategien), Basisstrategien im Internationalen Marketing von Reiseveranstaltern, Arbeitspapier Nr. 69 des Institut für Marketing, Mannheim 1989

Knüpffer, Rudolf von, (Partnerschaft), Partnerschaft, betriebliche, in: HWP, S. 1441 - 1448

Kotler, Philip / Bliemel, Friedhelm, (Marketing-Management), Marketing-Management, Analyse, Planung, Umsetzung und Steuerung, 7. Auflage, Stuttgart 1991

Kroeber-Riel, Werner, (Konsumentenverhalten), Konsumentenverhalten, München 1984

Krüger, Lutz, (Yield Management), Yield Management, Dynamische Gewinnsteuerung im Rahmen integrierter Informationstechnologie, in: Controlling, Nr. 5/1990, S. 240 - 251

Kürpick, Heinrich, (Unternehmenswachstum), Das Unternehmenswachstum als betriebswirtschaftliches Problem, Betriebswirtschaftliche Studien Nr. 106, Berlin 1981

Lehmann, Max Rudolf, (Wertschöpfung), Betriebliche Wertschöpfung, in: Kosiol, Erich (Hrsg.), Handwörterbuch des Rechnungswesens, Stuttgart 1981, Sp. 1787 -1795

Link, Jörg, (Früherkennungssystem), Aufbau und Einsatz eines datenbankgestützten Früherkennungssystems im mittelständischen Unternehmen, in: ZfB, 61. Jg., Nr. 7/1991, S. 777 - 791

Luechinger, Urban, (Reiseprodukt), Die Planung des Reiseprodukts, ein Beitrag zur betriebswirtschaftlichen Problematik im Reisebürogewerbe, Diss., St. Gallen 1975

Maier-Mannhart, Helmut (Zeit-Konto), Die Zukunft gehört dem Zeit-Konto, in: SZ Nr. 28 vom 4.2.94, S. 10

Meier, Harald, (Personalentwicklung), Personalentwicklung - Konzept, Leitfaden und Checklisten für Klein- und Mittelbetriebe, Wiesbaden 1991

Menichetti, Marco J., (Währungsmanagement), Betriebliches Währungsmanagement: Optionen versus Futures, in: Die Unternehmung, Heft 3/1992, S. 165 - 182

Mundt, Jörn (Hrsg.), (Reiseveranstaltung), Reiseveranstaltung, München/Wien 1993

Mundt, Jörn, (Rekordland), Deutschland: Das Rekordland der Pauschalreise, in: Mundt, Jörn (Hrsg.), Reiseveranstaltung, München/Wien 1993, S. 37 - 68

Nägeli, Thomas / Lang, Peter / de Weck, Olivier / Zingg, Andreas, (Ablauforganisation), USD für Transparenz in der Ablauforganisation, in: io Management Zeitschrift, 62. Jg., Heft 5/1993, S. 69 - 74

Niedecken, Ines, (TUI-Jahresabschluß), TUI-Jahresabschluß 1992/93, Rund ein Prozent Umsatzrendite, in: FVW Nr. 7/1994 vom 29.3.94, S. 18 - 19

Nieschlag, Robert / Dichtl, Erwin / Hörschgen, Hans, (Marketing), Marketing, 16. Auflage, Berlin 1991

o.V., (Amtrak), Amtrak: Yield Management auf der Schiene, in: FVW Nr. 23 vom 22.10.91, S. 63

o.V., (Arbeitszeit), Arbeitsrecht - Streitpunkt Arbeitszeit: Justitias Stechuhr, in: touristik management, Heft 9/93, S. 38 - 43

o.V., (Devisenbedarf absichern), Wie Reiseunternehmen ihren Devisenbedarf absichern können: Sometimes we win, sometimes we lose, in: touristik management, Heft 1-2/94, S. 21 - 24

o.V., (Hypy Floater), Hypo-Bank legt fünfjährigen Umkehr-Floater auf, in: SZ Nr. 70 vom 25.3.93, S. 30

o.V., (Jugend geht südwärts), Jugend geht südwärts, in: w&v, Nr. 7/1990 vom 16.2.90, S. 18

o.V., (Umkehr-Floater), Eine Flut von neuen Umkehr-Floatern, in: SZ Nr. 57 vom 10.3.93, S. 33

o.V., (NUR Spitzengewinn), NUR Touristic, Spitzengewin 1992/93, in: FVW Nr. 5/1994 vom 4.3.94, S. 23

o.V., (Urlauberströme), Fallender Dollar lenkt Urlauberströme um, in: touristik management, Heft 2/1986, S. 35 - 36

o.V., (Veranstaltermarkt 92/93), Der deutsche Veranstaltermarkt in Zahlen 1992/93, Beilage zur FVW Nr. 28 vom 28.12.93

o.V., (Vor dem Start), Deregulierung der Luftfahrt, Marketing vor dem Start, in: absatzwirtschaft, 32. Jg., Heft 11/89, S. 48 - 63

o.V., Wann sich Zins-Wetten rentieren - Umkehr-Floater, in: SZ Nr. 71 vom 26.3.93, S. 34

o.V., (Zeitstrategien I), Das Timing der Marketing-Prozesse. Zeitwettbewerb, Zeitstrategie, Zeitfalle, in: absatzwirtschaft 3/89, S. 32 - 41

o.V., (Zeitstrategien II), Das Timing der Marketing-Prozesse. Zeitwettbewerb, Zeitstrategien, Zeitfallen, in: absatzwirtschaft 4/89, S. 52 - 58

Pausenberger, Ehrenfried / Glaum, Martin, Electronic-Banking-Systeme und ihre Einsatzmöglichkeiten in internationalen Unternehmungen, in: zfbf, 45. Jg., Nr. 1/1993, S. 41 - 68

Pieroth, Elmar, (Pieroth-Modell), Das Pieroth-Modell, in: Arbeitsgemeinschaft zur Förderung der Partnerschaft in der Wirtschaft e.V. (Hrsg.), AGP-Mitteilungen, Nr. 156 vom 15.2.70, S. 3 - 5.

Polmer, Dieter, (Wertschöpfung), Bedeutung und Ermittlung der betrieblichen Wertschöpfung, in: ZfB, 28. Jg., Nr. 3/1958, S. 148 - 156

Pompl, Wilhelm, (Lean-Managment), Schlank und fit - die Geheimnisse des Lean-Management. Stromlinienförmig aus der Krise, in: touristik management Nr. 4/93, S. 12 - 20

Pompl, Wilhelm, (Touristikmanagement), Touristikmanagement, Berlin/Heidelberg 1994

Porter, Michael E., (Wettbewerbsstrategie), Wettbewerbsstrategie: Methoden zur Analyse von Branchen und Konkurrenten, 3. Aufl., Frankfurt 1985

Porter, Michael E., (Wettbewerbsvorteile), Wettbewerbsvorteile - Spitzenleistungen erreichen und behaupten, Frankfurt 1986

Porter, Michael E. / Millar, Victor E., (Wettbewerbsvorteile), Wettbewerbsvorteile durch Information, in: Harvard Manager, 16. Jg., Nr. 1/1986, S. 26 - 35

Raffée, Hans / Wiedmann, Klaus-Peter, (Glaubwürdigkeit), Glaubwürdigkeits-Offensive, in: absatzwirtschaft, 26. Jg., Nr. 12/1983, S. 52 - 61

Raml, Carl W., (Personalmanagement), Personalmanagement und Ausbildung im österreichischen Reisebürogewerbe, hrsg. von ÖGAF, Wien 1993

Richter, Rudolf / Schlieper, Ulrich / Friedmann, Willy, (Makroökonomik), Markoökonomik, neueste Auflage, Berlin/Heidelberg/ New York

Rodrian, Hans-Werner, (TUI-Qualität), TUI verspricht feste Service-Standarts: Die Qualität im Zielgebiet als Wettbewerbfaktor, in: FVW Nr. 14/93 vom 22.6.93, S.18

Roth, Peter / Schrand, Axel (Hrsg.), (Touristik-Marketing), Touristik-Marketing: das Marketing der Tourismus-Organisationen, Verkehrsträger, Reiseveranstalter und Reisebüros, München 1992

Schäfer, Erich, (Unternehmung), Die Unternehmung, 10. Auflage, Wiesbaden 1980

Scheel, Joachim, (Ablauforganisation), Erfolgsfaktor Ablauforganisation, Systematische Gestaltung, Auswahl und Bewertung von Fertigungsleitsystemen, Zürich/Köln 1992

Schleuning, Christian / Kirstges, Torsten, (Direkt Marketing), Direkt Marketing - eine leicht verständliche Einführung für Einsteiger, Ettlingen 1993

Schreier, Gabi, (Neue Lebensgeister), Die Senioren im Wandel: Neue Lebensgeister im alten Gewand, in: touristik management, Nr. 3/1989, S. 55 - 59

Schreier, Gabi, (Qualitäts-Management); Warum Qualitäts-Management kein unnötiger Luxus ist: Die graue Maus wird farbenfroh, in: touristik management, Heft 6/93, S. 12 - 16

Schulz, W., (Chancen), Chancen des Direktvertriebs durch Umweltschutz, in: Bulletin des Direktvertriebs, Heft 6/1988, S. 18

Schulz, W., (Organisation), Zur Organisation des betrieblichen Umweltschutzes, in: Umwelt und Energie, Nr. 4/1990, Gruppe 12, S. 457 - 492

Smeathers, Kimberley, (Managing Yield), Managing Yield without Breaking the Bank, in: IATA Review, Heft 7/1990, S. 7 - 10

Stahlknecht, Peter, (Leitfaden), Leitfaden für die Auswahl und Einführung von EDV-Systemen in kleinen und mittleren Unternehmen, in: Gabele, E. (Hrsg.), Mittlere Unternehmen, S. 190 - 222

Stauss, Bernd, (Augenblicke), Augenblicke der Wahrheit, in: absatzwirtschaft, 34. Jg., Nr. 6/1991, S. 96 - 105

Stauss, Bernd / Hentschel, Bert, (Qualitätsmanagement), Verfahren der Problemdeckung und -analyse im Qualitätsmanagement von Dienstleistungsunternehmen, Nr. 2 der Diskussionsbeiträge der Wirtschaftswissenschaftliches Fakultät Ingolstadt, Ingolstadt 1990

Stein, Ulrich, (Erfolg unter Yield), Erfolg unter Yield, in: Leitwerk, Hauszeitschrift der Deutschen Lufthansa AG, Nr. 3/1989, S. 35 - 36

Steinecke, Albrecht / Klemm, Kristiane, (Allein im Urlaub), Allein im Urlaub, Soziodemographische Struktur, touristische Verhaltensweisen und Wahrnehmungen von Alleinreisenden, hrsg. vom Studienkreis für Tourismus, Starnberg 1985

TUI (Hrsg.), (Qualität kostet), Qualität kostet - Umwelt auch, Fragen an Dr. Wolf Michael Iwand, in: Die Reise, Hauszeitschrift der TUI, 13. Jg., Nr. 1/1992, S. 8

Umweltbundesamt (Hrsg.), (Berichte 11/91), Berichte 11/91, Umweltorientierte Unternehmensführung, Möglichkeiten zur Kostensenkung und Erlössteigerung, Modellvorhaben und Kongress, Berlin 1991

Wachenfeld, Harald, (Freizeitverhalten), Freizeitverhalten und Marketing, Heidelberg 1987

Wachholz, Dieter, (Single-Reisen), Single-Reisen: Allein ist man arm dran, in: ADAC-Motorwelt, Nr. 12/1990, S. 70 - 72

Wörl, Volker, (Teilzeitarbeit), Mehr Beschäftigte durch mehr Teilzeitarbeit, in: SZ Nr. 72/1994 vom 28.3.94, S. 19

Woll, Artur, (Volkswirtschaftslehre), Allgemeine Volkswirtschaftslehre, 10. Auflage, München 1990

Zehle, Klaus-Olaf, (Yield-Management), Yield-Management, Eine Methode zur Umsatzsteigerung für Unternehmen der Tourismusbranche, Hamburg 1990

Zitzelsberger, Gerd, Bundesbank-Liquiditätspapiere: Sicher ein Schnaps mehr als beim Termingeld, in: SZ Nr. 42/93 vom 20.2.93, S. 24

Zitzelsberger, Gerd, Risikoarme Geldanlage: Zum Festgeld gibt es eine Reihe attraktiver Alternativen, in: SZ Nr. 3/92 vom 4.1.92, S. 34

sowie diverse Reiseveranstalterkataloge.

Stichwortverzeichnis

Dieses Stichwortwortverzeichnis umfaßt insgesamt 445 Begriffe in alphabetischer Reihenfolge.
Angegeben ist jeweils die Nummer der Seite, auf der Informationen zu dem Stichwort zu finden sind.

Ablauf(folge)plan	43, 58, 70	Buchungsverlauf	179
Ablaufkontrolle	62, 190	Buchungswert	184
Ablauforganisation	3, 35	Budgets	158
Ablaufprinzipien	46	Bulis	161, 163
Absatzkanalmanagement	27, 36	Bundesschatzbriefe	162
Absatzsicherung	32	Bürokratiemodell	1
Abschöpfungsstrategie	136, 171	Buspreiskalkulation	144
Abteilungsleiter	13	Busreise	175
Abweichungsanalysen	62	**Cash-Flow**	152
Agenturbetreuung	29	Cash-Illusion	152
Airlines	177	Cash-Management	141, 152
Aktie	163	Charterflug/Charterketten	142, 171
Alltours Flugreisen	137	Corporate Identity	32, 89
Anforderungsprofil	61	Cover-Marken	172
Anlagedauer	161	CRS	76
Anlagesicherheit	160	**Datenträgeraustausch (DTA)**	168
Anreiz-Beitrags-Theorie	1	Deckungsbeitrag	154, 117, 171
Anzahlungen	152	Definitionen	3, 23
Arbeitsablaufanalyse	36	Deport	165
Arbeitsanfall	42	DER / DERTOUR	15, 17ff, 76
Arbeitseffizienz	84	Devisen	141
Arbeitsmarkt	48, 89, 73ff	Devisenabsicherung	165
Arbeitsplan	84	Devisenkompensation	167
Arbeitspläne	72	Devisenmanagement	38
Arbeitsrecht	71, 73	Devisenoptionsgeschäft	166
Arbeitssystemgruppen	46	Devisentermingeschäft	165
Arbeitsteilung	3, 48, 188	Dezentralisierung	188
Arbeitswissenschaft	2	Dienstleistung	2, 24, 174
Arbeitszeit	100	Dienstleistungsselbstverständnis	170
Arbeitszeitflexibilisierung	77	Dienstleistungsstellen	53
Arbeitszeitmodelle	79ff	Direktinkasso	164
Arbeitszeugnis	105ff	Direktverkauf	29
Aufbauorganisation	3, 35, 47	Distributionsformen/ - wege	117, 172
Aufgabenverteilung	52	Diversifikation	116
Aufgabenzentralisation	48, 50	Divisionale Organisation	3, 21, 51, 64
Ausführungsstellen	53	DM-Floater	161, 163
Auslastungsgrad	142, 148, 171, 174	Dokumentation	47, 57
Auslastungsoptimierung	177	Durchschnittsreisepreis	118
Auslastungsoptimierung	183	**Eigenleistungen**	25
Auslastungsprognose	145	Ein-Linien-System	54
Aussagenkategorien	3	Einzelbausteine	185
Automatenvertrieb	172	Electronic Banking	168
Automatisierung	190	engpaßbezogene Kapazitätensteuerung	184
Baukasten-/Bausteinsysteme	170f	Entgelt	88
Bereichsleiter	13, 21	Entscheidungskompetenz	188
Betriebszeit	79	Entscheidungsprozeß	125
Betriebszugehörigkeit	95	Erfahrungskurveneffekt	135
Bildmedien	172	Erfolgsausschüttung	94
Buchungsfreigabe	44	Ergebniskontrolle	62
Buchungskurve	179	Erlebnishandel	172
		externer Faktor	190

Faktoranteile	94, 103	Inhouse-CRS	158
Farbkatalog	172	Instanzen	53
Fayol	1, 54	Investment-Zertifikate	163
Fehltage/-zeiten	95, 101	ITS	15, 55, 65, 124
Festgeld	160, 162	**Jahn-Reisen**	44
Finale Entlohnung	88	Jahresumsatz pro Mitarbeiter	23
Finanzgleichgewicht	157	Job-Enrichment	53
Finanzmanagement	26, 36, 113	**K&S-REISEN**	19ff, 83ff, 97ff, 119
Finanzplanungssoftware	157	Kalkulationsaufschlag	149
Fixkosten	140, 154, 178	Kalkulationsschema	123
Fixlohn	98	Kalkulationsstrategien	122
Flexibilisierung	170	Kapazitätsauslastung	32
Flexibilisierung der Arbeitszeit	77	Kapazitätssicherung	32
Fluktuationsgefahr	99	Kapazitätsstruktur	185
Fluktuationsrate	89	Kapazitätsstückelung	181
Flußplan	57	Kapitalbedarfsplanung	157
Fremdkapital	152	Kapitalbeschaffung	168
Fremdsprachenkenntnisse	77	Kapitalbeteiligung	96
Früherkennungssysteme	181	Kassakurs	165
Führung	2, 48	Kataloggestaltung/-produktion	44, 172
Führungskräftebeurteilung	109	Kennzahlen	91
Führungstheorien	2	Kernleistungen	113
Funktionale Organisation	3, 51, 63	Key Accounts	17
Funktionsmeisterprinzip	1, 54	Kinderermäßigungen	181
Funktionswandel	116	Koalitionstheorie	1
FVW	73	Kommunikationsstruktur	52
Gehalt	88, 98	Kommunikationswege	189
Geldanlagestrategien	155	Kompensation	167
Geldbeschaffungsstrategien	155	Kompetenz	189
Geldkosten	168	Konditionengestaltung	176
Geldmarktfonds	161, 163	Konkurrenzorientierte Preisstellung	135
Generalisten	48	Kontingentfreigabe	184
Genfer Schema	61	Koordinationsmechanismen/-bedarf	2, 53
Gruppenreisen	59	Kostenbewußtsein	92
Gewinn- und Verlust-Rechnung (GuV)	25, 98	Kostenführerschaft	171
Handelsmarken	172	Kostenmanagement	171
Hawthorne-Experimente	1	Kostenorientierte Preisfindung	122
Hedge-Instrumente	165f	Kreislaufmodell	41
Hedonistische Preistheorie	125	Kundenanzahlungen	152
Herzberg	1	Kundenwert	184
Hierarchiebildung	53	**Ladengestaltung**	172
Hochpreiskunden	175	Last-Minute-Reisen	178
Hochsaisonpreise	149	Laufzeit	161
Home-Shopping	172	Lean Management	54, 188
Hoteleinkäufer	49	Lean Service	188
Imagekette	32	Lebensphasen	173
Immaterialität	174	Leerkosten	142, 176
Immobiliengesellschaften	113	Leistungsbeurteilung	106
Incoming-Agentur	31	Leistungsstimulation	72
Indikatoren	34	Leistungsträger	113
Individualisierung	170	Leitungsbeziehungen	54
Individualquote	96	Leitungsspanne	4, 188
Inflationsrate	163	Leitungsstellen	53
Informationsfelder	137	Liquidität	160
Informationspolitik	189	Liquiditätsplan	156
Informationsprozesse	1	Liquiditätsreserve	158
Informationsquellen	181	Liquiditätsschwankungen	152
INFOX	40		

Liquiditätsstatus	157	Personalkosten	89
Lohn	88	Personalmanagement	27, 51, 71
Lohnphilosophie	98	personalpolitische Instrumente	33, 71
Lohnsteuerprogression	95	Personalwesen	65
LTT	44	Personenzentralisation	51
Lufthansa	176, 178	Persönlichkeitskompetenz	189
Machtstruktur	53	Phasenschema	35
"magisches" Dreieck der Geldanlage	160	Pieroth-Model	89, 96
Manuel	59	Planstellen	5
Marge	149, 171	Positionierung	170
Margenprinzip	25	Preis als Qualitätsindikator	171
Marketingprozesse	171	Preis-Absatz-Funktion	121, 135, 145, 175
Marktdurchdringung	135	Preis-Norm-Bereich	128
Marktformenlehre	119	Preisdarstellung	171
Marktnische	173	Preisdifferenzierung	129ff, 136
Marktsegmentierung	129, 173	Preiselastizität	136, 176
Maslow	1	Preisführerschaft	171
Matrix-Organisation	67	Preisinteresse	125
Mehrliniensystem	54, 67	Preiskalkulation	50, 143
Minderzahler	177	Preiskampf	135
MIS / MAIS	138	Preiskampf	185
Mitarbeiterbeurteilung	96, 100, 106	Preiskenntnis	125
Mitarbeitererfolgsbeteiligung	88ff	Preislogik	132
Mitarbeiterkapitalbeteiligung	96	Preismanagement im PLZ	136
Mittelstand	72, 169, 173, 178	Preisschwellen	128
Modelle	119	Preistheorie	125
Monopolistischer Bereich	121, 135	primäre Wertaktivitäten	27
muddling-trough	34	Produktivität	23, 78
Nachfragefunktion	127, 175	Produktmanager	21, 49, 64
Nachfrageorientierte Preispolitik	125	Profit-Center	17, 65
Nachfrageschwankungen	31	Prognose/Prognoseverfahren	158, 180
Nachkalkulation	122, 144	Projektmanager	64
Nettowertschöpfung	25	Promotorenmodell	1
Niedrigpreiskunden	175	Prozeßkontrolle	190
No-Show	183	**Qualitätsmanagement**	26, 32f, 36, 51
NUR	117, 124, 173	Qualitätssicherung	57, 189
Objektzentralisation	51	Qualitätssicherungs-System	52
Oligopol	119	Qualitätsstrategie	169
Organigramm	4, 5ff,16,18, 52, 61ff, 70	Quellmarkt	173
Organisation	4	**Randleistungen**	113
Organisationsforschung	1	Realzins	163
Organisationstheorien	1	Regelkreissystem	62
Partnerschaftsausschuß	96	Reibungsverluste	189
Partnerschaftsgedanke	89	Reisebüroprovision	164, 182
Pauschalreise	114	Reiseentscheidung	125
Pausenregelung	84	Reisemittler	114
Pax	22	Reisepreise	118
penetration pricing/Penetrationsstrat.	135, 172	Reisepreiskalkulation	122, 166
Personalakquisition	72	Reisevorleistungen	25
Personalauswahl	61, 72, 73ff	Reklamationsquote	34, 35, 50
Personalbedarfsplanung	71	Relevanter Markt	135
Personalbeschaffung	72	Rendite	93, 117, 137
Personaleinsatz	72, 77ff	Rentabilität	159
Personalentwicklung	72	Reorganisationsbedarf	34
Personalerhaltung	72	Report	165
Personalforschung	1	Reservierungssystem	158
Personalfreistellung	72, 105	rollierende Planung	157
Personalführung	2		

Sachmittelzentralisation	51	Überbuchungsstrategien	183
Saisonalität/Saisonschwankungen	77, 103, 152	Überkapazität	185
Sanfter Tourismus	54ff	Überstundenregelung	83
Schlafmützenwettbewerb	136	Umkehr-Floater	163
Schwachstellenanalyse	36	Umsatzrendite	117, 137
scientific-Management	1, 2	Umweltbereiche	21
self-fulfilling prophecy	147	Umweltschutzbeauftragter	56
Service-Center	17	Uno-actu-Prinzip	2, 24, 174
situativer Ansatz	1, 21	Unternehmensphilosophie	97
Skimming-pricing	136, 171	Up-Sell	182
Soll-Ist-Vergleich	180	Upgrading	183
Soziale Kompetenz	189	Urlaubs(zeit)abrechnung	86
Sparbriefe	162	Urlaubspläne	72
Sparobligationen	162	Ursachenanalyse	62
Spartenorganisation	3, 21, 64	USP	171
Spezialisten	48	**Variable Kosten**	140
Spezialreiseveranstalter	19	Veranstaltermarkt	119
Springer	78	Verfahrenskontrolle	62
Stabsstellen	53, 188	Verlustbeteiligung	96
Stammdatenaufbau	44	Vermittlungsprovision	164
Standardangebot-Strategie	169	Vermögensbildung	96
Standardisierung	171	Verrichtungsorientierte Organisation	3, 63
Stärken-Schwächen-Analyse	138	Verrichtungszentralisation	50
Stelle	4, 5 ff, 47	Versorgungshandel	172
Stellenangebote	73	vertikale Integration	29
Stellenarten	53	Verwaltungskosten	50
Stellenbeschreibung	61	Veto-Recht	56
Stelleninhaber	47	Vollzahler	177
Stellenplan	70	Vorstand	5, 13, 14
Stornierung	183	**Währungsrisiken**	140, 165
Strategie-Struktur-Dilemma	22	Weisungsbefugnis	56
Strategieansätze	169	Werkbankfertigung	47
Strategiewahl	173	Werkstattfertigung	46
Strategische Preisfestsetzung	135	Wert(schöpfungs)kette	2, 26, 190
Strategische Stoßrichtungen	169, 173	Wertpapiere	162
structure follows strategy	22	Wertschöpfung	23, 37
Swap-Satz	165	Wertschöpfungsanalyse	32
Synergie	30	Wertschöpfungstiefe	26
Tabellenkalkulationsprogramme	158	Werturteil	62, 94
Tagespreise	182	**Yield**	176
Tarifverträge	71	Yield Management	172, 174ff
Tätigkeitsumfang	41	**Zahlungsanweisungen**	168
Taylor	1, 54	Zeitmessungen	42
Team-Struktur	188	Zentralisationsgrad	48
Teamfähigkeit	189	zero-base-Planung	35
Teilkapazität	181	Zeugnisaufbau	110
Teilsegmente	179	Zeugniscodes	106
Termingeld	156, 160, 162	Zeugnisformulierung	105
Terminkurs	165	Zeugnissprache	105
Theorienentwicklung	3	Ziele	1
Total Quality Management (TQM)	171, 189	Zielgebietsagentur	30, 116
Tourismusindustrie	113	Zielmarkt	173
Tourismusstudium	76f	Zielsysteme	1
Touristische Grundleistungen	113	Zinserträge/-gewinn	155, 159, 164
Touristisches Gesamtsystem	113	Zusatzleistungen	113
Trägermedium	182		
Trendextrapolation	158		
TUI	5, 51, 117, 173		
TUI-Service	57